HISTOIRES FRANÇOISES GALANTES ET COMIQUES.

A AMSTERDAM,

Aux dépens d'Estienne Roger Marchand Libraire, chez qui l'on trouve un assortiment général de toute sorte de Musique très exactement corrigée, & qu'il vendra toujours à meilleur marché que qui que ce soit, quand même il devroit la donner pour rien.

M. D. C. C. XII.

CHARTAS
DE
BRUXELLES

HISTOIRE FRANÇOISE.

LIVRE PREMIER.

LORSQUE la Cour étoit à Fontaî-
ne-bleau, le Marquis de Riberville
prenoit l'air à Vaux-le-Vicomte, & il
eut dans cette belle maison des aventures si extraordinaires, qu'elles meritent
bien d'être écrites. On sçait assez ce que
c'est que Vaux-le-Vicomte. Avant que
le Roi fût Surintendant des Finances,
jamais Surintendant n'avoit fait bâtir
une si superbe maison de plaisir. Un soir
que le Marquis de Riberville étoit descendu dans le jardin pour s'entretenir
dans la lecture de quelques vers, il y apperçut une jeune & belle personne à qui
une femme un peu âgée aidoit à mar-
cher. Elle avoit un port majestueux, une
gorge admirable & le visage d'un Ange,
& le Marquis n'avoit jamais rien vu de si
charmant. Quoiqu'il aimât fort la rime,
ces sortes de rencontres étoient toujours
plus propres à le réveiller que des satires
& des sonnets. Il s'arrêta quelque temps
à considerer cette belle fille, puis il l'a-
borda. La vieille femme qui étoit avec
elle, dît que c'étoit dommage que les
fontaines ne jouassent point. Il leur en
offrit le divertissement, & ce fut une occasion pour lui de parler. Mais de quelques galanteries qu'il accompagnât ses

A

offres, il ne put obliger cette charmante personne à entrer en conversation avec lui : il n'en tira que deux ou trois regards languissans qui lui donnerent de l'amour. Ceci sent l'aventure de consequence, dît-il en lui-même ; mais voyons ce qui en arrivera. Il fit venir le fontainier, & ne laissa point de dire toujours quelque mot en passant à cette belle melancolique, qui n'y répondit que par des soupirs. Mais comme il n'y a rien qui embarrasse tant un homme qui parle bien, que de se trouver avec des gens qui ne veulent point parler, c'étoit un galant fort empêché de sa personne. Ce ne fut toutefois encore rien que cela. Il amena sa belle sur un petit siege de gazon, pour voir à son aise l'effet des fontaines. A peine y fut-elle assise, que tournant la tête, elle se leva avec un grand effroi ; Monsieur, cria-t-elle au Marquis de Riberville, sauvez-moi d'un homme qui me cherche par tout pour m'enlever. A ces mots elle s'enfuit avec une vitesse incroyable. Le Marquis tout étonné, vit effectivement qu'un Gentil-homme assez bien fait couroit après elle & tâchoit de lui couper chemin. Mais la vieille femme, voulant arrêter la fugitive, étoit tombée dans le canal où elle se noyoit. Il crut être obligé de la sauver avant que d'aller aux autres ; & cela fut cause que la belle & le ravisseur eurent beau courir avant qu'il pût les atteindre. Il cria au fontainier & à un laquais qu'ils arrêtassent ce Gentil-

homme, s'il étoit possible; mais il n'é-
toit plus temps, l'aventurier & l'inconnue avoient déja gagné la cour du château ; quand on y vint il n'y avoit plus
personne, & à la sortie du pont-levis on
ne vit plus qu'un carosse à six chevaux
qui s'éloignoit en grande diligence. Le
Marquis entre en colere; on lui enlevoit
quelque chose qui lui plaisoit. Il ordonne qu'on lui selle des chevaux, & revient dans le jardin en attendant, pour
tirer quelque élaircissement de la vieille :
il ne la trouve plus, elle s'étoit dérobée.
Ah, dit-il, elle est complice de l'enlevement ! Cela redouble sa furie ; il commande qu'on la cherche aux environs &
monte à cheval pour aller après le carosse. A un quart de lieue de Vaux, on lui
dit que ce carrosse avoit tourné par le
chemin de Combreux, & ce qui le con-
firme dans la pensée que c'est celui du ravisseur, il apprend qu'il n'y a dedans
qu'une Dame & un Gentil-homme. Il
pousse son cheval par la même route. Il
fait une lieue, & malgré la nuit qui tom-
be tout à coup, il croit enfin avoir trouvé ce qu'il cherche : il lui semble entre-
voir le carrosse de son homme sur une
éminence. Mais il se trompe ; il étoit de-
stiné à de frequentes aventures ce soir là;
c'étoit un autre carrosse qui étoit arrêté.
Il s'en approche : au lieu de sa belle enlevée, il trouve quatre Dames toutes ef-
frayées qui faisoient leurs efforts pour
empêcher que deux cavaliers n'assassi-

naffent un Gentil-homme qui étoit avec elles.

Il avoit trop bien commencé fa foirée, pour ne pas faire le heros de roman en cette occafion. A moi! cria-t'il, affaffins, à moi! & non pas contre un homme feul qui n'a que fon épée. Il fe lance fur ces deux cavaliers comme un Orondate, les met en fuite, délivre le Gentil-homme de peril, & les Dames de peur. Elles étoient de fa connoiffance, & le Gentil-homme auffi; c'étoit fon meilleur ami le Chevalier de Montal. Les quatre Dames étoient Mademoifelle de Barbefieux, Madame de Mulionne femme d'un Confeiller de la Cour, Mademoifelle de Velzers Hollandoife, & Mademoifelle de Kermas Bretonne. Elles alloient voir la maifon de feu Monfieur le Prevoft Confeiller au Parlement qui étoit à vendre, & où Madame de Mulionne devoit les régaler. On rend mille graces au Marquis de fon fecours, & on lui demande par quel bonheur il s'eft rencontré là fi à propos. Il conte fon aventure & demande des nouvelles du caroffe qui alloit à Combreux; mais on fe mocque de lui: on lui dit qu'il fait une hiftoire à plaifir; autre embarras & autre confufion pour ce pauvre aventurier. Je fois damné, dit-il, fi ce que je vous raconte n'eft vrai. Tu te mocques de nous, Marquis, lui répond Montal, on feroit bien fon rendez-vous d'un jardin comme celui de Vaux, pour enlever une femme en plein jour, & encore de la maniere que tu le viens de dire : cela ne peut ſeulement tomber dans l'eſprit d'une perſonne qui a de la raiſon. Mais, mon Dieu ! ajouta Mademoiſelle de Barbeſieux, qui connoiſſoit l'humeur galante du Marquis; ne ſçavez-vous pas que Mademoiſelle de Sencelles ne demeure pas loin d'ici ? Et ſans obliger Monſieur de Riberville à nous dire où il va, ne devrions-nous pas nous contenter de le deviner, pour n'être pas ingrates du ſervice qu'il nous vient de rendre ? Raillez tant que vous voudrez, Mademoiſelle, reprit le Marquis; mais je meure ſi je ne ſuivois ce carroſſe, pour la raiſon que je vous ai dite. Si cela eſt, répondit Madame de Mulionne, vous n'avez qu'à retourner ſur vos pas; car c'eſt celui de M. de Combreux qui s'en va chez lui avec Madame ſa femme, & nous leur avons dit adieu en paſſant. Le Marquis retourna ſur cette parole, fit eſcorte à la compagnie, & aprês quelques entretiens aſſez gais, le caroſſe arriva où l'on devoit aller coucher. De là aprês beaucoup de complimens & de promeſſes reciproques de ſe viſiter, le Marquis reprit le chemin de Vaux.

Ses gens lui dirent à ſon retour que la vieille étoit revenue dans le jardin avec un laquais de livrée feuille-morte, & qu'elle avoit prié le concierge, en cas qu'on eût des nouvelles de la Demoiſelle, d'en faire au plutôt donner avis à Madame ſa tante qui étoit à une petite

A iij

lieue de Vaux-le-Vicomte. Ils ajoute-
rent que cette vieille les avoit priez de
ne point faire d'insulte au ravisseur, si
par hazard il tomboit entre leurs mains,
& qu'il avoit eu ordre de cette tante de
faire ce qu'il avoit fait. Ce n'étoit pas
pour éclaircir le pauvre Marquis. Il pesta
contre le concierge de ce qu'il n'avoit
pas arrêté cette vieille, & il se coucha
peu après avec un tel chagrin, qu'il n'en
dormit pas de toute la nuit. Il étoit
au desespoir quand il vouloit chercher
quelque lumiere parmi toutes ces ob-
scuritez, & il ne repassoit pas une seule
fois dans son imagination la beauté de
son inconnue, ni ne pouvoit songer aux
regards qu'il en avoit reçus, & à cette
aimable melancolie avec laquelle elle
avoit touché son cœur, qu'il ne fût in-
consolable de n'avoir pu empêcher son
enlevement. Il s'assoupit toutesfois vers
le point du jour avec assez d'apparence
de dormir enfin quelques heures ; mais
il n'y avoit pas long-temps qu'il som-
meilloit, quand il crut entendre cette
belle soupirer à l'entour de son lit. Il
se réveilla en sursaut, & ouvrit promptement ses rideaux pour s'éclaircir, mais
il ne vit rien paroître. Il accusa la force de
son imagination de cette tromperie, &
tâcha de se rendormir ; mais les mêmes
soupirs recommencerent & le mirent
dans un trouble inconcevable. Il appella
son valet de chambre. Regardez exactement par tout, lui dît-il, s'il n'y a

personne caché ici ; mais la recherche qu'on en fit fut inutile, & ne servit qu'à augmenter sa confusion. Il fut agité de mille differentes pensées, & son extravagance alla si loin, qu'il crut que cette fille avoit pu mourir par quelque accident, & que son esprit le venoit remercier de la bonne volonté qu'il avoit eue de la secourir. Enfin ces soupirs ayant recommencé pour la troisiéme fois, au grand étonnement de son valet de chambre, qui dit que la voix sembloit venir de dessous le lit, où toutefois il n'avoit rien vu ; le Marquis s'éfraya, & ne put demeurer couché davantage. Il se fit donner sa robbe de chambre, & ayant levé la tapisserie pour entrer dans son cabinet, il fut surpris d'en trouver la porte ouverte ; il se souvint toutefois qu'il avoit oublié de la fermer. Le grand jour commençoit d'y paroître, il y croyoit dissiper ses pensées lugubres dans la lecture de quelque livre ; mais pour troisiéme aventure, il n'y eut point fait le premier pas, qu'il y vit cette belle fille qui dormoit sur un lit de repos. Elle étoit couchée d'une maniere si avantageuse pour sa beauté, & dans un jour si favorable, qu'il sembloit que son visage répandît des rayons de lumiere. Le soleil levant qui entroit par une fenêtre ouverte, produisoit ce merveilleux effet, & en faisoit autant sur son beau sein à demi découvert. Le Marquis en étoit tout hors de lui-même, tant par la sur-

A iiij

prife de cette rencontre, que par l'amour qui l'embrafa de nouveau à cette veue. Il eut befoin de toute fa fageffe pour retenir l'impetuofité de fes premiers tranfports. Il fe contenta neanmoins de s'approcher de cette belle dormeufe, & de lui dérober quelques baifers, tandis qu'elle dormoit affez fort pour ne s'en pas fcandalifer. Il y demeura à genoux quelque temps à la contempler, puis pour ne la point éfaroucher en l'éveillant avant que d'être habillé, il revint dans fa chambre, où il fe mit en état de la revoir avec plus de bienfeance. A peine eut-il achevé de s'habiller, qu'elle s'éveilla d'elle-même. Il y courut, & lui témoigna la joye qu'il avoit de ce qu'elle n'étoit point enlevée ; & lui ayant demandé par quelle avanture elle étoit là, il lui baifa mille fois les mains, fans qu'elle fe donnât la peine de le repouffer. Elle lui répondit avec fa melancolie ordinaire, que comme elle étoit pourfuivie de prés, fon bonheur lui avoit fait trouver une porte ouverte à un coin du château : qu'elle s'étoit jettée dedans, pendant que fon raviffeur ne pouvoit s'en appercevoir ; & qu'ayant trouvé ce cabinet entr'ouvert fous la tapifferie, elle y avoit cherché un azile, ne croyant pas que fon ennemi eût la hardieffe de l'y pourfuivre. Elle ajouta beaucoup d'excufes de la liberté qu'elle en avoit prife, à quoi le Marquis tout brûlant d'amour, ne répondit qu'en fe jettant à fes genoux, parcequ'elle étoit encore affife fur le bord du lit, & lui ferrant tendrement la main entre les fiennes ; Madame, lui dît-il d'un air tout paffionné, ce n'eft pas la feule liberté que vous avez prife dans la maifon de Vaux, & dont on vous excufe bien volontiers. Il lui conta enfuite toutes les aventures qu'il avoit eues en la voulant fecourir, & la conjura trés-inftamment de lui nommer fon ennemi, afin qu'il en prît vengeance. Mais cette belle lui jettant encore un de ces regards languiffans qui l'avoient déja rendu amoureux ; Seigneur, lui répondit-elle, j'ai pour ennemi le plus honnête homme des Romains, mais je ne lui veux pas de mal : il fuffit que je puiffe éviter fa prefence. Le Marquis jugeant au mot de Seigneur dont elle ufoit qu'elle pouvoit être étrangere, & fe confirmant dans cette penfée, parce qu'on attendoit à la Cour quelques Italiens, & qu'elle n'avoit pas l'accent trop françois, fe tint dans un plus grand refpect qu'auparavant. Il la fupplia de lui vouloir du moins donner quelque connoiffance de fa condition, & lui promit de la conduire en tel lieu de fureté qu'elle defireroit. La belle y répondit de cette forte.

Apprenez, genereux étranger, que je fuis la fille de ce courageux Clelius, qui fut contraint de fe retirer à Carthage pour éviter la fureur du dernier des Tarquins, & qui à fon retour contribua

beaucoup à mettre Rome en liberté.
Mon nom est Clelie, & mes actions
font si connües, qu'il faut être des pays
les plus reculez, pour les ignorer. Le
Marquis comme tombé des nues à cette extravagance, reconnut aussi-tôt la
nature de la maladie qu'elle avoit. Jamais homme ne fut si surpris que lui,
lorsqu'il fit reflexion sur toutes les peines qu'il s'étoit données pour une visio-
naire ; & il ne pouvoit se pardonner les
soucis , les craintes & les esperances
qu'il avoit prises si serieusement dans
une aventure si ridicule. Tourefois s'é-
tant un peu remis , & voyant que cela
n'ôtoit rien de la beauté de cette fille
qui lui avoit tant plu, il se consola, &
se résolut d'avoir le plaisir de lui entendre faire son histoire jusqu'au bout. Il
la remit en train de conter , & elle n'oublia rien de toutes les intrigues ingenieu-
ses qu'on lit dans l'histoire d'Aronce &
de Clelie, qui font partie du Roman de ce
même nom. Elle commença par l'embar-
quement de Clelius pour passer en Afri-
que ; conta son naufrage & la maniere
dont il avoit sauvé le jeune Aroncé. L'a-
mour qu'Aronce prit pour elle & par
quelle avanture Horace devint son rival ; le retour de Clelius à Rome aprês
la fuite des Tarquins ; comme Horace y
fut choisi pour l'époux de Clelie, &
Aronce reconnu depuis pour le fils du
Roi Porsenna, ce qui fit que Clelius le
prefera à Horace. Et enfin comment le

jour qu'elle devoit époufer cet illuftre
Aronce, il arriva cet épouventable tremblement de terre qui donna occafion à
Horace de l'enlever à fon rival : n'ou-
bliant rien, comme j'ai dit, de tout ce
qui fuivit cet enlevement jufques à la
rencontre du Prince de Numidie qui la
voulut arracher à ce raviffeur. Elle re-
mercia même en cet endroit le Marquis
de Riberville qu'elle prit pour ce Prince, & érigea tout d'un temps, le canal
de Vaux en ce lac de Peroufe fur lequel le
Prince de Numidie avoit combattu Horace.

Le Marquis reconnut encore à cette
Principauté qu'elle lui donna, qu'en s'é-
chauffant à parler de fes chimeres, elle
les augmentoit infenfiblement ; & le plaifir qu'il prenoit à l'entendre, ne l'empê-
chant pas d'avoir de la compaffion d'u-
ne fi pitoyable maladie, il crut qu'il faloit la laiffer un peu repofer, pour voir
fi dans quelques bons intervalles, elle ne
nommeroit pas d'autres parens que Clelius, à qui on pût donner avis qu'elle
étoit à Vaux. Pour cet effet, il la mit entre les mains de la concierge, à qui il la
recommanda. Cette concierge la fit
mettre au lit, & donna ordre qu'elle fût
fervie par quelques femmes. Cependant
on vint avertir le Marquis, qu'un Gentil-homme demandoit à lui parler, &
c'étoit le même que cette belle vifionnaire avoit pris pour un raviffeur le jour
d'auparavant. L'impatience de fçavoir

le nom & la qualité de cette pauvre fille, le fit aller au devant de ce Gentil-
homme pour lui demander si c'étoit elle
qu'il cherchoit. Ce Gentilhomme lui
répondit qu'il n'y avoit point de lieux
où il n'eût été aux environs pour en
apprendre des nouvelles mais inutilement. Le Marquis lui conta comment
elle s'étoit retrouvée dans le château.
Il n'est donc plus besoin, lui repartit ce Gentilhomme, que je vous in-
struise de son malheur; il vous a été bien
aisé de le connoître, puisque vous l'a-
vez fait parler. Tout ce que je vous puis
dire, Monsieur, c'est qu'elle appartient
à des personnes de qualité, qui sont in-
consolables de la voir en cet état. Il est
assurément pitoyable, repliqua le Marquis, & ma surprise a été extraordinaire, quand elle m'a dit qu'elle s'appelloit
Clelie. Un moment après le Marquis
reconnut ce Gentil-homme pour être de
la Maison du Roy, & ce dernier lui donna une pleine connoissance de son nom
& de sa famille, qui étoit une des plus
considerables de l'Agenois. Il lui dît que
Madame la Marquise de Sarbedat sa mere étoit tutrice de cette malheureuse
Demoiselle, & que depuis peu ils étoient
venus demeurer fort près de là, chez
une parente, pour être moins éloignez
de la Cour où ils avoient souvent des
affaires, & pour amener quelquefois la
malade se divertir à la belle maison de
Vaux, comme ils avoient fait le jour

précedent. Mais, interrompit le Marquis, est-ce qu'il n'y a point de remede à cette maladie ? & que cette pauvre Demoiselle est toujours dans cette prodigieuse alienation d'esprit ? Nous l'en croyions presque guerie, répondit le Gentilhomme, & on ne ne l'avoit amenée ici se promener, que parce qu'il y avoit plus de dix jours, qu'elle n'avoit été malade. Je l'ai fait mettre au lit, repliqua le Marquis, & des femmes qui sont ici en ont soin, pour voir si son accès ne diminuera pas. Monsieur, dit ce Gentilhomme, de la maniere que vous m'avez conté les choses, il doit être passé ; car il ne lui dure jamais plus de dix ou douze heures ; après quoi c'en est fait pour deux jours, sans qu'il paroisse la moindre alteration dans son esprit. Elle est raisonnable comme une autre, elle chante divinement & a beaucoup de charmes dans la conversation : si ce n'est que de temps en temps on la voit tomber dans je ne sçai quelle mélancolie, qui comme je croi, ne vient que de la reflexion qu'elle fait sur son malheur ; car elle le reconnoît trés-bien, & c'est ce qui est de plus fâcheux pour elle, & de plus particulier à sa maladie. Peut-être que si on ne lui parloit jamais de Rome ni de Romains, il seroit plus aisé de la guerir. Nous avons remarqué que son accès la prend bien plutôt en ce temps-là qu'en un autre ; mais on ne peut point la tenir enfermée, cela augmente sa tristesse &

irrite ſa maladie. D'autre côté il ſeroit fâcheux d'avertir tout le monde avec qui elle ſe trouve, des viſions qu'elle a ſur ce point là. Je ne demande plus, dît le Marquis, d'un air un peu étonné, ce qui cauſa hier ſon deſordre. Il me ſouvient que parmi toutes lés fleurettes que je lui dis, je comparai la majeſté de ſa taille, & même la beauté de ſon viſage à celle de je ne ſçai quelle Romaine qui lui reſſemble, & qui eſt peinte dans ce château; c'eſt moi ſans doute qui ai tout gâté. Oui, dit le Gentilhomme, & j'ai achevé de tout perdre par ma preſence. Vous lui avez donné lieu, reprit le Marquis, de vous prendre pour Horace en courant aprês elle, & c'eſt peut-être que vous êtes le rival de quelqu'un qu'elle aime. Helas ! Monſieur, repliqua le Gentilhomme, il n'eſt que trop vrai, je l'ai autrefois bien aimée & je ne m'en défens encore qu'avec peine; mais quand vous vîtes que je tâchois de lui couper chemin, c'étoit ſeulement de peur qu'elle ne ſe bleſsât en courant, je m'imaginai bien que ſon accês lui avoit repris. Cependant je ne laiſſe pas de vous remercier de la peine que vous vous êtes donnée en cette occaſion; car on me dit hier, que vous étiez monté à cheval avec une intention fort genereuſe. Vraiment, lui repartit le Marquis en riant, vous m'aviez mis dans une furieuſe colere, & j'avois pris une étrange reſolution contre vous; ſi je vous euſſe ren-

contré, nous nous servions battus à qui
auroit eu la Dame. Il lui conta ensuite
la seconde aventure qu'il avoit eue du
Chevalier de Montal qu'on vouloit assassiner ; & le Gentilhomme lui dît, qu'il
étoit moins fâché que l'accês eût repris à
Clelie, puisque cela étoit cause qu'un aussi
galant homme que Montal, n'avoit point
été assassiné. Mais, Monsieur, poursuivit le Marquis, encore faut-il que je sçache, si vous le trouvez bon, comment
cette maladie est venue à cette pauvre
Demoiselle, car où auroit-elle été prendre cette manie, de croire que Clelius
est son pere ; qu'il s'est retiré à Carthage ; qu'il a sauvé Aronce ; & qu'un tremblement de terre est arrivé le jour qu'elle devoit épouser cet Aronce, s'il n'y
avoit quelque conformité de ses aventures avec celles de Clelie ? Il faudroit
vous dire toute l'histoire, répondit le
Gentilhomme, pour vous donner la satisfaction que vous souhaitez ; mais je
laisserois trop languir ceux qui attendent
impatiemment des nouvelles. Hé ! Monsieur, reprit le Marquis, nous n'avons
qu'à leur envoyer un de mes gens, il les
instruira de tout ; & même, si vous m'en
croyez, vous ferez venir la gouvernante ici, il ne tiendra qu'à elle d'y demeurer avec sa malade, autant qu'il lui plaira. Je vous prie donc, dit le Gentil-
homme, de me faire donner du papier
& de l'encre pour écrire un mot à cette
femme, parcequ'à moins de cela, peut-

êtré feroit-elle difficulté d'y venir. Oui,
dit le Marquis ; car je la crois un
peu capricieuse. Elle s'enfuit hier du
jardin, comme si elle eût été coupable,
au lieu d'y attendre mon retour. Ce fut
pour n'être pas obligée à vous rendre
conte d'une si étrange maladie, dit le Gentil-homme, la bonne femme n'aime pas
à publier les défauts de notre famille.
Le billet se fit ; & on l'envoya à la gouvernante qui demeuroit à une petite
lieue de là, avec la tante de la malade.
Ils entrerent ensuite tous deux dans le
jardin ; & aprês y avoir fait choix d'un
lieu commode pour s'asseoir, le Gentil-
homme commença ainsi l'histoire de cette belle malade.

Histoire de Mademoiselle Juliette d'Arviane.

Vous avez peut-être oui parler quelquefois de Messieurs d'Arviane. Ils sont
d'une des plus nobles familles de Gascogne. Le dernier Comte de ce nom, qui
n'est mort que depuis le mariage du Roi,
étoit le pere de cette belle fille. Mais
afin que vous puissiez mieux connoître
les causes des applications de ses aventures à celles de Clelie, il faut que je
prenne d'un peu plus haut l'histoire du
pere de mon Heroïne. Je l'appelle ainsi,
continua-t-il en souriant, puisqu'elle
me fait faire auprês de vous le person-
nage d'un écuyer de roman. Le Comte
d'Arviane avoit armé en 1644 un grand

vaiſſeau & un petit pour aller faire des
courſes avec le Chevalier d'Arviane ſon
frere. Comme il vint à ſortir de l'em-
boucheure de la Garonne, il arriva tout
à propos pour être témoin du naufrage
d'un navire étranger, qui ſe briſa aux
environs de la tour de Cordouan, & dont
on ne put ſauver qu'un petit enfant dans
ſon berceau qui s'étoit accroché au rocher. Le reſte fut repouſſé en pleine
mer par un vent de terre, & perit ſans
qu'on pût deviner à qui appartenoit le
vaiſſeau. Le Comte fit prendre ce pauvre petit garçon, le recommanda à la
femme d'un matelot; & trois mois aprês
étant revenu de ſes courſes, & voyant
que perſonne ne l'avoit reclamé, il le fit
apporter à Madame la Comteſſe d'Arviane ſa femme, qui n'en ayant pas encore eu depuis quatre ans de mariage, ſe
divertit à le faire élever. Voilà Clelius
tout fait, interrompit le Marquis, &
elle a raiſon dans la comparaiſon, ſi elle
ne l'a pas dans l'application. Deux ans
aprés, pourſuivit le Gentilhomme, Madame d'Arviane accoucha d'une fille qui
fut nommée Juliette : la fille & le garçon furent élevez enſemble juſqu'à la
guerre de Bordeaux ; & (il n'y a pas de
de roman dans ce que je vai vous dire)
on ne pouvoit rien voir de plus accompli
que ces deux enfans.

Durant cette guerre un des revoltez
croyant gagner mon pere, en lui pro-
curant de grands avantages, lui propoſa

mon mariage avec Juliette, laquelle, quoiqu'elle n'eût encore que cinq ou six ans, me fut neanmoins accordée. On avoit conçu de moi de bonnes esperances ; j'avois du bien ; j'étois pàrent ; le Chevalier d'Arviane étoit mort ; on croyoit qu'il y auroit moyen de remettre la maison d'Arviane en son éclat, en me donnant cette fille avec trente mil livres de rente ; car Madame sa mere ayant une incommodité qui l'empêchoit d'avoir jamais d'autres enfans, je devois prendra le nom & les armes de la maison, mais la guerre eut une issue toute contraire à celle qu'on esperoit. Tous ces beaux desseins s'évanouirent par la fuite du Comte. Il fut obligé de se refugier en Angleterre, jusqu'à ce qu'il pût justifier son innocence. Ses biens furent confisquez en même-temps ; Juliette y fut emmenée avec le jeune étranger, qui eut tout le loisir d'y gagner ses inclinations à mesure qu'ils avancerent en âge. Enfin, que vous dirai-je ? Ils vinrent tous deux à s'aimer tout de bon. Le Comte d'Arviane qui s'en apperçut, ne voulut pas laisser enraciner cette amour. Quelque vertu qu'il vît reluire dans cet Aronce, sa naissance ne répondoit peutêtre pas à celle de sa fille ; & il n'avoit pas de bien. Le Comte prit donc resolution de les separer, & ce jeune garçon n'eut pas plutôt atteint l'âge de quinze ans, qu'il l'envoya horsde Londres dans une des plus celebres Academies du

Royaume pour y faire ſes exercices.

Cependant la beauté de Juliette commença à faire du bruit à la Cour du Protecteur. Elle fut recherchée de pluſieurs grands Seigneurs Anglois. Comme entre un grand nombre de ſoupirans, il y en a toujours qui s'attachent plus que les autres, le fils d'un Milord en devint paſſionnément amoureux, & cet amour vint à la connoiſſance de tout le monde. Juliette neanmoins n'y répondoit pas, & bien au contraire, elle écrivit ſon déplaiſir à ſon jeune amant, lequel entrant dans un deſeſpoir furieux de ce que le Comte d'Arviane approuvoit les ſoins de ſon rival, s'en revint ſecretement à Londres, fit une querelle au fils du Milord, le bleſſa dangereuſement, & il fut arrêté en même temps. Le bleſſé étant un homme de grande qualité, on crut le jeune étranger perdu. Le Comte d'Arviane même fut obligé de l'abandonner par politique ; mais voici encore un ſujet d'application pour notre Clelie. Un des Seigneurs du Parlement nommé le Marquis de Vingſter, ſçachant comment ce jeune homme avoit été recueilli du naufrage ; & ayant pris garde au jour & à l'année que ce naufrage étoit arrivé, & remarquant outre cela des traits qui le toucherent dans le viſage du criminel, il entra en quelque ſoupçon que ce ne fût le fils de ſon frere, dont il avoit toujours cru que le vaiſſeau s'étoit perdu la même année en fuyant d'Angleterre au commencement des troubles. Enfin ce Seigneur ménagea si bien quelques seances de la Chambre, qu'il eut le temps de s'éclaircir. L'étranger fut reconnu pour le fils de Milord Vingster, & son oncle obtint sa grace. Je ne vous parle point de la joye de la pauvre Juliette. Ce fut une Clelie qui avoit vu reconnoître son Aronce pour le fils du Roi Porsenna. Sa joye fut telle, que n'ayant pû la cacher à toute l'Angleterre, le blessé en mourut de déplaisir plutôt que de ses blessures.

Cependant la faveur du Marquis de Vingster oncle de notre Aronce, étant fort grande auprês de Cromvvel, le Comte d'Arviane tâcha de faire sa paix par son moyen, avec Monsieur le Cardinal Mazarin, & rentra dans ses biens. Il revint en Gascogne. Le jeune Vingster y revint aussi avec sa chere Juliette. C'étoit alors une fille de quatorze ans, la plus charmante du monde. On vint ensuite à Paris où on lut la Clelie. Monsieur de Scuderi, dit-elle cent fois en la lisant, a prédit dans ce roman les aventures que je devois avoir. Elle ne pouvoit cesser d'admirer ce rapport surprenant de celles de Clelie avec les siennes : Elle les lut jour & nuit deux ans durant, pendant lesquels Vingster ne la laissa point manquer d'autres divertissemens. Il n'y avoit pas de Fêtes magnifiques qu'il ne donnât à sa belle maitresse. Non pas qu'il ait demeuré ces deux années dans cette oisiveté

amoureuſe, car il commandoit les troupes Auxiliaires d'Angleterre ; mais quand
il pouvoit dérober quelque temps à la
guerre, il venoit en poſte le donner à ſon
amour. Enfin, on vint à parler de paix
entre les deux Couronnes. L'oncle du
jeune Vingſter, & le Comte d'Arviane
jugeant les partis ſortables, ſe réſolurent
de marier Juliette avec ſon amant. On
retourna en Gaſcogne pour faire les nô-
ces : Voici une étrange ſimpathie avec le
roman de Clelie. Le jour même qu'on
les devoit marier, il arrive à Bordeaux
un furieux tremblement de terre. Les
flâmes & les cendres n'en ſortoient point
comme à Capoue ; mais une eſpece de
rocher en ſortit de la terre ſur le rivage
de la Garonne. Quelques perſonnes en
fureut englouties ſur les grands chemins.
Pluſieurs maiſons en furent abbatues ; &
afin que l'aventure de cette Demoiſelle
reſſemblât de tout point à celle de la Romaine, ma jalouſie m'avoit conduit juſtement à l'heure de ce déſordre vers la
maiſon de campagne où ces noces ſe devoient faire, pour tâcher d'enlever Juliette. J'y arrivai aſſez à temps pour
l'emporter entre mes bras, comme cette
maiſon même s'alloit écrouler. Voilà,
Monſieur, toute l'hiſtoire de Mademoiſelle d'Arviane, & ce qui donna commencement à ſa maladie. Je me ſervis
du prétexte du tremblement pour me
purger du rapt dont on m'accuſa ; mais
elle qui en ſçavoit la verité en conçut un

tel déplaisir, que la fiévre chaude s'y mêlant, elle lui causa une alienation d'esprit, & peu à peu l'imagination d'être
Clelie lui en est venue. Monsieur, dit le
Marquis, vous m'avez conté quelque
chose d'admirable ; mais que devint le
jeune Vingster aprês que vous eûtes enlevé sa maitresse ? Le Comte d'Arviane
& lui, répondit le Gentil-homme, firent
forces poursuites contre moi. L'un par
les voyes de la Justice : il m'accusoit de
lui avoir donné quelque breuvage. L'autre par les appels qu'il me fit faire : je me
battis deux fois contre lui. Mais enfin n'y
ayant point d'esperance à la guerison de
Juliette, son oncle le rappella en Angleterre. Depuis ce temps-là Monsieur &
Madame d'Arviane sont morts. Ma mere
étant la plus proche parente de la malade,
elle fut chargée de sa tutelle : & il y a
près de six ans que cette pauvre fille est
affligée sans pouvoir guerir. Il n'y a pas
de divertissemens qu'on ne lui ait donnez. Ma mere l'a menée à Paris il y a
six mois. On l'a fait voir à tous les medecins qui n'ont pu y trouver de remede.
Ni le changement d'air, ni la solitude,
ni les compagnies, rien ne lui ôte cette
imagination. Parlez-lui de Romains, ou
qu'elle voye quelque objet qui lui rappelle ses fantaisies, elle retombe dans
l'extravagance. Vous en eûtes hier une
assez grande preuve, quand vous lui don-
niez le divertissement des cascades.

Aprês avoir ainsi fini son histoire, il

se leva & témoigna de vouloir prendre congé du Marquis, parcequ'il étoit de garde à Fontainebleau ce jour-là. Ce dernier promit d'avoir grand soin de la Malade, & le Gentilhomme monta à cheval, & prit le chemin de la Cour.

A peine fut-il parti, que le Marquis étant encore dans la cour du château, ouit arriver un carosse à la porte. Il en vit peu aprês décendre le Chevalier de Montal & les Dames qui lui avoient promis le soir précedent de le visiter, & il courut promptement les recevoir. D'abord Mademoiselle de Barbesieux prit la parole pour toutes les autres, & lui dît, qu'elles venoient sçavoir si la belle enlevée ne l'avoit point empêché de dormir. Voyez, Mesdames, répondit - il, en leur montrant le parent de cette fille, qui ne faisoit que de monter à cheval ; Voilà encore le ravisseur qui sort d'ici, & nous sommes maintenant lui & moi, les meilleurs amis du monde. Quoi ! Monsieur, interrompit Madame de Mulionne, vous en avez eu effectivement des nouvelles ? Et trés-plaisantes, Madame, répondit le Marquis. Cette infortunée est ici couchée entre deux draps. Ho ho ! dit Montal, tu és bienheureux. La belle a-t-elle la peau douce ? Oh ! taisez - vous, s'il vous plaît, Monsieur, lui dît Mademoiselle de Barbesieux ; vous voila déja prêt à dire des folies à votre ordinaire. On entra ensuite jusques dans le jardin, où la com-

pagnie voulut faire un tour de promenade avant que de monter aux appartemens;
& le Marquis étant pressé de dire ce qu'il
avoit appris de sa belle melancolique, il
en fit l'histoire à ces Dames, telle qu'on
venoit de la lui conter. Hé bien, dit
Mademoiselle de Barbesieux, aprês qu'il
eut fini, j'avouerai à cette heure que je
soupçonnois hier le Marquis de nous
avoir fait une menterie, & que je ne
croyois nullement qu'il courût aprês une
telle aventure. Et moi aussi, ajouta Madame de Mulionne, je m'imaginai que
la confusion de nous avoir rencontrées
lorsqu'il n'en avoit pas d'envie, lui avoit
fait trouver sur le champ ce qu'il nous
conta ; car en effet il y avoit si peu de
vrai-semblance, qu'à moins de ce que je
viens d'entendre, je ne l'eusse jamais
cru, & je soupçonnois comme vous un
autre mystere dans son voyage. Vous me
faites trop d'honneur, Mesdames, dit le
Marquis, & je vous suis vraiment fort
obligé de ces bons sentimens. Nous ne
parlons pas sans raison, lui repartit Madame de Mulionne, & je prens à témoin
Mademoiselle Velzers & Mademoiselle
de Kermas, si on ne nous apprit pas l'autre jour, des choses qui ont du nous
donner ce soupçon de vous. Il est vrai,
dît Mademoiselle Velzers ; mais laissons-
là Monsieur le Marquis, Madame, si
vous m'en croyez, & songeons à faire
acquitter le Chevalier d'une histoire
qu'il nous promit hier. Ah ! vous avez
raison,

raiſon, répondit Mademoiſelle de Barbeſieux, il nous a dit que l'attentat qu'on
fit hier ſur ſa perſonne, étoit la ſuite
d'une intrigue d'amour ; il faut qu'il
nous la conte. Je le veux bien, répondit le Chevalier, & l'hiſtoire n'en ſera
pas moins plaiſante que celle de la Clelie Gaſconne. A ces mots on ſe teut, &
il commença ainſi.

Hiſtoire du Chevalier de Montal & de Madame de Laumer.

Si Monſieur le Marquis a eu bien de
la peine pour une viſionnaire, une viſionnaire auſſi a été cauſe que je penſai
hier être aſſaſſiné. Il y a une certaine Dame qui a un château ſur le chemin de
Marſal, laquelle ſe pique d'être la plus
belle femme de Lorraine, & d'avoir auſſi
le plus bel eſprit du monde. Pour de la
beauté elle en a ſans doute ; & une preuve de cela, Meſdames, c'eſt que j'en ai
été amoureux, & que je n'ai pas le goût
ſi méchant que d'aimer une laide. Mais
vous ne ferez pas de ſon eſprit le même
jugement qu'elle.

Lors donc que le Roi fit le voyage de
Marſal, un des plus beaux Princes, non
ſeulement de notre Cour, mais de l'Eu-
rope ; & vous voudrez bien, Meſdames,
que je vous taiſe ſon nom & ſon rang.
Si je vous l'avois nommé, un ſecret que
j'ai gardé long-temps, iroit dés demain juſques à ſes oreilles, & c'eſt ce
que je ne juge point encore à propos.

B

L'impertinent historien ! dit Mademoiselle Velzers, qui en trois paroles qu'il
a dites, n'a pu s'empêcher de se donner
de la vanité & de nous faire injure. Ce
n'est pas vous faire une injure, lui répondit-il, que de se défier de vos langues. Jamais femme n'a pu garder un secret un demi jour. Et pensez-vous, ajouta-t-il en la regardant plaisamment, que
sans cela j'eusse attendu jusqu'aujour-
d'hui à vous faire sçavoir que je vous aime ? Ha ! voila une jolie maniere de se
declarer, dit Madame de Mulionne à la
belle Hollandoise ; & je ne sçai pas comment vous recevrez cela ; mais il ne doit
point y avoir de fierté pour un aveu fait de
cette sorte. La Demoiselle, repartit Montal, n'en rougit pas moins de colere ; mais
c'est à cause qu'il n'y a rien de si vrai que
ce que j'ai dit. Mon Dieu ! interrompit
Mademoiselle de Barbesieux, on ne met
point en doute que vous n'ayez dit vrai
en disant que vous l'aimez ; & quelque
mauvaise opinion que vous ayez de la
langue de toutes les femmes, on doute
encore moins qu'elle ne soit assez secrete pour vous aimer aussi sans en parler à
personne. Mais achevons, s'il vous plaît,
l'histoire de la Dame de Marsal.

Le Prince, reprit-il, ayant eu besoin
de rafraîchissement sur le chemin de cette ville, fut contraint d'entrer chez cette
Dame pour en trouver. Et comme c'é-
toit une femme à ne point laisser échaper une occasion de se mettre des visions

dans la tête, ou plutôt qu'elle étoit d'humeur à faire vanité de tout ; elle voulut persuader à ses amies que de simples civilitez que le Prince lui avoit faites, avoient été une déclaration d'amour. Elle eut même l'esprit de leur faire croire qu'il ne s'étoit arrêté dans son village, que pour avoir un prétexte de lui parler. Aussi-tôt toutes ces bonnes campagnardes lui conseillerent de ne pas negliger une si bonne fortune. Elles la presserent de suivre ce beau Prince à Marsal, & lui recommanderent même de ne point s'épargner à lui faire de grandes avances. Allez, lui dirent-elles, Madame, vous ne sçavez pas de quelle consequence cela sera pour vous, & on ne fait pas de façons avec des Princes comme avec d'autres gens.

Ces admirables conseils firent aller la Dame à Marsal, où j'eus l'honneur de la voir & de l'entretenir pour la premiere fois ; car comme je vis qu'elle étoit en peine, & qu'elle cherchoit quelque chose chez le Roy, je m'offris à la conduire où elle voudroit : mais elle me dît qu'elle ne vouloit que voir dîner le beau Prince dont je vous ai parlé, ce que je lui fis obtenir. Mes amis la placerent si commodément, & la mirent si-bien en vue, qu'au grand contentement de son cœur le Prince ne regarda qu'elle durant le dîner. Ce fut pour lors que persuadée elle-même de ce qu'elle n'avoit voulu persuader qu'aux autres, elle s'en revint

B ij

dans son village toute orgueilleuse &
toute fiere de sa conqueste. La Dame qui
auparavant faisoit vanité d'une foule d'a-
dorateurs qui lui venoient tous les jours
de six lieues à la ronde, tint depuis à
grande honte d'être servie par des galans de leur sorte, & il n'y eut pas jusqu'à son mari que la force du Sacrement
ne put mettre à couvert de ses mépris.
S'il lui demandoit ou déroboit quelque
faveur, c'étoit un crime de peculat; il
s'approprioit ce qui n'appartenoit qu'au
Prince, & elle le menaçoit de le perdre.
Toute la compagnie ne put se tenir de
rire à cet endroit, & Madame de Mulionne dit: Voilà une creature bien folle; mais c'est peut-être une des folles inventions du Chevalier. Je me donne au
Diable, reprit-il, si j'ajoute rien à l'histoire, & si je ne vous dépeins l'humeur
de la Dame telle qu'elle est. On m'a dit
même qu'elle méprisa si fort son mari,
que le pauvre campagnard fut contraint
de la battre par excès d'amour, parcequ'elle ne voulut point permettre qu'il
la traitât plus doucement. Enfin elle mena deux ans cette vie, jusqu'à ce qu'il
plût à mon destin que je fisse une partie
de chasse avec Monsieur de Laumer son
mari, qui étoit venu à Thoul où j'avois
mon regiment. Je ne sçavois pas toutefois qu'elle fût la femme de ce Gentil-
homme; car quoiqu'elle eût reçu de moi
à Marsal le bon office que je vous ai dit,
je ne m'étois pas informé du nom de la

Dame, & je ne la connus que de vue.
Cela fit que j'eus une assez agreable surprise en la trouvant chez Laumer, quand
il m'y regala au retour de notre chasse ;
mais je pourrois dire aussi que l'étonnement où je la mis ne ceda point au mien.

Laumer qui s'apperçut que sa femme
avoit changé de couleur en me voyant,
me vint dire à l'oreille tout familiere-
ment ; Chevalier, ne sois point surpris
si ma femme te fait mauvaise mine, c'est
une bête qui en use ainsi pour tout le
monde, & qui enrage quand je lui ameine un homme ici. Helas ! lui répondis-
je en levant les épaules, elle me fera telle mine qu'il lui plaira, & si elle veut je
ne la regarderai point. Au contraire, me
dît Laumer, tu me feras plaisir de lui
parler. Puis se tournant vers elle ; Ma
femme, lui dît-il, entretenez Monsieur
pendant que j'irai donner ordre à nous
faire dîner. Ce fut ce jour-là que je devins amoureux de cette belle.

La curiosité de faire changer son esprit
que son mari m'avoit dépeint si cruel, &
la commodité qu'il me donna d'être seul
avec elle, furent les premieres causes
de mon amour. Monsieur votre mari, lui
dis-je aussi-tôt qu'il fut sorti, me viens
d'apprendre une chose étrange de vous.
Est-il possible, Madame, que vous mal-
traitiez ainsi les gens qu'il vous ameine
pour vous adorer ? car vous voir & vous
adorer, ajoutai-je, ce n'est qu'une même chose. Elle fit un petit soupir avant

que de répondre à cela, puis tournant
les yeux amoureusement sur moi ; Monsieur, me dit-elle, si j'avois autant d'o-
bligation à tous ceux que mon mari
ameine ici que je confesse vous en avoir,
je n'aurois pas tant leur presence en horreur. Ce mari revint comme elle achevoit ces paroles, & m'empêcha de répondre à leur douceur. La douceur n'en
étoit pas si grande que vous le croyez,
dît Mademoiselle de Barbesieux, & elle
étoit sujette à explication. Je vous l'a-
voue, reprit-il, mais moi à qui il suffira toujours qu'une femme en dise autant,
pour m'imaginer être bien avec elle, &
qui d'ailleurs n'avois aucun sujet de croire que ce fût une énigme, je ne laissois
pas de l'en aller remercier par une belle
déclaration d'amour, si ce mari ne fût
point revenu. O quel plaisir ç'ût été, dit
Mademoiselle Velzers, elle lui auroit
mangé les yeux. Comme elle me les
a mangez, répondit-il, quand je lui
fis cette déclaration trois jours aprês.
Je la lui envoiai adroitement par un
de mes laquais, & la réponse m'en
fut tout-à-fait favorable. A ce que vous
dites, interrompit de nouveau Mademoiselle de Barbesieux. Parbleu ! la voici encore, dit le Chevalier en la tirant
de sa poche, & vous n'avez qu'à lire.
Madame de Mulionne la prit, & tandis
que Barbesieux lisoit par dessus son épau-
le, elle y leut ces paroles.

Oui, Monsieur, je m'estimerai toujours la plus heureuse femme du monde, de vous avoir connu, & sans doute vos premiers soins m'ont touchée sensiblement. Je voudrois, s'il étoit possible, demeurer toujours avec vous, pour ne parler d'autre chose ; mais cependant je vous prie de n'avoir point d'amour pour moi, cela ne nous feroit que du mal a l'un & à l'autre.

A qui comprend le sens de cette réponse, dit le Marquis, l'équivoque en est admirable ; car lorsque la Dame dit qu'elle est heureuse d'avoir connu le Chevalier, & que ses premiers soins lui ont plu, on voit bien qu'elle entend parler de ceux qu'il a pris pour lui faire voir dîner le Prince. Mais aussi, ajouta Madame de Mulionne, pour avoir répondu en ces termes, il faloit que le billet du Chevalier ne fût pas moins équivoque à son égard. Moi, dit le Chevalier, je lui avois écrit que je lui étois fort obligé du bon accueil qu'elle m'avoit fait, & que si je croyois que mes premiers soins ne lui eussent pas déplu, j'employerois toute mon adresse pour la voir le plus souvent que je pourrois. Qu'au reste je la priois d'être assurée qu'elle m'avoit rendu le plus amoureux de tous les hommes. Quoi qu'il en soit, Mesdames, poursuivit-il, l'ignorance du sens que pouvoit avoir ce billet, ne laissa pas de me rendre effectivement tres-amoureux; & je commençai dês-lors à chercher mille inventions pour la voir. Elles me devinrent d'autant plus necessaires, que son mari fut jaloux de moi, & ne me permit plus d'aller chez lui. Ce dessein me coûta bien de l'argent à Thoul durant un hiver qu'elle y fut amenée par ce jaloux qui y avoit un procês. Il n'avoit pas voulu la laisser seule en son château. Il n'y a point de déguisement que je n'aye pratiqué pour lui pouvoir parler, jusqu'à ce qu'enfin, ayant eu occasion de lui dire, qu'elle fit semblant d'être en colere contre moi de ce que j'avois sollicité pour leur partie, cet artifice diminua un peu la défiance de son mari.

Alors pour aller souvent dans son logis, je m'habillai en femme; ce qui me réussit si bien, que je n'en bougeois toutes les fois que le mari étoit hors de la maison. Mais j'avoue à ma honte que je n'avançois rien auprês de la Dame; & qu'après bien des équivoques, & pour le moins autant de soupirs que j'en ai déja fait pour Mademoiselle Velzers, je pensai tomber des nues lorsqu'elle voulut par pitié me faire son confident, ne pouvant m'accepter pour son amant. Cela arriva de la plus plaisante façon du monde. Comme j'étois à ses genoux tout transporté, & qu'en accusant ses cruautez de causer ma mort, je lui protestois que j'eusse voulu être fils ou frere de Roi, pour être plus digne d'elle, elle fit un profond soupir, & me donnant sa main à baiser, comme une grande faveur: Ah, dit-elle, mon cher Chevalier, que vous êtes cruel de me blesser par où je suis si sensible! Et pourquoi, Madame, lui répondis-je, prenant toujours pour moi ce qu'elle disoit, aimeriez-vous mieux que je mourusse en me taisant? Allez, poursuivit-elle, je ne veux plus abuser de votre patience; & comme je connois la force de votre tendresse envers moi, je vais aussi vous témoigner par l'aveu que je vous ferai la grandeur de l'estime que j'ai pour vous. J'attendois après cela qu'elle m'assurât de mon bonheur, & tout mourant d'amour dans cette pensée, je ne sçai à vrai dire à quoi déja je ne me disposois pas, quand cette visionnaire m'assassina de la sotte confidence de son amour pour le Prince.

Quoique je visse tromper mes esperances, je ne pus m'empêcher d'en rire; & la nouveauté de cette extravagance étonna même si fort mon amour, qu'il me sembla s'enfuir de mon cœur aussi vîte qu'il y étoit venu. Pourtant le dépit d'avoir dépense tant d'argent inutilement, & un certain point d'honneur, que vous nommerez comme il vous plaira, ne purent consentir à me laisser entierement abandonner ma poursuite; & changeant de batterie auprês d'elle, je m'obstinai à n'en être pas la dupe. Je continuai à la

B v

visiter tous les jours en habit déguisé, &
je me mis si bien auprês de cette folle
avec la qualité qu'elle m'offroit de simple confident, que je n'en voulus plus
d'autre. Je lui faisois à toute heure des
portraits avantageux du Prince : c'étoit
une chose qui se pouvoit faire sans le
flater. Je le feignois amoureux d'elle
pour la rendre elle-même plus amoureuse ; & ajoutant à cela mille promes-
ses de faire en sorte qu'elle pût l'entretenir un jour en particulier, & de donner envie à ce Prince de la venir voir
incognito, quand je serois retourné à la
Cour, je la mettois si fort hors d'elle-
même, & je lui causois tant de joye, que
je puis dire qu'elle se donnoit en proye
à mon amour sans y songer. Ah ! Madame, lui disois-je une fois assis sur son lit
où elle étoit encore, pendant que je lui
passois éfrontément la main sur la gorge ; si c'étoit le Prince qui prît cette liberté, au lieu que ce n'est qu'un confident, quel plaisir ! L'extravagante femme, s'écria Madame de Mulionne ! Hé
Madame, ajouta Barbesieux, dites plutôt l'extravagant homme de nous conter de telles folies, & si peu vrai-sem-
blables. Ah ! reprit-il, je sois le plus mi-
ferable du monde, si je ne vous dis la
verité, & s'il n'est assuré que la Dame
ne m'eût pas repoussé, pourvu que je
n'eusse rien entrepris que par comparaison de ce qu'auroit pu faire le Prince. O
bien Chevalier, lui dit cette même De-

moiſelle avec une mine un peu ſevere ;
nous vous avertiſſons que nous ne voulons pas entendre des folies pareilles à
celles-là. Mais, Mademoiſelle, répondit-
il, vous voulez ſçavoir mon hiſtoire,
& c'en ſont-là les points principaux. Il
faudra bien que vous ayez patience ſi
vous êtes curieuſes d'entendre le reſte.
Va, va continue, lui dit le Marquis, je
les retiendrai ſi elles veulent s'en aller.
Mon Dieu ! reprit le Chevalier, eſt-ce
qu'il ne faut pas qu'elles faſſent un peu
de façons à tout ? il y va de leur honneur. Mais n'importe je prendrai garde
à ce que je dirai.

Enfin, Meſdames, au milieu de mes
délices, le ciel me voulut faire éprouver
un trait de ſa rigueur, & je reçus un ordre de la Cour pour m'en aller avec mon
regiment dans une autre ville aſſez
éloignée. Je vous laiſſe à deviner combien je me plaignis de la Fortune devant
la Dame, combien j'accuſai la Cour d'injuſtice, qui ne devoit pas ignorer que je
me plaiſois mieux à Thoul que par tout
ailleurs. Et pour l'amour de vous & de
votre ſcrupuleuſe honnêteté, je ne vous
dirai point auſſi qu'elle me donna plus
de mille baiſers à mon départ. Elle pleura comme une folle l'éloignement d'un
homme qui contrfaiſoit ſi bien ce que
ſon Prince eût pu faire. Elle m'écrivit
vingt lettres les plus tendres du monde,
pour me faire reſſouvenir d'aller parler
d'elle au Prince ; & elle m'en importuna

B vj

tant, qu'enfin l'idée de sa beauté toute puissante sur un homme de mon temperament, me fit prendre la resolution que je vais vous dire. Je retournai exprês aux environs de son château un jour qu'on y devoit faire la Saint Hubert, & menant avec moi quatre ou cinq de mes cavaliers, je me trouvai à cette chasse, où de sens froid je tuai plusieurs des chiens de son mari, & fis faire quelqu'autre dégât sur ses terres. La Dame que j'avois instruite le sollicita aussitôt d'en prendre vengeance, & lui persuada de me faire un procês criminel. Ce procês, comme nous l'avions bien prévu, fut évoqué au Conseil du Roi, à cause de certaines circonstances, & cette belle continuant à faire l'enragée contre moi, s'offrit pour aller elle-même le solliciter. D'abord le mari fit assez de difficulté de l'y mener; mais une fâcheuse goute à quoi il étoit sujet, bien qu'il fût encore jeune, le cloua dans son lit. L'affaire pressoit, il l'envoya enfin à Paris toute seule. Je la suivis bien vîte & nous y recommençâmes nos confidences jusqu'à ce qu'il se presenta une occasion de faire mieux. Cette prétieuse occasion arriva plus belle que je ne l'avois esperé, par le moyen du départ du Roi, qui s'en alla de Paris à Saint-Germain aprês la mort de la Reine mere; & le Conseil ayant suivi la Cour, Madame de Laumer eut un prétexte pour s'y rendre, & c'étoit où je la voulois.

Là je communiquai le secret de ma bonne fortune à un officier du Prince ; & comme il n'y a guere de courtisans qui ne servent volontiers un ami auprês d'une amie, je lui fis donner sa parole, qu'il iroit voir la Dame comme si c'eût été de la part de son maître, afin que si elle promettoit quelques doux momens, je les allasse fort bien passer avec elle sous le nom du Prince. O quelle malice ! dit la jeune Madame de Mulionne. J'ai oui parler de cette aventure, ajouta le Marquis ; mais je ne croyois pas, dît-il au Chevalier, que tu en fusses le heros, & on ne nommoit personne. Cela est vrai, reprit Montal, c'est qu'on m'avoit fait promettre solemnellement que je ne la publierois pas, mais la chose a changé de face.

Les affaires étant donc disposées de la sorte, je menai la Dame au vieux château. Elle y vit encore une fois dîner le Prince ; il étoit venu voir le Roi ce jour-là. Mon ami ne manqua pas l'aprês-dîné de lui faire le message concerté ; il lui dît que le Prince l'avoit reconnue pour cette même Dame dont la beauté l'avoit touché sur le chemin de Marsal, & à Marsal même, & qu'il l'envoyoit vers elle pour la prier de souffrir qu'il la vînt voir la nuit suivante. Elle fit semblant d'abord de se gendarmer contre une telle proposition, suivant la coutume du sexe de rejetter d'abord les plaisirs qu'il souhaite le plus. Le Prince, répondit-elle

en pleurant, a bien peu de confideration
pour moi de vouloir commencer par où
il devroit finir. Quoi donc ! une pauvre
femme eft-elle fi malheureufe, qu'elle ne
puiffe aimer un homme fans qu'il s'imagine auffi-tôt que c'eft pour ces folies-là?
& depuis le plus petit Gentil-homme
jufqu'au Prince , du moment qu'ils
croyent être aimez, c'eft là le beau compliment qu'ils ont à nous faire. Les larmes interrompirent un peu cette lamen-
tation , puis comme fi elle eût gagné une
importante victoire fur fon amour ; Non
Monfieur, ajouta-t-elle , je n'y confen-
tirai jamais. Hé bien, lui repartit mon
ami en fe retirant tout froidement, je
vais porter vôtre réponfe au Prince. Hé,
mon Dieu ! reprit-elle , vous êtes bien
preffé. Voudriez-vous que je diffe oui
tout d'un coup? N'eft-ce pas à vous à
chercher des raifons pour détruire les
miennes avant que de vous en aller? Si
tous les meffagers étoient faits comme
vous, il n'y a point d'amante qui ne fe
vît réduite à faire d'éternels refus.

Madame de Mulionne ne put s'empêcher d'interrompre encore le Chevalier,
en difant : Voilà un homme qui nous en
donneroit bien à garder, fi nous le vou-
lions croire, & qui fait de jolis portraits
des femmes. Madame, lui répondit-il, je
vous fais le portrait d'une folle qui ne
reffemble à pas une de vous ; mais je n'ai
pas dit la moitié de ce que je pourrois
dire d'elle.

Tu connois Saint-Soulieu , pourſui-
ſuivit-il en s'adreſſant au Marquis, &
comme c'eſt lui que j'employai , tu peux
juger ce que l'homme a été capable de
faire. Il eſt vrai que Saint-Soulieu eſt un
froid bouffon, dît le Marquis. Je veux
mourir, ajouta le Chevalier, s'il n'eut un
entretien d'une heure avec cette viſionai-
re, où ils dirent des choſes qui vaudroient
infiniment plus que ce que je vous ai conté , ſi je pouvois m'en reſſouvenir. Hé
bien , à cela près , concluez , dit Mademoiſelle Velzers. Ah ! reprit-il , Mademoiſelle , j'aime cette charmante impatience en vous , & c'eſt une marque que
vous êtes curieuſe des beaux endroits. Il
la fit rougir cruellement avec ces paroles , puis reprenant ſon diſcours ; Enfin ,
dît-il , la Dame accorda au Prince l'entrevue qu'il lui avoit fait demander , à
condition toutefois que pour ſoulager ſa
pudeur , elle l'attendroit ſans lumiere ,
quitte à en faire allumer après qu'ils auroient fait connoiſſance. Elle ne fit en
cela que prévenir heureuſement la demande que Saint-Soulieu lui devoit faire
de cette précaution. Il fut donc arrêté
que le Prince viendroit à minuit avec
une ſimple lanterne ſourde, qu'il n'ou-
vriroit que quand la belle lui en donneroit la permiſſion : Que l'hôte du logis ,
où elle demeuroit tiendroit ſa porte ouverte toute la nuit : Qu'il y feroit la garde tout ſeule , & qu'il laiſſeroit monter
à la chambre de la Dame ſans s'informer

de quoi que ce fût, ceux qui viendroient pour la voir à cette heure-là. Ce que Saint-Soulieu ordonna aussi-tôt de la part du Prince à cet hôte, qui tint à beaucoup d'honneur qu'une si noble intrigue se passât dans sa maison. J'allai me préparer de mon côté à faire le Prince le mieux qu'il me seroit possible, & quand l'heure vint, que j'avois attendue avec l'impatience d'un homme à bonne fortune, je me mis en chemin avec mon ami Saint-Soulieu, pour aller au champ de bataille. Mais une disgrace effroyable m'y attendoit que je n'avois nullement prévue. Le mari averti que je sollicitois plus souvent sa femme que mes Juges, & se trouvant délivré de sa goutte, étoit venu en poste à Paris pour observer notre conduite. N'y ayant pas trouvé la belle, il ne se donna le loisir que de faire repaître ses chevaux, & vint le plus vîte qu'il put à S. Germain. Etant arrivé il se fit conduire au logis de sa femme par un valet d'écurie ; il demanda sa chambre à l'hôte qui la lui enseigna, croyant qu'il fut officier du Prince. Il y monta justement un peu devant que j'y arrivasse, & sa femme l'ayant traité d'Altesse à l'entrée de la porte, où elle le prit pour le Prince, cela causa un désordre épouventable ; car comme j'entrai chez elle immediatement après lui, il me saisit par le bras. Je fus contraint d'ouvrir ma lanterne sourde pour me reconnoître. La Dame tomba éva-

nouie en reconnoiſſant ſon mari. Ce jaloux me ſuivit dans la rue, où je deſcen-
dis malgré ſa reſiſtance. Nous y mîmes
l'épée à la main ; & nous allions nous
battre, ſi Saint-Soulieu & beaucoup de
voiſins ne nous euſſent ſeparez. Voila,
Meſdames, ajouta le Chevalier, la veritable cauſe de l'accident qui m'arriva
hier. Saint-Soulieu avoit neanmoins fait
je ne ſçai quel accommodement entre
nous ; car comme nous nous étions ſervis
du nom du Prince, nous étions bien
aiſes d'empêcher que le bruit de cette
avanture ne vînt à ſes oreilles, quoiqu'il
n'y eût qu'à rire pour le Prince même.
Et aprês avoir remontré au jaloux que
ſon heureuſe arrivée lui avoit ſauvé ce
qui lui pouvoit faire de la honte en cette
occaſion ; aprês mille ſermens qu'on me
fit faire que je n'en dirois jamais mot,
& à lui de ne s'en plus reſſouvenir ; aprês
enfin m'être condamné volontairement
aux dépens du procês, on nous obligea
de nous embraſſer, & je le fis d'auſſi bon
cœur, que ſi je ne lui euſſe point voulu
de mal de m'avoir empêché d'embraſſer
ſa femme. Cependant, vous avez vu par
la noire action qu'il voulut hier commettre, qu'il n'a pas pris autant de patience que moi ; mais auſſi c'eſt une raiſon qui fera que je ne m'abſtiendrai plus
d'en faire deſormais de bons contes à ſes
dépens.

Et par quelle aventure, dît le Marquis
au Chevalier, t'eſt-il venu rencontrer ſi

à propos fur ces chemins ? Par quelle aventure ? repartit le Chevalier, je n'en fçais rien, à moins que ce traître ne m'ait épié à Fontaine-bleau, où je le vis il y a quatre ou cinq jours. En verité, dit Madame de Mulionne, il n'y a jamais eu une hiftoire plus plaifante : ni plus follement contée, ajouta le Marquis. Oui, pourfuivit Mademoifelle de Barbefieux ; mais le Chevalier n'eft pas affez fage devant des femmes. Vous vous plaignez qu'on vous fert trop bien, répondit-il. Si vous prétendez le faire changer, dit Mademoifelle Velzers, vous vous tromperez. Vous êtes toutes de bonnes hypocrites, repliqua le Chevalier, qui feignez d'être fâchées de ce qui vous divertit le plus ; & s'il y avoit à redire à ma façon de conter les chofes, ce feroit à Mademoifelle de Kermas qui ne dit mot, que je voudrois m'en rapporter plutôt qu'à vous ; mais je fçais bien qu'elle n'y a point trouvé de mal. Moi ? dit cette Demoifelle, je ne philofophe point fur les paroles d'un hiftorien, & je m'attache fimplement à l'hiftoire, fans m'arrêter aux ornemens qu'il y apporte. Il eut mieux valu, lui repartit fa comgagne Velzers, que tu te fuffes tue encore, que d'ouvrir la bouche pour répondre ainfi & te déclater contre nous. Mais auffi, repliqua cette fille, que voulez-vous que je vous dife ? on ne trouve en ces fortes de recits que le mal qu'on y veut penfer. Encore ! dit Madame de Mulionne : ah vraiment j'avois cru jusqu'ici que vous vous taisiez de colere , quand le Chevalier disoit ses folies ; mais puisque vous avez ces sentimens-là , je ne veux pas dire ce que je pense de vous. Dites, dites-le hardiment, Madame, poursuivit le Chevalier ; car je vous soutiens moi que Mademoiselle de Kermas est la plus sage de vous quatre.

Durant cette conversation le Marquis étoit à part & lisoit une lettre avec beaucoup de mystere. Mademoiselle Velzers s'approcha de lui, pour tâcher de découvrir ce que ce pouvoit être ; mais, d'assez loin, elle s'apperçut que c'étoit une lettre qu'elle avoit laissé tomber. Elle fit un effort pour la reprendre. C'est un poulet, dit le Marquis, il est d'un homme heureux, & la violence qu'elle me fait pour le retirer, justifie bien qu'elle y est interessée. Hé quoi ! Mademoiselle, lui dit Montal, j'ai un rival heureux ? Ah ! non, répondit-elle à demi confuse ; c'est une histoire que cela, & je n'y ai point de part. Si c'est une histoire, repliqua-t-il, vous la conterez donc, aussi-bien que nous avons conté les nôtres ; autrement nous en croirons ce qu'il nous plaira. Vraiment, dit Madame de Mulionne, voilà de quoi faire la matiere du plus joli roman du monde, si chacun veut conter la sienne. J'offre la mienne, dit Mademoiselle de Barbesieux. J'en dirai une aussi, poursuivit Madame de Mulionne. Et moi quatre , si l'on

veut, ajouta le Marquis. A ces mots il
prit la lettre qui s'adreſſoit à Mademoiſelle Velzers, aprês lui avoir pourtant
demandé pluſieurs fois ſi elle conſentoit
qu'il la lût tout haut, parce qu'elle étoit
conçue en termes fort ſcandaleux : mais
elle le preſſa elle-même d'en donner le
divertiſſement à la compagnie. Je ne
ſuis, dit-elle, pas en peine de réparer
mon honneur quand je le voudrai. Voici
cette belle lettre.

A MA CHERE VELZERS.

*Ah ! ma chere maitreſſe, que vous
êtes aimable ! que vous êtes charmante!
& que je ſuis heureux de poſſeder un cœur
comme le vôtre ! Les plus beaux jours tous
entiers valent ils un ſeul moment de la nuit
que j'ai paſſée à vous adorer ? & eſt-il de
la felicité ailleurs que dans les liens de lis
& de roſes qui m'ont ſerré ſi tendrement ?
Je ne pouvois comprendre pourquoi une
femme appelloit accorder la derniere faveur, ce qui n'étoit ſouvent que la premiere ; mais une douce experience m'a enfin dévelopé ce myſtere amoureux. Quand
une belle ſe réſout à en faire de pareilles à
celle que j'ai eue, c'eſt veritablement la
derniere faveur qu'elle accorde à celui qui
la reçoit, puiſqu'il faut qu'il en meure de
plaiſir.*

Le Marquis rendit cette lettre à Mademoiselle Velzers, qui rit de tout son cœur de l'étonnement où elle vit que sa lecture avoit mis ses amies & le Chevalier de Montal. Vous nous voulez faire croire par cette risée, lui dît Mademoiselle de Barbesieux, qu'il y a là-dessous quelque chose de caché qui met vôtre honeur à couvert; mais en verité, voilà qui est effroyable à entendre, & c'est n'avoir guere de honte d'avoir souffert qu'on ait lu cette lettre. On me croira une débauchée, répondit-elle en continuant de rire, jusqu'à ce que j'aye conté l'histoire qui lui a donné lieu; & je veux aussi m'en acquiter sans retardement, car je vois bien que vous êtes des gens qui n'auriez pour moi aucune indulgence. Vous ferez bien, dît Montal, & je me pendrai si je n'ai vîte l'explication de cet horrible poulet.

Toutefois avant qu'elle entamât son discours, le Marquis pria la compagnie d'aller dans les appartemens du château, parceque le soleil commençoit à se rendre incommode dans le jardin; & ayant pris Mademoiselle de Barbesieux d'une main & Madame de Mulionne de l'autre, le Chevalier donna les siennes à Mademoiselle Velzers & à sa compagne, & tous ensemble allerent apprendre des nouvelles de la belle Clelie que sa gouvernante étoit venue retrouver.

LIVRE SECOND.

L A belle malade qui avoit un peu reposé, se trouvoit dans un état si paisible, & voyant entrer cette compagnie enjouée, elle la reçut avec tant de civilité & avec un esprit si present, qu'on ne la pouvoit croire capable de l'extravagance où elle tomboit d'ordinaire. Toutes les Dames n'eurent pas moins d'admiration pour sa beauté, que le Marquis en avoit eu, & cenfesserent qu'elles n'avoient jamais vu tant de douceur dans un visage ; tant d'agrément dans une bouche, ni tant de grace dans toutes les actions de personne. Le Marquis plus que tout autre, s'attacha à la considerer, & sentit renaître en son ame le même amour, qu'elle lui avoit donné à sa premiere vue, & que la connoissance de sa maladie avoit presque éteint. Cependant la malade n'osoit lever les yeux sur lui, parce qu'elle sçavoit qu'il avoit été témoin de son dernier accês, & qu'elle se souvenoit fort bien de tout ce qui s'étoit passé entre elle & lui. Enfin tous sortirent de sa chambre pour aller voir les magnifiques apartemens du château hormis Madame de Mulionne, que le Marquis pria de demeurer auprês de cette aimable fille, pour difpofer fa gouvernante à la laiffer venir dîner avec la compagnie. Mais cette Dame en eut à peine ouvert la bouche, que la malade l'interrompit; Helas! Madame, lui dit-elle le plus agreablement du monde, où voulez-vous mener une malheureufe, que fon affliction rend le jouet de tout le monde? Il n'y a perfonne ici, répondit Madame de Mulionne, qui n'ait de la douleur de voir qu'une charmante beauté comme vous foit affligée. Mais venez, continua-t-elle, en l'embraffant & en la baifant, nous tâcherons de vous divertir, tandis que vous vous portez bien, & peut-être que cela contribuera au rétabliffement entier de votre fanté. Eh, plût à Dieu! répondit cette belle fille en foupirant; mais je ne l'efpere guere. A ces mots, aufquels fa gouvernante ajouta beaucoup de raifons pour lui perfuader d'accepter l'honneur qu'on lui faifoit, elle promit qu'elle y viendroit, & Madame de Mulionne en alla donner avis à la compagnie.

Elle retrouva le Chevalier qui avoit commencé un bal dans la falle à fon grand regret; car il n'y avoit d'hommes que lui. Il fuoit à groffes goutes à mener danfer les trois Demoifelles l'une aprês l'autre au fon des violons du Marquis, dont les gens jouoient divinement, & ces malicieufes ne lui donnoient point de relâche. Il prît prétexte de la nouvelle que Madame de Mulionne apporta, pour intertompre ce rude exercice ; & jamais cette aimable femme ne pouvoit arriver plus à propos pour lui. Auſſi la remercia-t-il comme ſa liberatrice ; & comme s'il n'eût attendu qu'elle pour ſe vanger, il la prit par la main, l'emmena où étoit le Marquis, & en s'en allant il dit les plus plaiſantes injures du monde à ces trois ſauteuſes.

La malade arriva enſuite avec ſa gouvernante, & ces trois Demoiſelles l'ayant entourée, & lui ayant fait beaucoup de careſſes, l'emmenerent avec elles. Le Marquis avoit fait préparer en peu de temps un feſtin magnifique. Le couvert étoit mis dans l'un des ſallons qui donnent ſur le jardin, où il avoit régalé peu auparavant une belle Princeſſe ; & les mêmes machines dont il s'étoit ſervi en cette occaſion ayant ſervi encore pour ce dîner, la compagnie en admira la galanterie. La table n'avoit rien d'extraordinaire en apparence ; mais au deſſus étoit ſuſpendu un grand amour tenant une bouteille en chacune de ſes mains, & ſi ingenieuſement fait, qn'on l'eût pris pour un veritable enfant. L'attache qui le ſoutenoit, ne paroiſſoit autre choſe qu'un bout de ſon écharpe que le vent ſembloit faire voltiger juſqu'au plancher, & entre les plis de cette écharpe étoit caché un petit tuyau avec tant d'artifice, que lorſque quelqu'un de la compagnie vouloit boire, il n'avoit qu'à préſenter ſon verre à l'amour, & à l'heure même

même le machiniste caché ou quelqu'autre personne faisant jouer le ressort, ce
petit Dieu versoit du vin de l'une de ses
bouteilles & de l'eau de l'autre, tous les
deux à la glace : en sorte qu'il n'étoit besoin de gens que pour donner, laver, &
reprendre les verres. Les viandes y furent
servies dans la plus riche vaisselle qu'eût
jamais homme de la condition du Marquis. Durant le dîner les violons joue-
rent dans une galerie voisine, où il sembloit à cause des échos qu'il y en eût
cent, & toutes les fois que ces violons
faisoient quelque pause, mille oiseaux
qui étoient dans une volière, compo-
soient un agreable concert, & remplis-
soient la place des instrumens. On s'i-
maginoit être dans un palais enchanté;
mais ce ne fut pas ce qui plut davantage
à cette belle troupe. On se leva de table,
& par un nouveau surcroît d'étonnement,
dês que les valets eurent ôté le couvert,
on vit l'amour qui étoit suspendu, changer de posture, & descendant assez bas
pour pouvoir prendre la nappe avec l'une
de ses mains, l'enlever & se perdre par
une ouverture qui se fit au plancher, d'où
sortit en même temps une agreable fumée de parfums, qui forma une espece
de nuage. Et comme les yeux étoient
occupez à considerer cette merveille, la
table se perdit aussi avec tant de prompti-
tude dans le plancher d'en bas qui étoit
parqueté de mêmes figures que cette
table, que n'ayant fait que remplir de

C

son deſſus l'ouverture qui s'étoit faite, on crut qu'elle avoit diſparu par enchantement. Cependant il y avoit à cette galanterie plus d'invention que de dépenſe. La belle Clelie alla prendre enſuite un tuorbe ſur une autre table, où étoient pluſieurs inſtrumens, & charma la compagnie par l'adreſſe qu'elle montra à le toucher. Sa voix qu'elle maria avec ce tuorbe ne ravit pas moins tous ceux qui l'entendirent.

Ces perfections ne firent qu'augmenter la pitié que les Dames avoient de ſa maladie ; mais elles rallumerent l'amour du Marquis avec tant de force qu'il ne lui fut pas poſſible de s'en défendre. Et comme le Chevalier ſe fut attaché à entretenir Mademoiſelle de Barbeſieux & Madame de Mulionne, pendant que la belle Hollandoiſe & Mademoiſelle de Kermas étoient allées ſe promener dans la galerie, il ſe mit à genoux devant cette ſpirituelle malade, qu'il entretint quelque temps avec beaucoup de plaiſir. Il lui dit même des choſes ſi tendres qu'elle commença d'en être enviée, & Mademoiſelle de Barbeſieux en écouta les folies de Montal avec moins d'attention pour prêter l'oreille à leurs diſcours. Je veux bien que tout le monde ſçache que j'adore Mademoiſelle d'Arviane, dit le Marquis en ſe retournant vers la curieuſe ; & quoique je lui parle bas, ce n'eſt pas mon deſſein d'en faire un ſecret. Ah ! Monſieur, repartit cette

agreable Clelie, si vous avez pour moi
les sentimens que vous dites, cachez les
plutôt que de les publier; on vous accu-
seroit de mal choisir l'objet de vos adorations. Non, repliqua Mademoiselle de
Barbesieux, il ne doit point les cacher
par cette consideration qui seroit bien injuste, mais plutôt de crainte qu'on ne
vous conseille de les rejetter comme une
chose qui est commune à trop de gens.
Je sçais autant de nouvelles de Monsieur, qu'on en peut sçavoir, reprit la
malade en souriant, & dês qu'on m'a dit
qu'il s'appelloit Monsieur le Marquis de
Riberville, j'ai bien cru qu'il me viendroit quelques fleurettes de ce côté là.
Quoi! lui dît le Marquis avec beaucoup
d'étonnement, & toutefois avec un transport de joye, vous me connoissez? Oui,
oui, répondit-elle, & je connois aussi
celle avec qui votre derniere aventure
vous est arrivée. Hé! dît Madame de
Mulionne, contez-nous cette histoire,
ma belle Demoiselle, je vous en prie.
Ah! si vous la contez, ajouta aussi-tôt
le Marquis, ne nommez personne; car
il n'y a rien de plus vrai que ce n'étoit
pas la Dame qu'on a mise en jeu qui étoit
enfermée avec moi, & ce sont ses ennemis qui en ont fait courir le bruit. Ho!
ho! dît Mademoiselle de Barbesieux, il
craint qu'on ne nomme les gens, & il
parle de Dame enfermée, ce doit être
une histoire d'importance. Hé, Mademoiselle poursuivit-elle plaisamment,

dépêchez de grace de la dire, afin que je l'écrive à Herminvilliers; car il y a là une pauvre malheureuse qui a la folie de s'imaginer qu'il n'a jamais aimé qu'elle. La malade que le sujet d'un semblable entretien commençoit à égayer un peu, prenoit plaisir à voir le Marquis inquiet de cette raillerie, quelque bonne mine qu'il voulût faire. Elle lui dit pourtant avec une grande douceur : Ne vous allarmez point, Monsieur le Marquis, je ne nommerai personne, puisque vous ne le souhaitez pas, & se tournant après vers Mademoiselle de Barbesieux & vers Madame de Mulionne, elle commença ainsi.

Histoire de Monsieur le Marquis de Riberville & d'une belle Dame de Toulouse.

Vous sçaurez, Mesdames, que Monsieur le Marquis étant l'hiver passé à Toulouse, il y fit plusieurs maitresses ; mais il s'attacha particulierement à deux Dames tres-bien faites, voisines & bonnes amies. Je ne sçais pas même si on ne dit point qu'elles étoient sœur, ou du moins cousines germaines. Il ne put voir l'une d'elles avec autant de liberté qu'il en eût souhaité ; il la quitta pour se donner à l'autre qu'il voyoit plus librement. Les Toulousains qui sont fort médisans, publient qu'il étoit content de la premiere. Ah ! interrompit le Marquis, c'est veritablement une grande médisance. Je

Je veux croire, reprit la charmante Clelie, & que si elle n'eût point été jalouse de sa cousine ou de sa sœur, comme vous voudrez la nommer, on n'eût jamais dit cela d'elle ; mais enfin on l'a dit, & c'est un malheur qui lui est arrivé.

Les amours de la seconde, poursuivit donc cette aimable fille, firent tant d'éclat par les soins que cette cousine prit de les découvrir, que le mari en devint jaloux ; il défendit à sa femme de recevoir jamais le Marquis chez elle. Cela fit qu'ils se donnerent des rendez-vous depuis dans une maison hors de la ville. La Dame sortoit subtilement de la sienne par l'intelligence de son portier & de sa femme de chambre si-tôt que son mari étoit allé au Palais, où il se rendoit quelquefois dês quatre heures du matin. Mais leurs mesures ne furent pas un jour si bien prises, que la cousine interessée qui se doutoit du commerce, n'éventât le secret. Elle eut avis par ses espions, qu'on avoit vu sa rivale déguisée en habit de deuil sortir de chez elle, & gagner la porte de la ville par le rempart ; Que Monsieur le Marquis de son côté, avoit laissé ses porteurs à la même porte, où il leur avoit commandé d'attendre son retour, & que delà il étoit allé à pied jusqu'au lieu du rendezvous. Elle ne perdit pas de temps, & croyant avoir trouvé la plus belle occasion du monde de se vanger de son infidele, elle fut promptement éveiller Madame la

C iij

Gouvernante de Toulouse que vous
sçavez, Mesdames, être sœur de Monsieur le Marquis. Elle lui dît qu'il s'é-
toit allé battre, & ajouta, pour colorer
l'interêt qu'elle y prenoit, qu'il avoit
choisi un de ses cousins pour son second.
Jamais sœur n'aima tant un frere que
Madame la Gouvernante de Toulouse
aime le sien. Elle se fit donner sa robe
de chambre toute éperdue, & passant
dans ce desordre à l'appartement de son
mari, elle lui dit : Ah ! Monsieur, on
me vient d'apprendre que mon frere est
allé à un appel, & qu'il est sorti dês le
grand matin avec le cousin de Madame
une telle, qui lui sert de second ; empê-
chez, s'il se peut, qu'ils ne se battent.
Monsieur le Gouverneur ordonna aussi-
tôt qu'on envoyât des gardes à toutes
les portes, & que l'on cherchât hors de
la ville jusqu'à ce qu'on les eût rencontrez. On trouva à la porte de Narbon-
ne ses porteurs ordinaires avec une chai-
se de rue ; & ils avoient quitté leurs
juste-au-corps de livrée, ce qui redou-
bla les soupçons. On les interroge pour
sçavoir où ils ont laissé leur maitre. Ils
répondent qu'il leur a commandé d'attendre là, & qu'il est entré à pied dans
le fauxbourg. Les gardes se separerent
pour se mettre en queste. Ils demandent
de maison en maison si l'on n'a point vu
passer Monsieur le Marquis un tel, &
quelques autres Gentilshommes. A la
fin un paysan dît qu'il ne connoissoit

point ceux dont on lui parloit ; mais qu'il avoit vu un Monſieur il n'y avoit pas long-temps, entrer dans une maiſon qu'il leur montra. Les gardes entrent dans cette maiſon, frappent à la porte d'une chambre où Monſieur le Marquis s'étoit barricadé au premier bruit. Plus ils le prient d'ouvrir & moins il répond. Ils ne firent pourtant aucune violence, parcequ'ils le crurent ſeul, & qu'ayant regardé par le trou de la ſerrure, ils n'avoient apperçu que lui dans la chambre. Neanmoins ſur le refus qu'il fit d'ouvrir, ils mirent des gens alentour de la maiſon de peur qu'il ne leur échapât tandis qu'on iroit à Monſieur le Gouverneur ; mais Madame la Gouvernante ayant prié ſon mari de monter auſſi à cheval, il arriva lui-même dans le moment. Il pria d'abord le Marquis de lui ouvrir, & ayant entendu une voix confuſe qui diſoit, *Ah ! n'en faites rien, nous ſommes perdus ſi vous ouvrez ;* Mon frere, lui dît-il, je ſçais bien que vous êtes là, & même que vous n'y êtes point ſeul, ne faites aucune réſiſtance. Ouvrez, & que nous empêchions votre affaire d'aller juſqu'au Roi.

La belle Clelie s'interrompit elle-même en cet endroit, pour dire ; Monſieur le Marquis, Meſdames, vous diroit mieux que moi, quel pouvoit être alors l'état de ſon ame. Je n'en ſçais autre choſe ſi ce n'eſt qu'il conſulta fort long-temps avant que de répondre. Comme il vit toutefois qu'il ne pouvoit éviter l'ouverture de la porte, & que de force ou de gré on le feroit obéir, si on avoit toujours dans la tête qu'il se vouloit échaper pour s'aller battre, il se mit enfin à capituler avec Monsieur son beaufrere. Il lui dît, qu'il ne nioit point qu'il ne fût là avec quelqu'un ; mais que c'étoit pour toute autre chose que ce que l'on croyoit, & que ce seroit lui faire le plus grand déplaisir du monde, que de l'obliger à faire voir ceux avec qui il étoit. Mon frere, dit le Gouverneur, je vous promets d'y entrer seul ; mais c'étoit de lui que la belle en deuil appréhendoit le plus d'être vue : de sorte que Monsieur le Marquis n'avoit pas peu d'affaires. Croyant toutefois vaincre l'obstination de ce fâcheux en lui faisant une confidence qui pourroit l'obliger à se retirer sans voir la Dame, il lui dit : Non, Monsieur, vous ne pouvez pas entrer ; mais promettez-moi de me laisser libre, quand je vous aurai dit avec qui je suis. Je vous jure, ajouta-t-il sans lui donner le temps de répondre, que c'est avec une Dame. A d'autres ! repartit le Gouverneur qui commençoit à s'impatienter, vous m'obligerez enfin à me servir de mon autorité. Je vous commande d'ouvrir cette porte. A ces mots Monsieur de Ribervile, proteste que ce n'est pas une défaite que ce qu'il vient de dire. Il jure, il menace ceux qui lui ont joué cette piece, & dit au Gouver-

neur qu'en voulant empêcher un combat imaginaire, il l'engagera dês le jour
même à un duel veritable, s'il peut reconnoître l'auteur de cet insulte. Enfin
ce pauvre Monsieur le Marquis fit tous
ses éforts pour éviter son malheur; mais
ses emportemens ne servirent qu'à l'a-
vancer, le Gouverneur irrité fit rompre
la porte. Il entra par force dans la chambre, où il fut bien étonné de ne trouver
qu'une femme masquée.

Mais, interrompit Montal, ce Monsieur le Gouverneur qui étoit si fort prévenu de la pensée que le Marquis étoit
sorti pour s'aller battre, se contenta-t-il
de n'avoir vu là que des juppes, & ne
voulut-il pas voir s'il n'y avoit pas un
haut de chausse dessous? Cela n'est point
de l'histoire, reprit doucement Clelie,
on dit seulement qu'ils furent tous aussi
confus les uns que les autres; la Dame
d'avoir été reconnue par Monsieur le
Gouverneur, car son déguisement ne l'a-
voît pas garantie; Monsieur le Marquis
de n'avoir pu détourner cette disgrace,
& Monsieur le Gouverneur d'en avoir
été la cause innocente.

Mon pauvre frere, dît-il à Monsieur
le Marquis, je vois bien que je te viens
de rendre un mauvais office, mais il faut
que vous vous en preniez tous deux à
Madame une telle qui est venue donner
à ma femme l'avis du duel, & lui dire
que tu avois pris son cousin pour second;
je t'aurois laissé en repos, si j'eusse cru

que ce n'eût été que sa cousine. Il défendit en même temps à tous ses gardes d'en parler, sur peine d'être cassez ; mais soit que l'un de ces Messieurs eût preferé le plaisir d'en conter l'histoire à son utilité, ou que la cousine même eût pris soin de la faire publier, on ne laissa point dés qu'il fut jour, d'en faire de bons contes par toute la ville. Tout le monde qui alloit visiter Monsieur le Gouverneur, luy crioit d'aussi loin qu'il l'appercevoit, *Hé bien, Monsieur ? hé bien, avez-vous separé comme il faut les combatans ?* & enfin la raillerie en dura plus de huit jours. Voilà, Mesdames, ce qu'on apprit en ma presence à une Dame de Bordeaux, la veille que nous en partîmes pour venir ici : Jugez s'il n'est pas bien dangereux d'aimer Monsieur le Marquis avec lequel on a de si terribles aventures.

Je croyois sçavoir une grande partie de sa vie, dit Mademoiselle de Barbesieux ; mais, à ce que je viens d'entendre, je n'en sçai pas le meilleur. Je meure, dît le Chevalier, si l'histoire que Mademoiselle vient de nous en apprendre n'est incomparable. Et outre cela, ajouta Madame de Mulionne, elle prononce tout ce qu'elle dit avec tant de grace, qu'on est charmé du seul son de sa voix. Madame, reprit Clelie, Monsieur le Marquis ne consent pas aux louanges que vous me donnez. Je jurerois bien que ma voix a été rude pour lui tant que l'histoire a duré ; & le voilà qui me regarde encore d'un œil fevere, parceque je vous ai plus dit de fes nouvelles qu'il ne vouloit. Ah ! cruelle, s'écria-t'il, n'ayant pas ceffe jufques-là de la regar-der amoureufement ; les perfonnes dont vous avez parlé, font bien plus offenfées que moi par l'hiftoire que vous venez d'apprendre à ces Dames, car j'ai eu du moins le plaifir de l'entendre raconter par une belle bouche qui auroit même des charmes pour moi en prononçant l'arreft de ma mort ; mais je ne fçais pas quelle reparation vous pourrez faire à ces deux coufines qui n'ont pas dequoi fe confoler comme moi de l'injure que vous leur avez faite. Ha ! Monfieur, reprit-elle, je vous ai tenu parole, & je n'ai nommé perfonne. Il eft vrai, Madame, repliqua-t'il en riant, que la chofe eft bien malaifée à deviner, après que vous avez nommé Touloufe, & dit que la Dame avoit pris l'heure du rendez-vous, pendant que fon mari étoit au Palais. Mais c'en eft fait, & je n'y veux plus pen-fer que pour juftifier la perfonne à qui on a prêté la charité de dire, que c'étoit elle qui étoit enfermée avec moi ; car ferieu-fement, & ce n'eft pas pour contrefaire l'amant difcret que je dis ceci, mais pour m'oppofer à une horrible calomnie, ce n'étoit point elle, c'étoit une jeune plai-deufe à qui j'avois offert le peu de cre-dit que la confideration de ma fœur m'a-voit acquis dans la ville.

Cette converfation s'etendit fur le même sujet jusqu'à ce que Mademoiselle Velzers & Mademoiselle de Kermas rentrerent dans le sallon, qu'elles avoient quitté comme j'ai déja dit, pour se promener dans la galerie. Ce sallon étoit si agreable à cause du bruit de plusieurs fontaines & des petites cascades qu'on sembloit avoir voulu opposer au soleil à l'entrée des fenêtres, & qui de-là retombant dans des reservoirs s'alloient mêler aux autres eaux du jardin, qu'on résolut d'y passer le chaud du jour ; & Montal proposa d'obliger la belle Holandoise à conter l'histoire qu'elle avoit promise pendant qu'on étoit en train d'écouter. Je suis assurée, dît Mademoiselle de Barbesieux, que Kermas & elle viennent de consulter ensemble, comment elles pourront colorer l'affaire de la lettre que nous avons leue avant le dîner. Si on a un charme pour cela, reprit le Chevalier, on pourra en venir à bout, & celle à qui on l'a écrite, inventera une histoire assez vrai-semblable pour mettre sa sagesse à couvert ; mais j'en doute fort. Je n'aurai pas besoin de rien inventer, répondit Velzers, & vous allez voir tout à l'heure que ceux qui se mêlent de juger des choses par les apparences, font souvent des jugemens temeraires. Messieurs & Dames, interrompit Madame de Mulionne, avant que vous vous embarquiez à rien, je vous avertis qu'il faut se rendre de bonne heure à nôtre gîte. Vous sçavez que mon mari arrive exprès de

Paris pour souper ce soir avec nous. Quoi, Madame, lui dit le Marquis, vous ne demeurerez point à Vaux quelques jours, & vous prétendez vous en retourner aujourd'hui ? Oui, répondit Montal, c'est une necessité pour Madame ; mais son intention est de t'emmener. Ah ! tres-volontiers, repliqua le Marquis, pourvu que cette belle Demoiselle y vienne aussi, ce qu'il dit en regardant Clelie. Et vous & elle, reprit Madame de Mulionne, vous nous ferez beaucoup d'honneur, & même la partie neseroit pas complete si vous n'en étiez ; j'ai fait fonds sur vous dês le matin. La vieille gouvernante voyoit que sa malade se divertissoit fort dans la compagnie où elle étoit, & ne s'opposa point à cette partie. Elle envoya seulement un laquais à la tante de cette fille, pour lui en donner avis ; aprês quoi tout le monde se rassembla autour de la belle Hollandoise, pour entendre son histoire qu'elle commença par ces paroles.

Histoire de Mademoiselle Velzers, du Chevalier de la Grancourt, & du Comte de Valdame.

Je vai vous conter une histoire où j'ai beaucoup & peu de part ; accordez si vous pouvez ces choses. Il y eut un an au carnaval dernier, qu'étant allée au grand ballet du Roi, je me trouvai auprés d'un jeune étranger d'assez bonne mine,

nommé le Comte de Valdame Suedois.
Il m'avoit fait place entre lui & le Chevalier de la Grancourt, parceque j'étois
arrivée trop tard, & que celle qu'on me
gardoit avoit été prise. Là j'eus le credit
de captiver la liberté de ce jeune Comte,
dont je fus regardée bien plus souvent
que les danseurs ; & on dit qu'il m'aima
tout d'un coup si fort quand il sçut que
j'étois Holandoise, qu'il lui fut impossible de vivre davantage sans me le faire
sçavoir. Le Chevalier de la Grancourt qui
étoit de ses amis, & à qui il en fit confidence au sortir du balet, lui dit neanmoins, que ce n'étoit pas la mode en
France de se declarer si-tôt ; Qu'encore
que je fusse d'un pays où l'on s'expliquoit assez franchement avec les filles,
j'avois été amenée toute jeune dans cette
Cour ; & qu'il faloit me traiter avec même ceremonie que les Françoises, qui
vouloient qu'on soupirât long-temps a-
vant que de se déclarer, ce qui fut executé à regret par le pauvre Comte, qui
à dire vrai étoit devenu éperduement a-
moureux de moi.

Il chercha donc toutes les occasions
de se trouver où j'étois ; aux assemblées de
jeu où il y avoit des femmes ; aux comedies que j'aimois assez ; aux bals, & enfin
par tout ailleurs où La Grancourt qui lui
mettoit ces folies dans l'esprit, lui faisoit
pressentir que je pouvois être : si bien
que je fus plus de deux mois à ne voir
que lui en tous les lieux où j'allois, sans
sçavoir que ce fût à moi qu'il en vouloit.

Enfin un foir que je me promenois à Rambouillet avec une troupe d'hommes & de femmes c'étoit fur la fin du printemps, je fus toute étonnée que la bande des vingt-quatre violons nous y vint donner une ferenade ; comme chacun de nous s'entredemandoit pour qui c'étoit, on entendit une voix qui fe mit à chanter des paroles où j'étois nommée, ce qui ôta tout le monde de doute que ce fût pour une autre. Les hommes de notre troupe coururent auffi-tôt à cette voix, pour fçavoir qui donnoit cette ferenade ; mais les violons ne fçachant eux-mêmes qui les employoit, répondirent feulement, qu'ils avoient ordre de jouer auffi long-temps qu'il me plairoit, & qu'ils étoient payez pour toute la nuit Alors tout nôtre monde dit qu'il faloit danfer, & l'un de ces Meffieurs voulut me venir prendre pour commencer le bal ; mais j'étois fi outrée de colere de la hardieffe qu'on avoit eue de me nommer dans la chanfon, que prenant celui qui me venoit demander ma main pour l'auteur de cet impromptu, je la lui refufai trés-fierement. Toutefois il me falut danfer, & même effuyer tout ce qu'on me voulut dire au fujet de mon galant que je ne connoiffois pas. Aprês cela je fus plus de fix femaines fans entendre parler de rien ; mais enfin ce Suedois m'envoya un billet doux avec un cabinet d'Allemagne tresmagnifique, que l'on porta chez nous en mon abfence, & que quatre heures aprês le Chevalier de la Grancourt vint requerir, disant qu'on s'étoit mépris & que ce n'étoit pas à moi qu'il s'adressoit. Toutefois mon pere qui avoit déja lû le billet, quoi qu'étonné de le voir conçu en termes d'amour assez particuliers, ne voulut rien rendre qu'il ne m'eût parlé. Et même il ne rendit pas le cabinet que le Suedois ne fût venu lui même au logis dire qu'il s'étoit trompé en écrivant mon nom pour un autre qui lui ressembloit. Encore tout cela ne put-il empêcher que mon pere ne veillât davantage sur mes actions qu'à l'ordinaire. Voici l'explication de ce mystere.

La Grancourt assez renommé pour beaucoup de tours d'adresse qu'il a faits, & qu'un autre que moi nommeroit peut-être autrement, ayant trouvé occasion de se faire une duppe de cet étranger, lui persuada de me donner la serenade que je vous ai dit qu'on me donna dans Rambouillet, & de me faire le lendemain une declaration d'amour par écrit, qu'il s'offrit de composer pour lui ; car c'est le Chevalier de la Grancourt qui a fait la lettre que vous avez leue & celles que vous lirez encore, par où ce pauvre Suedois pensoit tous les jours me découvrir sa passion. Il les transcrivoit seulement, parce qu'il sçavoit peindre assez bien la lettre bâtarde. Et vous allez voir, dit-elle en tirant un paquet de lettres & de billets hors de sa poche, comment cet impertinent de la Grancourt m'y faisoit répondre par celles qu'il lui récrivoit sous mon nom. J'avois apporté toutes ces folies dans le dessein de vous en divertir comme d'une nouveauté, & de vous apprendre cette insigne fourberie. A ces mots tirant une de ces lettres du paquet, voici, dit-elle, la premiere declaration d'amour.

Je me lasse de ménager ma vie, en ne vous découvrant ma passion que par des soupirs & par des serenades. Deussai-je mourir pour vous l'avoir declarée autrement, j'aime mieux mourir & que vous la sçachiez. Depuis le ballet du Roi où je vous vis la premiere fois, & qui me fera dire par tout, qu'il n'y a guere de seureté à la Cour de France pour les pauvres étrangers, j'ai presque été une ombre attachée à vos pas, pour vous demander ce que vous vouliez faire de mon cœur que vous m'y aviez pris. Mes yeux vous en ont importunée mille fois; mais je vois bien qu'ils ont parlé Suedois pour vous, & que c'est une langue que vous n'entendez pas. Je vous dis donc en bon François, Mademoiselle, que je me meurs si vous n'ordonnez au plus-tôt ce qu'il vous plaît que je devienne. Vous direz que ce ne sera pas grande perte, & qu'il en doit bien mourir d'autres pour l'amour de vous. Je n'en doute pas, mais il n'en mourra jamais un si amoureux, ni un si fidele.

LE COMTE DE VALDAME.

Et quoi ! dit le Marquis, le Chevalier de la Grancourt écrivoit-il aussi bien que cela ? Vraiment, repartit-elle, vous n'y êtes pas encore, & il y en a bien d'autres qui m'ont semblé plus galantes. Voici la réponse que je faisois à ce beau billet.

Pardonnez-moi, Monsieur, ce seroit une grande perte si vous mouriez, & je l'empêcherai si je puis. Je ne suis pas si ignorante des langues que je ne sçache fort bien que les yeux de Suede parlent d'amour comme les yeux de tous les autres pays ; mais je vous supplie de trouver bon que je vous paroisse toujours froide en compagnie à cause de mon pere qui est un peu fâcheux. Un jour viendra que je serai en liberté de vous dire que si j'ai pris vôtre cœur au ballet du Roi, ce n'a été qu'après vous avoir donné le mien.

La jolie fille que j'étois ! poursuivit-elle, & pour qui la Grancourt me faisoit-il passer ? Toutes celles qui font de pareilles réponses, dît le Marquis, ne sont pas à condamner, & il est assez naturel qu'une honnête fille se declare de cette maniere. Ha ! Monsieur, répondit Ma-

demoiselle de Barbesieux, je suis vôtre
trés-humble servante, & je defere fort
à vos sentimens ; mais le Chevalier de
la Grancourt n'y entendoit rien. Quand
nous serions les plus amoureuses du monde, nous ne l'avouons pas ainsi. Je crois
bien cela de vous, repliqua-t'il malicieusement, à cause qu'on soupçonnoit
cette Demoiselle d'aimer en secret un
homme de grande qualité, à qui on la
croyoit même mariée ; mais toutes celles de vôtre sexe ne vous ressemblent pas.
Vous disputerez de cela une autre fois,
interrompit Mademoiselle Velzers, je
n'ai pas trop de temps pour achever mon
histoire.

Le pauvre étranger eut tant de joye
d'avoir reçu une réponse si favorable,
qu'on dit qu'il fut long-temps comme
un fou à ne sçavoir ce qu'il faisoit. Il
embrassa mille fois le Chevalier de la
Grancourt pour le bon conseil qu'il lui
avoit donné ; & il attribua ma bonne
volonté aux petits soins qu'il lui avoit
persuadé de me rendre. Il protesta de ne
vouloir jamais avoir d'autre confident
que lui, & de ne dire ni écrire que ce
qu'il lui auroit dicté. En quoi je vous
prie de remarquer l'aveuglement de ce
pauvre homme, de s'imaginer qu'encore
qu'il ne sçût qu'à peine baragouiner le
François, je croirois que des lettres si galantes vinssent de lui. Mais la Grancourt
connoissoit bien sa dupe, & cherchant
quelqu'un qui le défrayât, il avoit eu

raiſon de jetter les yeux ſur lui. Cependant il m'écrivit ce ſecond billet que
vous allez entendre, qui étoit une galanterie ſans pareille ; car j'y étois le
mont Ethna à qui un berger parloit, ce
que ce fou de la Grancourt avoit peut-
être compoſé, parce que l'autre s'étoit
attaché à cette penſée.

Montal qui s'étoit endormi tout fami-
lierement, dés le commencement de
l'hiſtoire, quoi qu'il eût paru des plus
intereſſez à entendre ce qui juſtifioit
Mademoiſelle Velzers, ſe réveilla bruſ-
quement à cet endroit où la viſion du
mont Ethna faiſoit un peu rire la compagnie, & s'imaginant qu'on rioit de
lui ; Pardon, dît-il, encore tout aſſoupi,
cette belle Hollandoiſe a la voix ſi douce qu'elle endort. J'ai pourtant fort bien
entendu, ajoûta-t'il, qu'on a parlé de
billet & de mont Ethna, & je n'ai pas
perdu un mot de l'hiſtoire. Madame de
Mulionne & Mademoiſelle de Barbeſieux ne laiſſerent pas de lui faire la
guerre, de ce qu'il s'étoit endormi avec
des Dames, & le Marquis l'en raillant
auſſi, dît fort plaiſamment ; S'il s'y
endort le jour, jugez, Meſdames, de ce
qu'il pourroit faire la nuit. Mais Velzers
qui ſçavoit bien qu'elle avoit dequoi
l'embaraſſer, ſe contenta de lui donner
le billet à lire & à expliquer. Et aprês
s'être un peu frotté les yeux, il commença par cette ſuſcription.

LE BERGER DU NORT
au Mont Ethna.

Quel diable de monstre est-ce-ci ? dit-il après avoir lu. Est-ce le Suédois qui est ce berger du nort ? Oui , répondit Mademoiselle de Barbesieux , & Mademoiselle Velzers est le mont Ethna : lisez seulement. Lisons donc , reprit-il , & il lut.

Cher mont , autour duquel j'ai tourné près de six mois sans repos ! que tes échos amoureux répondent toujours à mes brulans soupirs , comme ils y ont enfin répondu ! Je ne vois rien en toi qui ne soit plein de merveilles. Tu es couvert d'une neige qui par sa blancheur te rend à mes yeux le plus aimable objet de nos plaines , & tu sembles de glace au dehors , quoique tu sois rempli au dedans d'un brasier immortel. Mais ne permets pas qu'aucun pasteur s'aille rouler sur cette neige en mon absence , ni qu'aucun belier grimpe sur son coupeau , ni qu'un larron se retire dans le creux de tes concavitez pour me nuire. Adieu.

Chacun se tuoit de rire de l'étonnement avec lequel Montal lisoit cet admirable billet. Et en effet c'étoit un mystere pour lui qui n'avoit pas entendu le commencement de l'hiſtoire, mais enfin regardant Mademoiſelle Velzers avec un ſerieux tout particulier ; Parbleu, lui dît-il, Mademoiſelle, ſi vous êtes cet honnête mont-là, c'eſt quelque choſe de joli que ce coupeau & que les concavitez dont il parle. Un homme qui vous écrit de cette façon doit avoir joué un joli perſonnage avec vous. Et c'eſt tout à fait bien juſtifier la lettre de tantôt, que de produire encore des billets de cette nature. On ne lui répondit qu'en continuant de rire, juſqu'à ce que Madame de Mulionne reprit la parole & dît : Il faloit que ce Suedois n'eût pas plus d'eſprit que de raiſon, d'envoyer une telle ſottiſe à une perſonne qu'il aimoit, pour la ſeconde fois qu'il lui écrivoit. Bon ! reprit Mademoiſelle de Barbeſieux, un homme qui n'entendoit pas le françois, croyoit que ce billet étoit la plus belle choſe du monde, & il ſuffiſoit qu'il y vît le mot d'Ethna. Penſez-vous qu'il prît garde au reſte ? il s'en rapportoit au Chevalier de la Grancourt. Ce traître, dit le Marquis, s'en divertiſſoit par deſſus le marché, & en alloit faire aprês de bons contes chez ſes amis. Non pas chez ſes amis, lui repartit Mademoiſelle Velzers, mais chez une maitreſſe qu'il avoit, & qu'il enrichit long-temps aux dépens de ces folies-là ; car vous ſçaurez qu'elle profita d'une infinité de preſens que le Chevalier de la Grancourt perſuadoit à cet étranger de me faire, & c'eſt dont je vous ferai le recit en son lieu. Le tour étoit commode, dît Mademoiselle de Barbesieux. La Grancourt n'a jamais vécu que de dupes, ajouta le Marquis.

Le Suedois, continua Velzers, m'envoya donc ce beau billet, ou du moins ce fut son intention; & comme le Chevalier de la Grancourt m'érigeoit en fille sçavante au besoin, en composeuse de petits vers, s'il le faloit; enfin en tout ce qui pouvoit servir à son dessein, il me fit encore répondre à ce billet comme vous l'allez entendre.

Le Mont Ethna au Berger du Nort.

Berger inquiet,
Dont l'ame est atteinte
D'une folle crainte
Sans aucun sujet,
Sçache qu'encor qu'une montagne
Doive livrer mille combas
A tous les vents de la campagne
Elle n'y tourne pas.

Encore un coup, berger, ne t'étonne point si tu ne me vois jamais te montrer mes flames jusqu'à ce que nôtre entreveue soit secrette. J'aurois peur que leur fumée ne nous découvrît, & ce ne seroit pas accommoder nos affaires. Adieu.

Et remarquez, continua Velzers, que le Chevalier de la Grancourt ne me faisoit prier souvent l'étranger de trouver

bon que je fisse semblant de n'avoir aucun commerce avec lui, de peur
que nous n'eussions tout gâté en nous
rencontrant ensemble. En effet, mon in-
diference lui eût assez fait comprendre
qu'on le jouoit; mais comme il croyoit
que je feignois, ma contrainte imaginaire lui donnoit, dit-on, plus d'amour
que si je lui eusse dit des douceurs. Cette
fureur d'écrire dura un mois, pendant
lequel il ne cessoit d'admirer mon bel
esprit qui parut dans beaucoup de semblables billets; mais pourtant ce fut sans
oser jamais jetter les yeux sur moi. On
me fit appercevoir de cette retenue, à
force qu'on la lui vit afecter par tout où
nous nous rencontrions; & même quand
par raillerie je voulus quelquefois lui en
demander la raison, il s'éloignoit de moi
& me faisoit signe des yeux, dont je n'é-
tois pas peu étonnée. Mais enfin mon
amant se lassa d'aimer par billets, & une
fois qu'il me rencontra seule à S. Germain dans l'antichambre de la Reine,
par où je passois pour aller chez Madame
de Montausier, il m'y arrêta, & il m'y
fit des discours si impertinens, ausquels
je ne comprenois rien, ne sçachant pas
la fourberie de la Grancourt : & il m'y
tint des propos si impudens sous le nom
de son mont Ethna, que je fus contrainte d'éclater contre lui & de le traiter tout
à fait mal.

Comme en cette dispute où il m'accusa d'inconstance, je l'avois assuré que je

n'écrivois jamais aux hommes, & que
ceux qui lui avoient rendu des lettres de
ma part, les avoient fabriquées, & s'é-
toient voulu moquer de lui, cela pensa
rompre toutes les mesures que le Chevalier de la Grancourt avoit prises ; car
mon Suedois n'entendoit pas raillerie. Il
alla aussi-tôt lui faire mille reproches de
ce qu'il l'avoit trompé, & lui dire qu'il
le vouloit voir l'épée à la main : ce qui
n'eût pas peu embarrassé le Chevalier de
la Grancourt qui se sentoit piquer d'honneur, s'il n'eût fait ceder sa bravoure au
desir de conserver une si bonne dupe.
Mais voici comment il s'y prit. Aprês
avoir répondu plus haut qu'on ne lui
avoit parlé, & fait mille gasconnades
sur le défi, il dît au Comte qu'il ne sçavoit pour quelle raison je l'avois ainsi
mal traitté ; mais qu'après qu'il s'en seroit éclairci, & qu'il auroit justifié son
procedé, il consentiroit à se battre, &
même qu'il l'en presseroit. Là dessus se
quittant tous deux, le Suedois se retira
chez lui, & la Grancourt se dépêcha de
m'aller faire écrire une belle lettre qu'il
lui envoya le lendemain matin par ma
femme de chambre. Cette Coquine étoit
d'intelligence à me fourber ; & voici
comment il me faisoit parler dans cette
lettre.

Quoique je m'imagine bien que vous
avez mal passé la nuit à cause du mau-
vais traitement que je vous fis hier, je ne

D

vous écris que pour vous quereller encore.
Aussi m'avez-vous pensé perdre en me
parlant dans le vieux château de S. Germain ; & si Madame de Choisi, qui
nous écoutoit dans une porte voisine, n'é-
toit pas la plus discrette & la meilleure
Dame de la Cour, on y feroit déja de
bons contes à mes dépens : le traitement
que j'ai affecté de vous faire, ne m'en ga-
rantiroit pas. Je n'aurois jamais cru que
vous eussiez eu l'imprudence de m'entretenir
de nos secrets en des lieux où les murailles
ont des oreilles ; & j'avoue que la colere où
cela me mit m'aida beaucoup à vous dire
des choses trop fâcheuses. Toutefois j'en eus
du regret un moment aprês, parce que je ne
suis pas bien aise de vous faire souffrir ;
& cela est si vrai que j'en ai pleuré toute
la nuit. Je vous prie, mon cher Comte,
de me pardonner la peine que je vous ai
faite, & de souhaiter de moi par vengeance tout ce qu'il vous plaira ; mon
amour vous accordera toutes les choses possibles pour reparation de ma cruauté.

Le Chevalier de la Grancourt qui me-
suroit toutes ses heures, entra chez l'é-
tranger un moment aprês que ma femme de chambre eut fait son message ; &
affectant toujours beaucoup de froideur,

il lui dît qu'il venoit pour l'accompagner chez une Dame où je devois être, afin de me demander l'éclaircissement de ce qui étoit arrivé. Mais la pauvre dupe, que mon billet avoit renfoncé plus avant que jamais dans ses chimeres, embrassa ce fourbe avec beaucoup d'amitié, le pria d'excuser la foiblesse d'un amant que l'apparence avoit trompé ; & l'ayant regagné avec beaucoup de peine, le consulta sur la réponse qu'il feroit à cette lettre, bien resolu de se vanger effectivement de moi par les demandes que je lui permettois de me faire. Le Chevalier de la Grancourt lui conseilla d'abord de ne pas laisser échaper une si belle occasion d'obtenir quelque faveur. Il n'est rien tel, lui dît-il, que d'engager les Dames par-là ; & après avoir fait semblant de chercher dans sa tête ce qu'il feroit à propos de me demander, enfin il conclut à m'obliger d'accorder une entrevue particuliere en tel lieu que je voudrois choisir : ce qui me fut écrit aussi-tôt par cet autre billet que voici, enrichi d'une suscription qui vaut déja quelque chose ; car il y a dessus, *Pour la plus cruelle de toute les belles.*

Ha vraiment ! interrompit Montal, cette suscription n'avoit garde de vous déplaire ; on vous fait honneur par-là. Sans doute, reprit-elle ; mais enfin voici le billet.

J'étois mort, inhumaine, si votre let-

tre ne fût venue de grand matin empêcher mon defefpoir ; car il n'y a point
de maux que je n'aye foufferts cette nuit,
au fouvenir des cruelles paroles qui forti-
rent hier de votre bouche. Eft-il poffible
que des termes fi rudes puiffent venir d'un
endroit fi doux, & qu'un malheureux
amant en ait pu recevoir tant de mépris
fans expirer de douleur ! Mais je ne veux
jamais vous pardonner le mal que m'a fait
cette belle bouche, à moins que ce ne foit
elle-même qui m'en prie ; car puifqu'il faut
vous le dire, je ne me fie plus au papier,
depuis que vous m'avez fi cruellement fou-
tenu que vous ne m'aviez point écrit : Et
je ne croirai jamais avoir reçu aucun billet de votre main, qu'après que, pour ma
vengeance, vous m'aurez donné un rendez-vous, où je puiffe baifer mille fois les
armes qui ont penfé caufer ma mort.

LE COMTE DE VALDAME.

Sans mentir, dît Madame de Mulionne, ce la Grancourt fe moquoit bien de
ce pauvre Suedois. L'hiftoire veut, continua Mademoifelle Velzers, que pour
tenir ma parole je lui aye donné ce rendez-vous qu'il fouhaitoit ; & qu'à caufe
de mon pere, qui me faifoit obferver de
trop près, c'etoit pourtant à quoi le bon
homme ne penfoit guere, je n'aye pas

trouvé de meilleur expedient que de faire venir mon galant à minuit, au deſſous du balcon de mon antichambre qui donne ſur un cul de ſac, & de le faire entrer par là dans mon apartement, en lui faiſant jetter une échelle de ſoye. Vous ſçaurez, cependant que cela arriva. Mon honnête femme de chambre avoit donné ſa parole au Chevalier de la Grancourt de paroître à ce balcon, & de jetter cette échelle, à condition qu'il ſe ſerviroit de quelque ruſe, lors que l'étranger voudroit monter, pour l'empêcher d'achever ſon entrepriſe ; mais le hazard voulut qu'elle fût traversée par d'autres gens.

Le caroſſe de Monſieur de Soyecourt vint à paſſer juſtement comme le galant étoit ſur l'échelle de ſoye:& les flambeaux ayant jetté aſſez de lumiere dans le cul de ſac pour donner lieu au fils du Marquis de Maucomble, qui paſſa immediatement après en chaiſe, d'obſerver l'eſcalade, ce jeune Gentil-homme s'arrêta ; cria au voleur, ſe ſaiſit de mon galant qui étoit déguiſé,& le mit entre les mains du Commiſſaire du quartier qui le mena en priſon, ſans que le pauvre amoureux oſât ſe nommer ni ſe juſtifier, de peur de me perdre d'honneur. Voyez un peu combien je lui avois d'obligation ! Plus que vous ne penſez, dit Montal ; Dieu veuille qu'il ne vous en ait point une autre. A moi ? répondit-elle, il m'en a ſans doute. N'avez-vous pas bien vu par

la lettre de tantôt, qu'il a eu de moi tout
ce qu'il vouloit ? Vous vous moquez,
repartit Madame de Mulionne, ou bien
ç'a été de la même maniere que vous lui
avez écrit tous les billets, & par une personne tierce. He ! reprit froidement la
belle Hollandoise, je crois que cela se
doit entendre ainsi ; & je n'ai pas une mine à vous en devoir faire juger autrement. Ma foi ! dit Montal, la mine n'y
fait rien ; & je ne suis jamais venu à
bout de personne avec plus de facilité
que de celles qui crioient au meurtre,
quand on leur parloit d'amour. C'est
pour cela, repliqua-t'elle encore plus
froidement, que vous vous attachez à
moi, & vous n'avez aussi qu'à poursuivre, vous y trouverez votre compte.
Bien entendu, continua-t'il ; vous ima-
ginez-vous ne me point aimer déja ?
Mesdames, dît-il en s'adressant à la compagnie, je vous la donne pour la plus
dissimulée de toutes les filles ; car telle
que vous la voyez, chaste, fiere, & ine-
xorable, je ne me plains de sa cruauté
que de complot avec elle pour tromper
les curieux, & je ne dis point tout ce
que nous avons fait ensemble. A ces
mots on la vit devenir si rouge, que la
compagnie croyant qu'elle s'étoit fâchée, querella fort Montal ; & Mademoiselle de Barbesieux entre autres,
lui dît qu'elle ne prendroit pas plaisir à
ces sortes de familiaritez. Non pas qu'-
elle ne sçût bien qu'entre bons amis &

par galanterie on povoit s'en servir quelquefois, mais parce que le plus souvent on se peut rencontrer avec des esprits dont l'humeur n'a nulle simpathie avec la nôtre; & que ne faisant aucune difference des gens devant qui l'on parle, on donne lieu à ces sots esprits-là d'expliquer les choses selon leur portée. Serieusement, Chevalier, ajouta le Marquis, tu és un peu trop libre; ou pour mieux dire, tu és un de ces grands parleurs qui pour vouloir trop faire les beaux esprits & les galans, ne sçavent le plus souvent ce qu'ils disent. Quoi! tu en és aussi? repartit Montal. Ah par ma foi je m'en vais desormais être si sage, qu'on me priera vingt fois de parler avant que j'ouvre la bouche. C'est bien tout ce qu'il pourra faire, dît Mademoiselle Velzers en souriant, pour montrer qu'elle n'étoit plus fâchée; mais je ne laisserai pas d'achever mon conte.

Vous sçavez, continua-t-elle, le bruit qui courut l'hyver passé, qu'on nous avoit voulu voler la nuit? Oui, répondit Madame de Mulionne, on dît qu'on avoit trouvé sur le balcon des poignards & des neuds coulans, avec quoi on vous devoit tous étranglèr, & cela servit d'entretien à tout Paris. On n'avoit pourtant pas dessein sur ma vie, repliqua Mademoiselle Velzers, le voleur n'étoit autre que mon galant, qui comme je vous ai dit, fut mis en prison & répondit le lendemain à son interrogatoire sous un

D iiij

nom supposé, pour les mêmes considerations qui le soir d'auparavant l'avoient empêché de se nommer. Helas ! dit Mademoiselle de Barbesieux, il meritoit bien de n'être point fourbé. Ce ne seroit pas ce grand causeur de Montal, ajouta Mademoiselle Velzers, qui en feroit autant. A ces mots il pensa parler ; mais le souvenir de sa promesse le retint si plaisamment, que cela valut ce qu'il auroit pu dire, & cependant elle poursuivit en ces termes.

Le Chevalier de la Grancourt, qui ne perdoit pas une occasion de profiter aux dépens du Suédois, se servit fort adroitement de celle-là pour lui excroquer beaucoup d'argent : & s'étant accommodé avec les Greffiers à peu de frais, pour le faire élargir, il lui dît que cela couteroit mille pistoles, & en mit neuf cens dans sa poche. Ah ! ma foi, interrompit le Marquis, ce fut donc avec cet argent qu'il se donna l'hyver passé un si magnifique équipage. Cela pourroit bien être, reprit-elle ; mais quoi qu'il en soit, aussitôt que le pauvre prisonnier fut en liberté, il recommença à m'envoyer de ses billets ; & j'en passe plusieurs sous silence, pour venir à un des plus plaisans qui est celui-ci.

PUR MATEMOISELLE VELZERS.

Li Missager, Matemoiselle, étant allée al Roy, qui l'a mandé venir al Château saint Germen, j'ai vus enfoye un bel cabi-

net d'Alimagne, per metre en vout cham-
bre, comme vus l'havez suhaittée ai foire
saint Germen. Aimer moi toiours de tutte
mon ame, comme je vous aimer tutte ma
vie. Et j'ai toiours grand impatience moi,
de vus ambrasser par simbole di mariage.

LE COMTE DE VALDAME.

Voila donc, enfin, le billet que reçut
Monsieur votre pere, dît le Marquis. Justement, répondit-elle, du moins c'en
est le papier brouillon qui est tombé entre mes mains avec les autres lettres. Et
à propos, dit Madame de Mulionne,
comment est-ce qu'elles y sont tombées?
C'est ce que vous sçaurez en son temps,
repartit la belle Holandoise, j'ai autre
chose à dire encore auparavant. Hé! mon
Dieu, dit Mademoiselle de Barbesieux,
avant qu'elle rentre dans son recit, que
quelqu'un m'explique ce que veut dire
un simbole de mariage. Je trouve ce terme plaisant, quoique je ne l'entende pas.
Ah! repartit le Marquis, vous avez trop
d'esprit pour n'en avoir pas compris le
veritable sens. Je vous jure, reprit-elle,
que je ne sçais nullement ce qu'il signi-
fie. Mais, Mademoiselle, lui repliqua-
t-il, pourquoi donc cette maniere de
parler vous auroit-elle plu? Hé morbleu!
interrompit brusquement Montal qui
étoit las de se taire, ne vois-tu pas bien
que c'est à cause que simbole de mariage
& concubinage sont une même chose?

D v

L'impudent ! repartit auſſi-tôt, Mademoiſelle de Barbeſieux en riant & rou-
giſſant tout enſemble, ne s'étoit-il teu ſi
long-temps que pour attendre l'occaſion
de me dire une telle ſottiſe ? C'eſt que
j'enrage, continua-t-il, d'entendre dire
tant de paroles inutiles ſur un rien. Pourquoi diable ne laiſſez - vous pas plutôt
achever l'hiſtoire ? Allons, dit Mademoiſelle Velzers, il a raiſon ; écoutez moi.

C'eſt donc là l'incomparable billet qui
accompagnoit le cabinet d'Allemagne
que m'envoyoit le Suédois ; & pour l'intelligence de ce point de mon hiſtoire,
vous ſçaurez que ce qui l'obligea à me
l'écrire en cet admirable jargon, fut qu'il
m'avoit vu eſtimer beaucoup ce cabinet
à la foire ; & que l'ayant acheté dans le
deſſein de l'envoyer au logis, avant que
j'y puſſe être revenue, il aima mieux
m'écrire comme il put, pour joindre un
billet à ſon préſent, que d'attendre ſon
ſecretaire qui étoit allé à ſaint Germain.
C'étoit agir en étourdi, mais ſes impru-
dences ne lui faiſoient pas beaucoup de
mal, & le Chevalier de la Grancourt étoit
le maître raccommodeur de toute choſe. Ce dernier fut toutefois bien ſurpris
d'apprendre à ſon retour que le cabinet
m'avoit été envoyé. Et lorſqu'il ſçut que
mon pere ne le vouloit pas rendre que
l'auteur du billet n'y vînt conſentir en ſa
préſence, on dit qu'il n'y eut jamais
d'homme plus décontenancé que ce fourbe ; car il avoit peur que ſa dupe venant

au logis, ne reconnût encore une fois
qu'on le jouoit. Voici cependant, comme
je vous l'ai déja dit, de quelle maniere
il se tira d'embarras. Il fit entendre à ce
pauvre Suédois que j'étois perdue s'il ne
venoit dire à mon pere qu'il s'étoit mépris, & nier que ce fût à moi qu'il eût
adressé le cabinet. Par ce moyen il évita
l'éclaircissement, il retira le cabinet de
nos mains; & supposant le lendemain une
lettre par laquelle il me faisoit ordonner
à cet amant de faire porter son présent
chez certaines gens, le Chevalier de la
Grancourt de concert avec ces gens-là
s'en empara, & en fit un présent à sa maitresse. Cependant je ne fus pas peu étonnée en rentrant chez nous de trouver mon
pere de méchante humeur; & à peine lui
pus-je persuader que j'étois innocente,
en lui disant que cet étranger étoit un
fou qui s'étoit mis dans la tête que je l'aimois. Je lui contai le compliment qu'il
m'avoit fait dans l'antichambre de la
Reine, les signes qu'il me faisoit de n'ê-
tre pas si familiere avec lui, quand je voulois rire des extravagances qu'il me disoit quelquefois; & enfin la priere qu'un
de ses amis m'avoit faite de m'en divertir par pitié aux occasions, sans le con-
tredire. Car, disois-je à mon pere, on
tient qu'il ne faut point aigrir ces gens-
là; & pour ce qui est du cabinet qu'il
m'a envoyé, c'est qu'il me l'a vu mar-
chander à la Foire. Mais, interrompit
Madame de Mulionne, il est donc bien

D vj

vrai que vous le preniez pour un fou?
Rien n'eft plus vrai, répondit Mademoifelle Velzers ; j'en étois fi bien perfua-
dée, que j'avois accoutumé mes amies
à en avoir la même opinion : & d'ailleurs
le Chevalier de la Grancourt aidoit lui-
même à m'y confirmer, en me difant que
c'étoit la folie de ce pauvre homme de
s'imaginer qu'on l'aimoit. Ah l'impo-
fteur ! dit Mademoifelle de Barbefieux ;
peut-on jouer quelqu'un plus cruellement ! mais, ajouta-t'elle, comment
avez-vous pu découvrir tout ce myftere?
Vraiment, reprit la Holandoife, nous
n'y fommes pas encore ; & il s'eft bien
paffé d'autres aventures, avant que j'y
aye pu rien connoître.

Depuis celle du cabinet, le Comte de
Valdame fur le pied de fou me fit fa
cour pour le moins un mois avec affez
de tranquilité ; & je lui accordois tout ce
qu'il me difoit qu'il avoit fait pour moi,
& que j'avois fait pour lui, parce que je
le traitois comme un vifionnaire. Mais
enfin une fucceffion importante rappella
mon pere à Mildebourg, & il falut que
j'y allaffe avec lui. Vous allez entendre
de terribles affaires qui arriverent à l'occafion de ce voyage, & pendant que
nous fûmes là. Avant mon départ, je vis
répandre beaucoup de larmes à mon pauvre amant, qui m'euffent peut-être touchée fi un autre que lui m'eût témoigné
autant de tendreffe ; mais l'imagination
que j'avois de fa folie, étoit un bouclier

pour ma sageſſe contre toutes les atteintes de la pitié ; & plus il pleuroit, plus
je riois. J'eus même toutes les peines du
monde à l'empêcher de me ſuivre en Hollande ; & je penſe que ſans la lettre d'a-
dieu que voici, où je lui défendois de le
faire, rien n'eût pu l'en détourner. Elle
étoit dans une envelope avec la ſuſcription ordinaire, *A Monſieur, Monſieur le
Comte de Valdame* ; mais ſur la lettre même
il y avoit ces tendres qualitez : *Au plus
aimable & au plus tendre de tous les amans,
la plus affligée & la plus aimée de toutes les
amantes.* Je croi même que cela étoit
écrit avec du ſang de poulet. Elle contenoit ce que vous allez entendre.

Je m'éloigne de vous, mon cher Comte
& Dieu m'eſt témoin que comme il n'y
aura que la moitié de moi en Hollande
tandis que vous ſerez ici, je ſouhaiterois de
tout mon cœur que vous y puſſiez venir ;
mais ma méchante fortune m'oblige à vous
défendre d'en avoir ſeulement la penſée, à
cauſe des mauvais jugemens qu'on en pour-
roit faire de moi : & je vous commande,
par tout le pouvoir que vous m'avez donné
ſur vous, d'attendre mon retour en France.
Je ne crois pas que mon pere ſoit long-tems
à Mildebourg ; mais quand cela ſeroit, ſa-
crifiez-moi tous les déplaiſirs que vous cau-
ſera mon abſence, & ſongez, pour votre

consolation, que je souffrirai d'aussi gran-
des peines que les vôtres. Adieu, mon
cher Comte; adieu, le plus aimé de tous
les hommes. Ecri-moi souvent par la voye
secrette que je te manderai; & croi que je
ne serai jamais qu'à toi puis que j'ai com-
mencé d'y être.

Hé quoi! dit Madame de Mulionne,
le tutayement en étoit aussi? Bien entendu, répondit Mademoiselle Velzers;
je l'aimois tant dans les lettres du Chevalier de la Grancourt, que je n'y gar-
dois point de mesures. Aussi cela fut cause
qu'il demeura en France volontiers, jusqu'à ce que j'y retournai il y a trois semaines, en la compagnie de Monsieur
le Chevalier, dît-elle en montrant Montal. Et dites-moi, Mademoiselle, interrompit le Marquis de Riberville, avoit-
il déja eu quelque part à vos faveurs
lorsque vous fîtes ce voyage? A propos,
répondit-elle, c'est ici le meilleur, & je
l'oubliois: Oui, il croyoit déja que je
l'avois bien traité; & l'histoire veut que
je lui avois accordé tout ce qu'il pouvoit souhaiter de moi, avant même qu'on
parlât de notre départ. Mais admirez un
peu, je vous prie, l'extravagance du
Chevalier de la Grancourt, & à quels
plaisans remerciemens il m'exposa le lendemain qu'il lui eut supposé quelque
autre pour moi; car ce fut ensuite de
cette admirable aventure qu'il m'écrivit

la lettre qui m'a pensé perdre d'honneur
ce matin. Mais, dît le Marquis, comment ne reconnut-il pas le change ? Monsieur, repliqua-t'elle, dispensez-moi de
vous en rendre raison ; je ne sçai pas assez les ceremonies qui s'observent en ces
rencontres là, pour satisfaire votre curiosité. Tout ce que je vous puis dire,
c'est que le lendemain il se louoit fort
de certains plaisirs que je lui avois donnez, disoit-il, & qui étoient de l'hebreu
pour moi, qui ne sçavois pas tout le mystere. Mais, ajouta Madame de Mulionne, où & comment pensoit-il que vous
eussiez pu venir à un tel rendez-vous, &
découcher de votre maison ? Hé mon
Dieu, Madame, répondit Mademoiselle
Velzers, n'avez-vous pas oui dire aussi
souvent que moi, que l'amour est in-
genieux à se flater, & qu'il ne se croit
rien impossible ? A bien prendre la chose,
dit le Marquis, s'il est vrai que l'imagination fait nos plus doux plaisirs, la
Grancourt ne trompoit l'étranger qu'à
demi par cette ruse. Ces plaisirs là, reprit-elle, lui coutérent bon pendant que
je fus à Mildebourg ; & je ne pense pas
que Monsieur son confident ne lui ait
tiré de la bourse plus de dix mille écus,
sous pretexte de faire des empletes pour
moi. Est-il possible ! reprit à son tour le
Marquis tout étonné. Je ne vous dis rien
qui ne soit vrai, répondit-elle ; & voici
comment ce fourbe vint à bout de son
dessein.

La premiere Lettre qu'il suppofa de moi à cette pauvre dupe contenoit, parmi plufieurs proteftations de l'aimer éternellement, une trés-inftante priere de me choifir une des plus belles tentures de tapifferie qu'il y eût à Paris; & de m'en mander le prix avant que de me l'envoyer, afin que je lui en fiffe tenir l'argent au plus-tôt. Ecrire cela à un amant comme lui, c'étoit lui dire donnez-la moi genereufement. Il n'y manqua pas auffi : & s'en étant rapporté à fon Chevalier pour la faire partir, car celui-là avoit gagné fur fon efprit qu'il ne feroit rien fans fon confeil ; le voyage de cette tapifferie en Hollande fe termina à la maifon de la maitreffe de ce trompeur, où elle alla trouver le cabinet d'Allemagne. Il fournit à cette même femme un ameublement de damas cramoifi, enrichi d'une crêpine d'or & d'argent, au même prix que lui avoit coûté la tapifferie ; & il lui donna pour fes habits plufieurs pieces d'étoffes les plus belles qui fe fuffent jamais fabriquées en France. Je ne fçai, dit Mademoifelle de Barbefieux, quelle fera la fin de ceci ; mais il me femble que la Grancourt en fait beaucoup pour n'être point découvert, & pour ne donner aucun foupçon aux Suédois. Il ne manquoit pas de prétextes fpecieux, reprit Mademoifelle Velzers, pour me faire demander toutes ces chofes ; mais comme enfin il étoit dificile que quand je ferois revenue en France la fourberie ne se découvrît, & que c'étoit tout ce que craignoit la Grancourt ; vous imagineriez-vous bien dequoi il s'avisa ? Mon pauvre amoureux lui avoit juré mille fois qu'il m'aimoit avec une passion si violente, que si je venois à mourir il s'empoisonneroit pour ne me pas survivre. La Grancourt s'imaginant qu'un amant si passionné lui tiendroit parole, resolut de me faire mourir en idée, afin que par un noble desespoir celui-là lui épargnât le dénouement de la comedie. Pour venir à son but, il commença à me faire écrire que j'étois indisposée ; à quoi le Suédois me faisoit des réponses si tendres, que je vous enleverois le cœur si je vous les lisois. Aprês cela ce fourbe lui fit tenir d'autres Lettres, où une tierce personne par mon ordre lui mandoit les suites de ma maladie ; & entre autres il y en eut une qui le toucha si vivement, qu'au grand étonnement du Chevalier de la Grancourt, il entra un jour tout botté chez ce fidelle confident pour lui dire adieu, resolu à quelque prix que ce fût de me venir trouver à Mildebourg.

Qu'un fourbe a de peine à remedier à tant d'incidens ! s'écria Mademoiselle de Barbesieux. La fourberie & l'envie se ressemblent, dît le Marquis, elles sont à elles-mêmes leur propre supplice. La Grancourt pensa tomber de son haut, poursuivit Mademoiselle Velzers, quand il vit le Suédois si déterminé à cela ; &

ce qui l'embarraſſoit le plus , cet amant
tranſporté étoit déja remonté à cheval
avec tous ſes gens , & il n'y avoit pas
moyen de l'abandonner un quart d'heure
pour lui aller promptement écrire des
défenſes de partir. Toutefois le Chevalier de la Grancourt après avoir un peu
rêvé, feignit enfin de ſe reſoudre à le ſuivre en Hollande ; & l'ayant fait deſcen-
dre de cheval pour ſe repoſer chez lui
pendant qu'on accommoderoit le ſien ,
il prit pretexte d'aller dire un mot à deux
pas de là : mais ce fut pour bâtir une dépêche , où j'écrivois de ma propre main
que je me portois mieux & que nous re-
viendrions bientôt, afin qu'il y prît plus
d'aſſurance. Le Chevalier de la Grancourt rentrant chez lui, peu après la lui
avoir fait rendre , feignit d'être agreablement ſurpris quand il la lui montra ;
puis remerciant Dieu de ma gueriſon, ne
trouva plus de dificulté à rompre ce voyage. Voilà comment il para encore ce dernier coup ; mais tout cela ne faiſant que
redoubler la crainte qu'il avoit d'être un
jour découvert, ne ſervit auſſi qu'à lui
faire impitoyablement précipiter l'heure
de ma mort : & voici la lettre fatale par
laquelle, huit jours après, je l'annonçai
à mon pauvre amant, dans le temps qu'il
juroit le plus de ne me jamais ſurvivre ,
& qu'il avoit toujours de l'opium tout
prêt ; de ſorte que la Grancourt ſongeoit
déja comment il le feroit enterrer, après
la lecture de cette lettre.

Notre destinée, mon cher Comte, ne permet pas que je vous revoye, & ma maladie m'a tellement abatue depuis quatre jours, qu'il n'est rien de plus assuré qu'il faudra que j'en meure avant la fin de celui-ci. Je prévois que cette fâcheuse nouvelle que vous n'attendiez pas, vous portera de cruelles atteintes; & comme je ne me sens pas capable de vous survivre si vous mouriez avant moi, je ne doute pas que ma perte ne vous jette dans un horrible desespoir.... Helas! s'il étoit vrai que les amans se réunissent là-bas, je n'aurois pas tant de regret à la vie.... Adieu, mon cher Comte, je ne sçaurois plus dicter, la douleur & les sanglots me ferment la bouche; j'ordonne que l'on ne vous envoye cette lettre qu'après ma mort. Je meurs toute vôtre, & la plus fidelle de toutes les amantes.

Le Chevalier de la Grancourt y avoit encore ajouté en caractères tremblans, ces mots: *Adieu le plus aimé qui sera jamais.* C'étoit afin que de douleur ou autrement, le Comte en mourût plus vîte. Mais, poursuivit-elle en riant, il y a apparence que les Suédois, tout comme les autres, ne se croyent point obligez de tenir parole aux morts. Bien loin de se tuer, le mien n'eut pas plutôt soupiré un quart d'heure de la perte qu'il avoit faite, que parmi un grand nombre de soucis qui l'affaillirent, il demanda s'il perdroit encore l'argent de fa tapifferie, & fi mon pere ne le lui rendroit pas ; dont la Grancourt fut fi étonné, qu'il en penfa véritablement mourir lui-même. Je le croi bien, dît le Marquis en riant de tout fon cœur ; car c'étoit-là une rude touche pour fon adreffe. Madame de Mulione en rît auffi comme le refte de la compagnie ; mais ce fut d'un ris tout étonné, & en faifant une reflexion morale fur le changement du Suédois. Ces traîtres d'hommes ! s'écria-elle ; dira-t-on aprês cela qu'il y en ait un qui vaille quelque chofe ? Hé mon Dieu ! lui repartit la belle Hollandoife, laiffez-moi achever. Leur procedé ne m'étonne pas, & nous ne devons pas attendre que ces Meffieurs là foient fi honnêtes gens, que de mourir glorieufement pour nous. Ils feroient bien fots de le faire, dît Montal, & encore moins aprês la mort de ce qu'ils aiment, qu'auparavant. Et quand veux-tu donc qu'ils le faffent, lui répondit le Marquis ? Il me femble que fi le defefpoir doit tuer quelqu'un, c'eft quand il a perdu pour jamais ce qu'il a de plus cher au monde. C'eft un conte, lui repliqua Montal ; le defir étant mort avec l'objet, nous rentrons en notre bon fens ; & comme les vivans font faits pour les vivans, nous laiffons-là le mort, pour un autre objet qui boive & mange. Auffi me fierois-je fort à vous, lui dît Madame de Mulionne, fi je voulois être aimée de

quelqu'un. Moi, reprit-il, je suis le plus
fidele de tous les hommes ; j'ai pensé me
tuer dix fois pour les cruautez de ma
maitresse ; & cette belle, continua-t-il
en regardant Mademoiselle Velzers, en
a été témoin en Hollande. Vraiment,
répondit-elle en raillant, c'étoit moi qui
étois la cruelle. Oui, oui, repliqua-t-il,
belle rieuse, c'étoit vous, & vous sçavez qu'il n'a tenu à rien que je n'aye fait
plusieurs fois la folie de m'empoison-
ner ; mais je m'en garderai bien desormais, & moins aprês votre mort, qu'en
tout autre temps. Vous n'avez pas besoin
d'en jurer pour me le faire croire, dît-
elle avec une petite mine assez froide.
Mademoiselle, reprit-il en se radoucis-
sant, peut-être que comme je vous aime
avec une passion démesurée, le premier
effort de ma douleur me causeroit natu-
rellement la mort : mais, poursuivit-il
en regardant la compagnie avec sa plaisanterie ordinaire, non assurément je ne
me tuerois pas, & nous ne sommes plus
au temps de se poignarder pour la mort
de quelqu'un. Mais quelle raison as-tu,
répondit le Marquis, de vouloir te tuer
plutôt avant qu'aprês ? Ha ha, repliqua
Montal, quelle raison j'ay ! quand nous
sommes obligez de voir souvent une
femme que nous aimons éperdument,
& qui nous refuse sa possession ; l'objet
mouvant la puissance, & l'amour irrité
par les refus nous jettant en frenesie,
nous sommes capables de préferer du

poison à une vie si fâcheuse : mais ôtez l'esperance de posseder la personne, ce qui ne se peut que par sa mort, je te l'ai déja dit, nous rentrons dans notre bon sens. Cette raison, dît Mademoiselle de Barbesieux, seroit bonne pour un brutal qui aimeroit sensuellement une femme; mais pour un honnête homme.... Mon Dieu! interrompit-il, je sçai ce que vous m'allez dire; mais vous seriez toutes bien attrapées, si on ne vous aimoit qu'à la façon des anges; & lorsqu'on nous prê- che cette spiritualité d'amour, ce sont de belles chiméres dont on nous berce. Ah ! repartit Madame de Mulionne, je vous soutiens qu'il y a des hommes qui aiment avec la plus grande honnêteté du monde, & sans aucune prétention. Et moi, repliqua-t'il, je vous soutiens que cela ne se peut. Ils prétendent peut-être plus honnêtement, mais ce n'est qu'a- muser le tapis, & on en vient toujours au but. Mesdames, dît alors le Marquis, si l'on en croit sa philosophie, il n'y aura plus de commerce entre les deux sexes qui ne soit bien dangereux. Tu fais le rieur toi, lui dit Montal, mais tu ne m'en- tens pas. Bien, va, repliqua le Marquis, ni ces Dames, ni moi, nous ne voulons plus t'entendre, & nous aimons mieux que Mademoiselle Velzers nous dise comment le Chevalier de la Grancourt s'est tiré du mauvais pas où nous l'avons laissé.

Comment il s'en est tiré ? reprit-elle.

Il se battit deux jours après contre un homme qui le tua, & je pense qu'il n'en seroit jamais sorti à son honneur autrement. Il n'y a donc pas long-temps que cela est arrivé ? dît Mademoiselle de Barbesieux, car il n'y a pas plus de trois semaines que le Chevalier de la Grancourt a été tué. Vous pouvez bien vous imaginer que cela est tout nouveau, répondit Mademoiselle Velzers, puisque je vous ai dit qu'il n'y a que trois semaines que je suis revenue de Hollande : le Chevalier de la Grancourt ne fut tué que deux jours auparavant. Je croi pourtant, continua-t-elle, que s'il eût vécu davantage, il eût trouvé quelque nouvelle invention pour se débarrasser de son homme. Il avoit même commencé un autre stratagême pour faire ensorte que le Suédois s'en allât hors de Paris, & lui remît entre les mains toutes mes prétendues lettres. Il lui disoit que si mon pere faisoit la moindre difficulté de rendre l'argent qu'avoient coûté les meubles, ce seroit le moyen de tirer raison du vieillard, que de le menacer de publier ces lettres de sa défunte fille. Neanmoins le succês de cette finesse étoit si incertain, & les suites en devoient être si embarrassantes, que je vous assure que le Chevalier de la Grancourt fit vingt fois mieux de se faire tuer, que de s'y fier.

Mais si sa mort le tira de peine, elle nous y mit en récompense mon pere & moi dès que nous fumes de retour. L'é-

tranger le vint trouver deux jours aprês
& lui fit en fa langue que mon pere entend fort bien, des complimens de condoleance fur ma mort. A quoi mon pere,
qui étoit prévenu de la penfée que ce
pauvre homme fût fou, & qu'il faloit
faire femblant de croire tout ce qu'il s'i-
maginoit, répondit comme s'il eût été
vrai que je fuffe morte. Ce qui lui fut
d'autant plus aifé, qu'une Dame de nos
amies m'avoit retenue chez elle comme
nous paffions par deffus fes terres ; &
que n'étant pas encore revenue à Paris,
je ne pouvois par ma prefence détruire
ce qu'il difoit. Il regarda même l'imagination de ce Suédois, comme un moyen
de me défaire à la fin d'un fou impor-
tun : & croyant que ce qu'il difoit de la
tapifferie & du lit de damas, dont il vouloit avoir le payement, ne fût qu'une
vifion pareille à celle de ma mort ; il lui
répondit encore, pour ne le pas aigrir,
qu'il attendoit des lettres de change, &
qu'auffi-tôt qu'elles feroient arrivées il
lui rendroit cet argent. L'étranger vint
plufieurs fois demander des nouvellés de
ces lettres de change ; jufqu'à ce qu'ayant
été mené prês de quinze jours, & l'impatience le prenant, il envoya enfin un
autre Suédois dire à mon pere qu'il ne
pouvoit plus attendre ; que des gens de
notre qualité n'étoient pas fans mille ou
douze cens piftolles feulement qu'il re-
demandoit ; qu'il en avoit affaire pour
s'en retourner en Suéde, & qu'abfolu-
ment

ment il les vouloit avoir. Mon pere,
qui connoiſſoit parfaitement cet autre
Suédois, qui ſe nommoit Monſieur de
Gruſtaw, & qui ne s'étoit chargé de ce
meſſage que parce qu'il étoit de nos amis
auſſi-bien que du Comte de Valdame,
le railla d'abord de ſa bonne foi qui lui
avoit fait prendre toutes ſes imaginations
du Suédois pour des veritez. Il rît encore
de meilleur cœur de ce qu'il avoit donné dans le paneau touchant nos amours;
en ſorte qu'on ne vit jamais un homme
plus étonné que Monſieur Gruſtaw. D'un
côté il conſideroit que mon pere étoit
incapable d'aucune lâcheté; de l'autre,
il n'avoit jamais reconnu de folie dans le
Comte de Valdame : & reduit à penſer
mal de l'un ou de l'autre, il fut long-
temps ſans ſçavoir que dire.

Toutefois, à force d'être perſuadé par
mon pere que l'étranger étoit hypocondre; ma mort en idée, & mes prétendues lettres qui n'étoient pas de mon
écriture; le rapport des rouliers qui n'a-
voient porté aucuns meubles en Holan-
de, dans le temps & ſous la marque que
le Suédois avoit dit, & mille autres circonſtances auſſi peu vrai-ſemblables, tout
cela ayant convaincu ſuffiſamment Gruſtaw, qu'il faloit que ce Comte eût l'eſprit bleſſé, joint qu'il y avoit un an qu'il
ne l'avoit vu, & qu'on peut bien devenir
fou en moins de temps que cela; il fit
des excuſes à mon pere de la commiſſion
qu'il avoit priſe, & témoignant de s'af-

E

fliger du defordre de ce pauvre malade,
il retourna pour le voir. C'eft ici le plus
plaifant, en ce que le Comte lui ayant
demandé avec empreffement des nouvelles de fa negociation, Gruftaw le
croyant fou, obferva le même temperament que mon pere à lui répondre. Il lui
dît qu'il ne s'embarafsât l'efprit de rien,
que mon pere étoit un homme d'honneur qui lui feroit raifon de fon argent;
& cependant il le pria de s'aller repofer;
lui demanda s'il dormoit bien la nuit;
de qui il avoit appris que j'étois morte,
& depuis quand on lui avoit voulu faire
croire cette fauffeté. Enfin il le traita
comme un vifionnaire qu'il faut amener
doucement au point que l'on veut. Le
Suédois répondit qu'il étoit trés-affuré
que j'étois morte, & que je lui en avois
donné avis par une lettre; ce que Monfieur Gruftaw prit pour un autre éfet de
folie : mais le plaifir fut, quand ce Monfieur Gruftaw crut avoir trouvé le fecret
de ramener l'efprit du jeune Comte, en
lui prouvant que j'étois en vie. Pour cet
éfet, ayant fçu le lendemain que j'étois
arrivée, il pria mon pere de m'amener
chez le pauvre Suédois pour l'en convaincre, afin que par aprês & peu à peu
on lui pût faire connoître que toutes fes
autres imaginations étoient auffi fauffes
que celle de ma mort. Mon pere m'y
mena auffi dans cette intention; mais je
ris encore de l'état où je le trouvai. Il étoit
entre un medecin & un apoticaire à qui

il difoit mille injures en fon baraguoin,
parce qu'ils lui vouloient perfuader qu'il
étoit malade, & qu'ils l'avoient même
menacé de lui donner par force un remede, s'il ne confentoit à le prendre de
bonne grace.

Auffi-tôt que le pauvre homme m'apperçut, ce fut un malheur pour lui &
un grand contentement pour ces Mef-
fieurs-là ; car la furprife où il fe trouva de
me voir en vie l'ayant fait tomber évanoui, ils le portérent fur le lit, priérent
mon pere de mettre la main à l'œuvre ;
& mettant le rideau entr'eux & moi,
pour ne point bleffer la pudeur d'une fille,
ils prirent ce temps-là pour lui donner ce
remede, dont il penfa crever de dépit
quand il fut revenu de fa foibleffe. *Ah !
Fantâme*, s'écria-t-il auffi-tôt après en me
regardant encore avec éfroi ; *méchante l'i-
mage d'un femme que j'ai tan aimé. Et pi vus*,
dît-il s'adreffant à l'apoticaire & au medecin, *fortileges*, il vouloit dire forciers,
qu'a fait li moi à vus ? Je ne fçaurois me
reffouvenir de fes propres termes ; mais
enfin il jargonna beaucoup de femblables
chofes, comme s'il eût voulu accufer fes
medecins & Monfieur Gruftaw, d'avoir
évoqué mon ombre pour le tourmenter :
ce qui m'obligea de lui dire ; Hé quoi !
Monfieur de Valdame, ne m'aimez-vous
plus ? & pour l'amour de moi ne voulez-
vous pas bien qu'on vous guériffe ? quelle
raifon avez-vous de me croire morte ?
Donnez-moi la main, lui dis-je, & tou-

chez la mienne pour vous détromper.
A quoi ce pauvre Gentil-homme ne
m'ayant répondu que des yeux, il s'écria
enfin en langage Suédois qu'il adreſſa à
Monſieur Gruſtaw, qui me l'expliqua:
Ah! Gruſtaw, eſt-il donc vrai que je
ſuis un fou, comme on me le veut faire
croire? Et d'ailleurs ſi cela n'étoit pas,
ſeroit-il poſſible que les perſonnes que
j'aime le plus euſſent entrepris de faire
un tel affront à un homme de ma qualité? que mon ami; que mes domeſtiques
euſſent tous conſpiré la même choſe? A
ces mots il ſe tourna vers la muraille pour
ne plus voir perſonne; & le medecin
croyant qu'il s'endormoit, fit ſigne de la
main à tout le monde de ſe retirer: ce que
nous fimes tous, à la reſerve de Monſieur
Gruſtaw qui demeura toujours auprês de
ſon lit.

Helas! dit Madame de Mulionne, il
me fait pitié. C'étoit pour le faire devenir fou en éfet, ajouta le Marquis. Il fut
ſaiſi d'une groſſe fiévre, continua Mademoiſelle Velzers, & je ne ſçai encore
quel en ſera l'évenement: mais pour reprendre le fil de mon hiſtoire, ce malheureux jouet de la fortune & de l'a-
mour, ayant vu qu'il étoit ſeul avec Gruſtaw, ſe tourna tout d'un coup vers lui,
& lui dît encore tout tremblant de ce qui
s'étoit paſſé: Di moi donc, Gruſtaw,
parle-moi ſerieuſement; ſuis-je fou? ne
le ſuis-je pas? Eſt-ce par quelque vengeance qu'on me fait ce traitement? ou

fi j'ai quelque maladie qui le rende ne-
ceſſaire ? Je ne le croi pas ; mais enfin,
explique-moi donc ce miſtere ? Ne crains
pas d'avoir affaire à un fou dont il faille
ménager l'eſprit. Quelque infirmité que
l'on veuille que j'aye, je raiſonne encore,
ce me ſemble : apprens - moi du moins
ſurquoi l'on fonde ma folie. Gruſtaw
l'entendant parler de la ſorte, lui répondit qu'aux dépens de tout ſon ſang il eût
voulu le voir en bonne ſanté ; & qu'il
pouvoit bien croire que s'il y étoit on
n'auroit pas pris ſoin de le traiter comme
un malade. Vous ſçavez, lui dît-il, Monſieur, que je ſuis un pauvre Gentil-homme qui tiens toute ma fortune de la faveur de Monſieur votre pere, & que vous
ayant l'obligation que je vous ai, outre
que je ne me jouerois pas au fils d'un des
plus grands Seigneurs de Suéde, je ne
voudrois pour rien au monde faire aucune choſe qui pût vous déplaire. Laiſſe-
là les complimens, reprit le Comte ; &
comme tu ne dois pas douter que je
n'aye, du moins maintenant, quelque
bon intervalle, puiſque je te demande ſi
froidement raiſon de mon mal - heur ;
contente-moi, je te prie. Hé bien, Monſieur, répondit Gruſtaw, que voulez-
vous qu'on penſe de vôtre eſprit, quand
vous voulez faire croire que Mademoiſelle Velzers vous a aimé ; que vous en
avez reçu mille billets ; qu'elle vous a
donné des rendez-vous ; qu'elle vous a
accordé les dernieres faveurs, elle qui

E iij

est une fille fort sage ; qu'elle vous a demandé des tapisseries, des meubles, des habits ? Et que pour surcroît d'égarement, vous vous imaginez qu'elle est morte, lorsqu'elle n'a pas seulement été malade ; vous en allez consoler son pere, & au bout du conte vous lui allez redemander des sommes imaginaires. Que voulez-vous, dis-je, que l'on pense autre chose de vous, sinon que ce sont des visions que vous vous êtes mises dans l'esprit ? peut-être au commencement par contagion de la vanité Françoise ; car les billets que vous vous êtes fait écrire en sont une grande marque : & ensuite pour vous être tellement persuadé à vousmême vos propres mensonges, que vous en êtes devenu hypocondre ? Pardonnez à mon zele & à mon âge la liberté de cette reprimende ; plût à Dieu ! qu'elle pût guerir entierement votre esprit, qui est peut-être blessé pour jamais. Ils se dirent encore beaucoup de choses en Suédois. Le Comte fit ses objections à Gruftaw, & Gruftaw y répondit. Il lui dît que c'étoit une chose purement fausse qu'il m'eût jamais vue à aucun rendez-vous, ou qu'il faloit qu'on lui eût supposé quelque femme qu'il eût prise pour moi ; que quand je lui avois avoué qu'il m'avoit donné quelque chose ou que je lui avois écrit, ou que j'avois reçu de ses lettres, c'étoit dans la pensée de m'en divertir & de ne le point contrarier, parce que le Chevalier de la Grancourt m'a-

voit fait entendre que c'étoit un fou. Il
lui dît enfin tant de particularitez, que le
pauvre malade reconnut que le Chevalier de la Grancourt l'avoit toujours
trompé.

Ah! dît-il alors, mon cher Gruftaw,
je vois à cette heure d'où eft venue votre
erreur & la mienne. Le traître que vous
venez de nommer m'a vilainement joué;
& l'état où je me trouve, eft la déplora-
ble fuite de ma credulité & de fes trom-
peries. Il m'en coute quinze mille écus,
& peut-être m'en coutera-t-il encore la
vie. Ils s'expliquerent enfuite plus particulierement; & le malheureux Suédois rappellant dans fa memoire toutes
les apparences du pour & du contre, ne
douta plus que le Chevalier de la Grancourt n'eût profité de tout l'argent & des
préfens qui ne s'adreffoient qu'à moi.
Mais, qui fut bien étonné quand Monfieur Gruftaw vint inftruire mon pere de
tout cela, je vous affure que ce fut moi,
principalement quand je fçus que ma
femme de chambre en avoit été complice; car je ne l'euffe jamais crue capable de me trahir fi honteufement. L'interêt, dit le Marquis, peut tout fur ces
fortes de gens-là. Qu'eft-elle devenue?
ajouta Madame de Mulionne, a-t'elle
bien eu l'éfronterie d'attendre l'éclaircif-
fement de toutes ces intrigues? Non fans
doute, répondit Mademoifelle Velzers;
& la friponne m'a quittée dês que j'étois
encore à la campagne, où elle avoit eu

E iiij

le vent de l'orage qui s'apprêtoit à Paris, car mon pere m'avoit mandé la derniere vision de l'étranger. Nous n'avons pas laissé toutefois de la bien trouver, & de découvrir par son moyen beaucoup de choses, qui aideront peut-être à faire recouvrer les tapisseries & l'ameublement; mais je croi que ce ne sera pas sans peine. C'est d'elle aussi que j'ai retiré une partie des lettres que je vous ai montrées, qu'elle conservoit par divertissement, car c'étoit elle qui les recevoit pour moi; & Monsieur Gustaw m'a remis les autres entre les mains, de peur qu'on ne les publiât à mon desavantage, bien qu'elles fussent supposées. Cependant, poursuivit-elle, & je pense vous l'avoir déja dit, une grosse fiévre prit à l'étranger de dépit qu'il eut d'avoir été dupé, & on ne sçait ce qui en arrivera. Monsieur Gustaw & mon pere ont eu depuis deux jours de grandes conferences, dont je ne sçai pas aussi le sujet; à moins que ce ne soit pour prendre des mesures pour agir contre les heritiers de la Grancourt. Voila toute l'histoire que j'avois à vous dire, qui me rend ce me semble assez innocente des galanteries dont on m'accusoit. Elle ne contribuera pas peu, ce me semble, à embellir le roman que nous avons commencé. Parle maintenant qui voudra.

Ce fut le Chevalier de Montal qui voulut parler, comme s'il eût fait semblant de n'être pas bien persuadé de cette

hiſtoire. Mais on vint dire qu'il étoit heure de partir, & que le carroſſe étoit prêt.
Madame de Mulionne preſſa tout le monde d'y aller prendre place, & cela fut
cauſe que le Chevalier fut mal écouté.
Il falut qu'il remît à dire ſur les chemins
ce qu'il avoit ſur le cœur, encore ne
trouva-t-il perſonne qui fût pour lui,
lorſqu'il eut dit ſa pensée ; car plutôt que
de ſoupçonner Mademoiſelle Velzers de
peu de ſageſſe, on aima mieux lui faire
l'injuſtice de croire qu'elle n'avoit pas
aſſez d'eſprit, toute ſpirituelle qu'elle
étoit, pour avoir inventé ſur le champ
une intrigue ſi bien ſuivie.

Cependant le Marquis continuoit ſes
adorations à Clelie ; & comme il ſe penchoit dans le carroſſe, pour lui dire quelque choſe à l'oreille, cela donna lieu à
la belle Holandoiſe d'appercevoir un papier qu'il avoit dans ſa poche, & qu'elle
pouvoit aiſément prendre ſans qu'il le
ſentît. Mademoiſelle de Barbeſieux, qui
le vit auſſi-tôt qu'elle, lui fit ſigne de
n'en perdre pas l'occaſion, & lui dît tout
bas que c'étoit peut-être un billet doux
qui ſerviroit à la vanger : mais le Marquis en empêcha le coup en ſe retournant
tout à propos pour connoître leur deſſein ; & s'écriant que cela étoit injuſte de
lui vouloir voler quelque choſe d'un côté, tandis qu'on prenoit ſon cœur de
l'autre, il mit promptement la main à ſa
poche. Monſieur le Marquis lui dît, Madame de Mulionne, montrez-nous ce

E v

papier. Quel papier, Madame ? répondit-il. C'eſt, reprit-elle, ce poulet de Mademoiſelle de Sencelles que nous venons de voir à l'entrée de votre poche. Ah ! repliqua-t-il, la ruſe eſt groſſiere ; on veut ici me nuire auprês de la belle perſonne que j'aime, en me faiſant la guerre d'une autre que je n'aime pas : mais Mademoiſelle d'Arviane n'a que trop d'eſprit pour découvrir l'artifice. A tout cela, cette charmante malade ne répondoit que par de petits ſouris qui faiſoient admirer ſa belle bouche ; mais enfin pour entretenir la compagnie dans l'enjouement où elle étoit, elle devint ou feignit de devenir curieuſe. Quelle eſt donc cette Demoiſelle de Sencelles ? dît-elle à Mademoiſelle de Barbeſieux. N'y a-t-il pas moyen que je ſçache le commerce qu'il y a entre elle & Monſieur le Marquis ? Et ſa beauté eſt-elle ſi redoutable, que je doive craindre qu'il m'oublie auſſi-tôt qu'il la reverra ? Ce ne ſeroit rien, repartit Madame de Mulionne, ſi vous n'aviez à craindre que la beauté de cette Demoiſelle ; mais ce n'eſt pas d'elle qu'il eſt amoureux, & elle n'eſt que la confidente, ou pour mieux dire, l'agente d'une des plus belles Dames du Royaume. Ha ! reprit Clelie, que la compagnie me traite donc à la pareille. J'ai conté l'hiſtoire que je ſçavois de Monſieur le Marquis ; je prie quelqu'un de me conter auſſi celle-là. Helas ! dit Mademoiſelle de Barbeſieux, on peut vous la dire en peu de mots.

Histoire de Madame la Comtesse de Tourneuil.

C'est de Madame la Comtesse de Tour-neuil que Monsieur le Marquis est amou-reux. Vous pouvez juger si ses amours sont déja placées en lieu opulent. Cha-cun sçait que cette jeune Dame a été sa-crifiée par son pere à un mari qu'elle n'aima jamais, car le Comte de Tour-neuil est un de ces faux zelez, & un homme trés-grossier, & il n'y a rien de si mignon & de moins devot que sa fem-me. La simpathie n'a point accoutumé de naître de qualitez si opposées. Mon-sieur le Marquis de Riberville, qui sem-ble être né pour profiter de toutes les bonnes occasions, se trouva un jour en visite chez la Comtesse, comme ce vieux jaloux & elle venoient de se quereller; & le sujet de leur querelle étoit que par une bizarrerie digne de ses pareils, il avoit fait barbouiller un tableau qu'elle avoit à la ruelle de son lit, à cause, disoit-il, que c'étoit une nudité qu'il n'étoit pas honnête à une jeune Dame de regarder, & que cela pouvoit lui faire venir de méchantes pensées.

Parbleu! interrompit le Chevalier, il avoit raison, c'étoit une fine politique d'ôter ainsi tout prétexte aux tentations de Madame la Comtesse. Que sçait-on, si elle ne fût pas venue lui rompre la tête dans un temps qu'il auroit peut-être de-stiné à des exercices spirituels? Taisez-vous, causeur, reprit Mademoiselle de Barbesieux, on ne vous demande pas s'il a eu raison ou non de faire ce qu'il a fait. La Comtesse de Tourneuil qui n'avoit aucune tentation pour des peintures; ou qui songeant moins à la malice que ne font ces Messieurs les zelez, n'en alloit pas chercher des sujets jusques dans les choses insensibles; avoit donc été extrémement touchée du fâcheux éfet qu'avoit produit l'impertinent scrupule de son mari : & son déplaisir alla jusqu'à tel point, qu'après avoir rappellé dans sa memoire mille autres mecontentemens qu'elle avoit d'un homme si ridicule, elle ne put se résoudre à demeurer davantage avec lui. Elle dit au Marquis la résolution qu'elle avoit prise de s'en separer; dans laquelle il eut soin de la bien fortifier jusqu'au jour qui avoit été choisi pour l'execution de son dessein : & ce jour-là étant venu, la Dame sortit à minuit de chez elle en habit de Cavalier, se rendit à une maison du Marquis à trois lieues de Paris, & y demeura le reste de la nuit. Il ne s'y passa rien que d'honnête, dit l'histoire, & rien que toute belle femme en la place de la Comtesse de Tourneuil n'eût pu faire sans danger en reconnoissance des services du Marquis; car elle en fut quitte pour lui promettre toutes sortes de faveurs lorsqu'elle auroit pu obtenir de retourner en France pour y être la maitresse chez elle, & le Marquis s'en contenta.... Ah ! s'écria le

Chevalier, on te bourre Marquis, on te
bourre ; & te voila récompensé de la sagesse que tu as eue à contre-temps avec
cette Dame, s'il est vrai toutefois que tu
en aye eu, car je ne te crois pas si igno-
rant de la maniere dont les femmes veulent être traitées.

Si ce que l'on me suppose étoit veritable, répondit le Marquis, peut-être
n'en aurois-je pas eu moins de respect
pour cette Dame. Nous sçavons bien,
repliqua Mademoiselle de Barbesieux,
que vous contrefaites l'honnête homme
quand vous voulez, & vous avez interêt qu'on vous croye tel ici. Mais enfin,
poursuivit-elle, je n'ai rien supposé dans
cette histoire. Le Marquis jura une fidelité inviolable à la Comtesse pour l'o-
bliger à se souvenir un jour de ce qu'elle
lui avoit promis. Les mesures furent prises pour un commerce de lettres, quand
la Dame seroit en Angleterre, où elle
faisoit dessein d'aller trouver ses parens.
Mademoiselle de Sencelles, dont nous
avons parlé, qui a une maison dans Herminvilliers, ou pour mieux dire proche delà, car Herminvilliers n'est qu'une
seule maison ; cette Demoiselle, dis-je,
qui n'a pas de plus grande joye que lorsqu'elle peut rendre certains services, fut
choisie pour recevoir & faire tenir ces
lettres. On resolut même que le Marquis prendroit pour lui tout ce qui sembleroit n'être écrit qu'à cette bonne Demoiselle ; & qu'il se feroit une petite

marque à côté de ces mêmes lettres, pour avertir toutes les fois qu'il faudroit les expliquer ainsi : c'étoit une précaution contre les curieux, en cas qu'elles vinssent à être interceptées. Le lendemain on partit en poste sous un habit de cavalier ; on gagna Calais, on s'embarqua dans le premier vaisseau, & on arriva enfin à la Cour d'Angleterre, d'où l'on écrit tous les jours assez tendrement au Marquis. Et c'est le sujet pourquoi je l'ai soupçonné cette nuit d'aller en cachette près d'Herminvilliers, parce qu'on nous a dit qu'il y va souvent de la sorte.

Jugez, Mademoiselle, ajouta-t-elle, en s'adressant à Clélie, ce que l'on doit penser d'un homme qui a de si belles espérances & même si prochaines, car on dit que la Dame revient ; & qui cependant s'amuse à faire le languissant auprès de vous. Quoi ! dît cette belle malade, la Comtesse revient ! Madame, lui répondit le Marquis, on vous a conté une fable en ce qui touche la part qu'on me donne dans l'histoire de la Comtesse : mais quand tout ce qu'on vient de vous dire seroit vrai, vous pouvez m'écouter en seureté, s'il n'y a que son retour qui vous en empêche. Ha ! reprit Mademoiselle de Barbesieux, on m'a asseuré qu'elle étoit à Calais, & que son mari avoit consenti par accommodement, de n'être plus le maître chez lui. Mademoiselle, lui repliqua-t-il, j'en sçais mieux que vous toute l'histoire. Vraiment, dit Madame de Mulionne, nous n'en doutons point aprês ce que Mademoiselle de Barbesieux nous a conté. Eh ! reprit-il plaisament, Mademoiselle de Barbesieux est jalouse de ce que j'ai donné mon cœur à Mademoiselle d'Arviane, & il ne faut pas croire tout ce qu'une jalouse peut dire. Mais enfin voici cette histoire que je me vante de sçavoir mieux qu'elle, & elle merite bien de tenir une place parmi les autres.

Histoire du Comte de Tourneuil.

Le Comte de Tourneuil étoit allé visiter, il y a environ deux mois, un homme de qualité à quinze ou seize lieues de Paris. Il n'y avoit qu'une parroisse pour trois ou quatre Gentilhommieres qui sont à l'entour du village de cet homme-là. Un jour que le Comte y fut à la Messe, il y vit une jeune fille dont le pere étoit Receveur de l'une de ces petites terres. Elle n'avoit pas plus de quinze ans, & elle avoit des yeux extrêmement dangereux. Elle plut au Comte, & pensa renverser toute sa dévotion. Il sortit de l'Eglise tout troublé, & comme il avoit accoutumé de combattre un peu de temps avant que de se rendre à la violence de la tentation, il songea aux moyens d'éviter une autrefois la rencontre de cette fille : Il lui fit dire par le Curé de la parroisse, qu'il la prioit de n'y plus venir à la Messe jusqu'à ce qu'il s'en fût retourné à Paris. Ce premier moyen n'ayant pas réussi, car les pere & mere de cette fille étoient de bonnes gens craignans Dieu, qui ne vouloient pas qu'elle perdît la Messe; il leur fit proposer de la mettre dans un Cloître pour être Religieuse, & qu'il en payeroit la dot. Mais ils répondirent qu'ils avoient dequoi marier leur fille; qu'ils la vouloient voir pourveüe d'un bon mari, & même que leur Seigneur étoit sur le point de l'épouser. De sorte que le pauvre Comte de Tourneuil au desespoir se resolut à la fuite, & s'en revint à Paris au plus-tôt; mais il portoit le trait dans le cœur. Cette idée toute-puissante ne le laissa en repos en aucun lieu. Il eut beau jeûner & mortifier sa chair; le sang d'un bigot est plus petillant que celui d'un autre; les coups de discipline ne firent que l'echauffer de plus en plus. Que fera le pauvre homme en cet état? On lui vient demander s'il n'y a pas moyen qu'il se raccommode avec sa femme; ce message lui paroît de Dieu; il ne juge rien de plus salutaire qu'elle à sa guérison: & pressé par le démon qui le tourmente impitoyablement, il consent qu'elle revienne à telles conditions qu'elle voudra, pourvu que ce soit promptement. On envoye à Londres, elle repasse la mer & vient jusques à Calais où le Comte avoit promis de l'aller recevoir; mais par malheur l'ardeur de la tentation avoit eu le loisir de se rallentir pendant qu'on alloit & venoit de France en Angleterre. Quand la Dame fut arrivée à Calais elle ne vit perſonne de la part du Comte ; elle n'y fut complimentée que par un homme à grand capuchon, qui lui dît qu'elle ne pouvoit faire ſon ſalut ſi elle ne ſe ſoumettoit à ſon mari : & comme ce n'étoit pas dequoi elle étoit le plus en peine , elle ſe rembarqua le lendemain avec plus de haine pour Monſieur le Comte de Tourneuil, qu'elle n'en avoit auparavant. Voilà, Meſdames, la raiſon pourquoi elle ne revient pas.

Comme il achevoit ces paroles , le carroſſe s'arrêta. On vit que l'on étoit arrivé à la maiſon de Monſieur le Prévôt ; & Monſieur de Mulionne y étoit depuis deux bonnes heures , avec ſa compagnie ordinaire , c'eſt à dire avec ſon petit Procureur. Le Marquis donna la main à ſa Clélie , & à Madame de Mulionne qu'il mena à la chambre de ſon vieux mari. Le Chevalier de Montal prit ſoin des autres Dames ; & toute cette belle troupe étant deſcendue de carroſſe, ſongea à de nouveaux divertiſſemens.

HISTOIRE
FRANÇOISE

LIVRE TROISIE'ME.

LA belle Mademoiselle d'Arviane, ou si l'on veut, la nouvelle Clélie, parut la plus belle de la troupe aux yeux du vieux Conseiller, qui commença par elle à saluer les aimables Demoiselles que sa femme lui amenoit. Aprês cela, il les mena faire un tour de promenade dans le jardin, qui n'a pas la magnificence de celui de Vaux, mais qui a des ombrages plus commodes. Là toute la compagnie s'assit sur un tapis de gazon en attendant le souper ; & Madame de Mulionne ayant dit à son mari qu'on l'obligeroit à conter quelque histoire dês qu'on auroit soupé, pour satisfaire à une loi que la compagnie avoit faite, ce bon vieillard gai & complaisant, s'informa plus particulierement de cette loi, & répondit qu'il y satisferoit de tout son cœur, même avant souper, si l'on vouloit; & qu'on avoit jugé dans sa Chambre une cause qui lui en fourniroit les incidens. En verité, Monsieur le Conseiller, dît Mademoiselle de Barbesieux, vous nous ferez plaisir, aussi bien sommes-nous en

train d'écouter. Meſdames, reprit-il,
l'hiſtoire en ſera un peu gaillarde, mais
le ſujet le veut. Peut-être, dît la Demoiſelle, ne nous direz-vous rien que nous
ne puiſſions entendre. Ah ! répondit le
Conſeiller, je ſçai le reſpect qu'on doit
au beau ſexe, & je n'ai garde de le perdre devant une auſſi chaſte compagnie
que je crois qu'eſt la vôtre. Vous ſçaurez donc qu'avant hier nous caſſâmes
un mariage ; & voici le fonds du procez.

Hiſtoire du Baron de Coulan & de Mademoiſelle de la Templiere.

Le Baron de Coulan, qui eſt un Gentil-homme bien fait & bien diſant, & à
peu près, dît le bon vieillard en regardant le Marquis de Riberville, de la
taille de Monſieur le Marquis que voila ;
c'eſt à dire, ajouta-t-il en ſe radouciſ-
ſant, un homme de trés-bonne mine.
Monſieur, interrompit le Marquis, épar-
gnez-moi, s'il vous plaît, je ſuis votre
trés-humble ſerviteur. Je ſuis le vôtre,
reprit le bon-homme, & continuant ſon
hiſtoire : Ce Gentil-homme, dît-il, ayant
donc habitude chez le tuteur d'une jeune fille de Poitou nommée Mademoiſelle de la Templiere, fit grande connoiſſance avec elle & en devint paſſioné-
ment amoureux. Elle étoit jolie, elle
chantoit & danſoit bien, avoit beaucoup d'eſprit ; & ce qui étoit peut-être
de plus ſolide entre toutes ces belles qua-

litez, elle devoit avoir douze ou quinze mille livres de rente.

Cela étoit beau sans doute, interrompit Madame de Mulionne. Oui, reprit-il, mais ne trouvant pas bon qu'elle eût parlé; Ma femme, lui dît-il, taisez-vous, & ne m'interrompez point, cela fait perdre le fil de l'histoire à toute la compagnie. Monsieur, lui répondit-on, n'aprehendez pas qu'on perde un mot de ce que vous direz, nous vous écoutons avec trop d'attention. Bien donc, repliqua-t-il, si cela ne trouble point la compagnie, il faut que j'avoue ma foiblesse, cela me trouble moi. Cette réponse ayant fait une espece de loi contre les causeurs; Le tuteur de cette jeune fille, poursuivit-il, n'aura pas tant de louanges de moi que j'en ai donné au galant & à la pupille. C'étoit un homme avare, & par consequent capable de toute sorte de lâchetez; car il n'y a rien qu'on ne fasse par avarice. Il reculoit le plus qu'il pouvoit de la marier, parce qu'il lui étoit fort doux de jouir de son bien, & que peut-être il n'apprehendoit rien tant que de rendre compte : mais toutes ses remises ne lui servirent pas de grand'chose; & quand les parties se trouverent portées l'une pour l'autre de quelque bonne volonté, il falut répondre aux inclinations de cette jeune fille, qui étoit adroite, & capable de lui faire bien de la peine en cas de refus. Profitant neanmoins autant qu'il put de la violente passion qu'il

reconnut que le Baron de Coulan avoit
pour elle, il fit demander à ce Gentil-
homme une garenne dont il y avoit
long-temps qu'il avoit envie, parce qu'elle étoit à sa bien-seance ; au moyen dequoi il consentiroit qu'il épousât sa pupille, sinon qu'il n'avoit que faire d'y
prétendre.

Le sieur de Coulan, qui eût donné sa
vie pour parvenir à épouser sa maitresse,
ne fit d'abord aucune dificulté d'y consentir : mais quand ce vint à la veille des
noces où l'autre le pressa de lui passer un
contract de vente de cette garenne avec
la quittance au bas, il eût bien voulu
conserver la garenne & avoir la femme ;
& s'étant imaginé que les choses étoient
trop avancées pour qu'il y eût à craindre
que cet avare osât rompre, & qu'il auroit peur qu'on ne vînt à sçavoir la raison de cette rupture, il proposa de remettre l'execution de cette vente après
le mariage. Il esperoit peut-être de la
pouvoir ensuite éluder facilement ; mais
cela fut cause que le tuteur de Mademoiselle de la Templiere rompit le mariage tout net, & qu'il défendit sa maison à l'amoureux. Il enjoignit pareille-
ment à sa pupile de ne le plus recevoir
sur peine d'être enfermée dans un cloître. Mais défendre à de jeunes gens qui
s'aiment de se voir, c'est le leur commander ; aussi nos deux amans ne man-
quérent pas de le prendre de ce biais-là ;
car la gentille Demoiselle se résolut

même à pousser l'affaire plus loin. De
sorte qu'un jour que son oncle y pensoit
le moins, elle se fit enlever par son accordé, alla épouser dans un village où
étoit une Abbaye de filles, & au sortir
de la parroisse se mit dans cette Reli-
gion ; d'où elle présenta requête aussi-tôt,
à ce qu'il lui fût permis d'aller avec son
mari, nonobstant les oppositions de son
oncle.

Mais, Monsieur, sans vous interrompre, lui dît froidement Montal en se levant ; entra-t-elle dans ce convent sans
coucher avec le Baron de Coulan ? La
belle question ! s'écria Mademoiselle de
Barbesieux en le retirant rudement pour
le faire rasseoir ; il étoit bien necessaire
qu'il ouvrît la bouche pour dire cette impertinence. Monsieur, dît-elle au Conseiller, ne prenez pas garde à lui au
moins ; car le Chevalier de Montal est
l'homme le plus fou qui soit en France.
Hé ! répondit doucement le bon-homme, la question que Monsieur fait n'est
pas des plus déraisonnables de ce monde ; & il eût bien mieux valu que Mademoiselle de la Templiere eût couché avec
son mari avant que d'entrer dans le convent, que de faire ce qu'elle a fait depuis. Ah ! repliqua Mademoiselle de
Barbesieux, c'est autre chose, & je ne
sçai point ce qu'elle a fait. On prétend,
continua-t-il, que comme son tuteur
poursuivoit M. de Coulan pour son rapt,
& qu'il alléguoit pour témoin de la vio-

lence, que ce Gentil-homme avoit été obligé de mettre sa Demoiselle dans cette Abbaye, à cause qu'elle n'avoit jamais voulu consentir à l'effet du mariage; cette gentille espiegle lui laissa faire tout ce qu'il voulut à travers la grille du parloir, pour montrer que ce n'étoit pas manque de bonne volonté si elle n'avoit pas consommé le mariage avant que d'entrer dans le convent. A ces mots il n'y eut pas jusqu'à la belle Clélie qui ne put s'empêcher de témoigner sa surprise, par un rire qui au commencement demeura long-temps entre cuir & chair comme aux autres filles, mais qui par après éclata en un ris desordonné. Cependant Madame de Mulionne prenant la parole; Voila, dit-elle, un beau conte que Monsieur le Conseiller nous fait. Ecoutez, Madame, lui répondit-il, je ne vous dis que ce qu'on a plaidé, & je m'en rapporte à ce qui en est.

Les Religieuses, parties intervenantes pour la pollution du convent, prétendue commise par le sieur de Coulan, ont soutenu qu'il avoit fait cet enfant dans la cellule de la pensionnaire, en presence de certaine Mademoiselle de Messine autre pensionnaire; laquelle, de peur que le galant ne se méprît, parce qu'elle couchoit avec Mademoiselle de la Templiere, cousoit sa chemise par le bas tous les soirs: que pour cet efet il avoit passé par dessus le mur du petit jardin où répondoit la fenêtre de la Demoiselle de la

Templiere; & qu'étant là il s'étoit servi d'une échelle avec quoi on émondoit les arbres, & étoit entré par cette fenêtre dans sa chambre. Cela est bien plus vrai-semblable, repliqua Madame de Mulionne. Et pourquoi, Madame ? repartit Montal; je trouve moi qu'il y a bien plus d'apparence que cela se soit fait au parloir qu'ailleurs, car il ne faloit pas tant de mystere pour y entrer; & pour peu que la jeune Demoiselle eût en horreur la profanation du convent, elle aima sans doute bien mieux ce lieu-là qui n'est pas consacré, que tout autre.

Les quatre filles durant cet entretien, s'entredemandoient cent choses confuses pour faire accroire qu'elles n'y avoient pas d'attention; mais Montal s'étant attiré une espece de soufflet de Madame de Mulionne pour lui avoir dit à l'oreille quelque sotise sur la même matiere, elles recommencerent à rire de concert, & d'une telle force, que cela fit bien connoître qu'elles n'avoient pas même perdu un mot de tout ce qu'il avoit pu dire.

Montal cependant se retira avec son soufflet d'une si plaisante maniere, que le bon-homme & le Marquis ne purent s'empêcher d'en rire aussi; le Conseiller toutefois en fit des reproches à sa femme, mais elle lui dit; je vous prie Monsieur le Conseiller, mêlez-vous d'achever votre conte, & ne prenez pas connoissance de cela. Ce qu'elle disoit pourtant en regardant à tous momens derriere elle pour

voir

voir la contenance du Chevalier, qui dês que le souvenir de sa disgrace se fut un peu passé, vint se remettre auprês de Mademoiselle Velzers, mais elle ne voulut point le recevoir, & ainsi firent toutes les autres auprês desquelles il se voulut asseoir ; de sorte que s'étant vu contraint de demeurer debout, ce fâcheux contretemps le mit de fort mauvaise humeur contre les Dames.

Sur ces entrefaites on vint avertir Monsieur le Conseiller qu'un laquais étoit venu de la part de Monsieur de Lucheres, demander s'il étoit arrivé, & qu'il avoit dit que son maître n'étoit pas loin, qui avoit deux mots à lui dire : ce qui obligea ce bon vieillard à quitter la compagnie pour aller recevoir ce Gentil-homme avec lequel il avoit des affaires. Avant toutefois qu'il se levât, Madame sa femme lui demanda s'il n'acheveroit point son histoire, & si elle finissoit en un si bel endroit ? A quoi répondant que c'étoit tout, & que ce n'étoit que sur cela qu'ils avoient jugé ; il ajouta que la Cour avoit enfin cassé ce beau mariage, fait défenses au Baron de Coulan d'avoir desormais aucun commerce avec la Demoiselle de la Templiere à travers la grille ; & l'avoit condamné à certaine amende, ainsi que le tuteur, l'un pour le rapt & la profanation de la grille, l'autre pour avoir exigé la garenne : permis neanmoins ausdits de Coulan & de la Templiere de se remarier de nouveau.

F

pourvû que ce fût avec toutes les forma-
litez requises. Ainsi finit le recit du Conseiller, qui à ces mots les laissa tous dans
le jardin pour aller parler à celui qui le
demandoit.

Quand il fut parti, le Marquis prenant la parole; Si j'étois, dît-il, aussi
hardi que Montal, je vous conterois une
plaisante histoire de ce Monsieur de Luchéres, qui est, si je ne me trompe, un
gros homme de Normandie, & dont la
femme est aussi innocente qu'il est fin &
spirituel. Il est de Normandie? repartit
Montal. Ah! si c'est Monsieur de Luchéres de Normandie, je le connois aussi-bien que toi, & sa femme aussi; & j'en
vais conter l'histoire, si l'on veut. Conte-
la donc, reprit le Marquis, je t'en cede
la gloire. Et nous, interrompit Mademoiselle de Barbesieux, s'il y a des folies,
nous ne la voulons point écouter. Allez,
Mesdames, répondit Montal, je vous assure que le venin n'est qu'à la queue, &
que vous pouvez entendre le commencement sans rien craindre; je vous avertirai de l'endroit chatouilleux, & j'ar-
rêterai là si vous voulez. Soit, répondit
Mademoiselle de Barbesieux; mais je
vous avertis qu'en cas que vous bron-
chiez, ma main est encore plus pesante
que celle de Madame de Mullonne. Hé
bien, dit-il, vous ferez tout comme vous
voudrez; écoutez-moi à cela près.

Histoire de Monsieur de Luchéres & de Madame sa femme.

Pour vous disposer à croire ce qui est arrivé à ce gros Gentil-homme, il faut vous dire qui étoit Madame sa femme avant qu'il l'eût épousée. Elle étoit veuve d'un homme de condition fort riche, tres-chagrin, tres-jaloux, & tres-vieux ; trois qualitez qui lui avoient fait rechercher une femme qui n'eût pas l'esprit de les connoître, & qui fût assez simple pour croire que tous les hommes riches étoient bâtis comme lui. Il avoit rencontré cet heureux naturel en cette Dame, qui étoit de Picardie ; je vous nomme son pays, pour ne pas faire trop d'honneur au pays Normand, en lui attribuant de si rares productions. Elle étoit de bonne maison, & s'en piquoit extrêmement ; mais elle avoit fort peu de bien. Ce n'est pas mon dessein de vous raconter tout ce qui s'est passé durant leur mariage, j'en sçais trop peu de chose ; vous jugerez seulement de la piece par l'échantillon.

Vous avez ouï dire qu'autrefois la Reine ayant demandé à un grand Seigneur de la Cour quand sa femme accoucheroit, il répondit, *Quand il plaira à votre Majesté, Madame.* Ce fut peut-être que ce bon Seigneur-là avoit pris un mot pour un autre : mais quand Madame de Luchéres fit une semblable réponse, à une pareille question, ce fut par un dessein formé de civilité & de soumission aux volontez d'une grande Princesse ; & sa niaiserie alla si loin, qu'étant échapé depuis à cette Princesse de lui dire, par maniere de souhait : Mon Dieu ! Madame, que vous me feriez grand plaisir d'accoucher ce mois d'Aoust, afin que vous puissiez venir à Bourbon avec moi, elle s'en retourna chez elle dire à son mari qu'il envoyât querir la sage-femme ; qu'elle ne vouloit point desobliger une si bonne Princesse, & qu'elle vouloit absolument accoucher dês la nuit suivante. Voila, Mesdames, le vrai caractere d'esprit de Madame de Lucheres, & ce qui s'est passé de ma connoissance, du vivant de son premier mari : vous allez sçavoir maintenant ce qui arriva de plaisant le jour de ses secondes noces.

Ah que tu vas vîte, Chevalier ! interrompit le Marquis. Est-ce que tu ne sçais autre chose d'elle jusqu'à son second mariage ? Non, lui repondit Montal. Je m'en vais donc le conter, reprit le Marquis, car tu oublies un des meilleurs endroits.

Elle étoit veuve il y avoit six mois ; & comme tout le monde l'aimoit autant à cause de sa beauté qui étoit admirable, que pour cette naïveté en quoi elle excelloit par dessus toutes celles de son sexe, peu de gens passoient aux environs de son village, sans se détourner un peu pour la visiter. Monsieur le Duc de Longueville voyageant par la province, en-

tra un jour de grand matin chez elle, &
fut plutôt à son appartement qu'elle n'eut
le loisir d'en être avertie. Elle étoit encore au lit quand elle vit ce Prince entrer dans sa chambre. Hé ! mon Dieu,
Monseigneur, s'écria-t-elle, quelle confusion votre Altesse me fait ici ! Hé,
juste Dieu ! Monseigneur, m'aimez-
vous si peu, que vous me vouliez surprendre de la sorte, & me reduire à la
necessité de faillir à mon devoir ? Son affliction venoit de ce qu'elle ne pouvoit
faire des reverences dans son lit, & elle
ajouta : Prenez donc la peine, Monseigneur, d'attendre un moment, & n'a-
vancez pas davantage. Après cela elle se
leva toute nue en sa présence, alla prendre elle-même sa juppe, & s'en vint lui
faire cinq ou six grandes reverences ; puis
s'applaudissant de ce qu'elle avoit fait
son devoir, elle fut se remettre au lit
comme elle en venoit de sortir. Monsieur
le Duc de Longueville prit place auprès
du lit ; & comme parmi beaucoup de
choses qui servirent à leur entretien, ils
furent enfin venus à parler du village de
la Dame : Je pense, Madame, lui dît-il,
que cette terre est bien seigneuriale.
Oui, Monseigneur, répondit-elle, il y
a droit de four, de tor & de verrat ; &
outre cela je puis faire garder les cochons
à tous ceux qui y sont. Ah ! Monsieur le
Marquis, dit Mademoiselle de Barbesieux, vous ajoutez quelques ornemens
à l'histoire. Car seroit-il possible que l'on

fût si simple! Parbleu, Mademoiselle, reprit Montal, il vous dit vrai. Il n'y eut jamais de simplicité pareille à celle de Madame de Luchéres. N'en as-tu plus rien à dire? ajouta-t-il en s'adreffant au Marquis. Non, lui répondit le Marquis, & tu peux maintenant conter les folies qui reftent, si ces Dames te veulent écouter. Oh! non qu'il s'en garde bien, s'écrierent-elles. Hé mon Dieu, Mefdames, reprit-il, fiez-vous à ma parole! il n'eft pas encore temps de vous allarmer, & je vous ai promis que je vous avertirois du bon endroit. Hé bien, dit Madame de Mulionne, laiffons-le parler; & s'il ofe dire des folies, qu'il en dife. Par la têtebleu! répondit-il, je ne fuis qu'en défiance avec vous, & j'aimerois autant être parmi les ennemis. Pourfui, pourfui, lui dît le Marquis en fouriant; elles ne feront pas fi méchantes qu'elles difent. Ah! maudit précieux, lui repartit Montal, c'eft toi qui me perds auprês d'elles, & qui gâtes tout ce que je dis par l'oppofition d'une fauffe fageffe, dont tu veux te mafquer malgré ce que l'on fçait de ta vie. On rioit de cette repartie, mais Mademoifelle Velzers dît : Hé! laiffezle achever fon hiftoire, afin qu'il fe faffe battre. Oui, oui, repartit Mademoifelle de Barbefieux, voila comme il faut dire quand on aime à entendre des folies; il y a apparence que tu es une bonne piece, auffi-bien que lui. Laiffons toutes ces conteftations, reprit le Chevalier, si j'ai à être battu, je le ferai ; je vais cependant continuer mon histoire.

Deux ou trois jours avant que la Dame se mariât à Monsieur de Luchéres, un Gentil-homme proche parent du mari voulant donner lieu à quelque plaisanterie le jour des noces, dît à la fiancée qu'elle étoit bien-heureuse d'épouser un homme comme Monsieur de Luchéres, qui étoit estimé par tout pour son merite, pour son humeur agreable, & pour mille autres belles qualitez. Et à cette heure, Madame, lui dît-il, ce que j'y trouve de plus avantageux, c'est que vous êtes assurée qu'il vous traitera bien mieux que n'a fait votre premier mari. Ha ! Monsieur, répondit la spirituelle Dame ; mon premier mari m'a bien traitée, & j'aurois tort si je me plaignois de lui. Helas le pauvre homme ! il m'a laissé vingt mille livres de rente, que vouliez-vous qu'il fit davantage, que de me donner tout son bien ? Le bien est une belle chose, repartit le Gentil-homme ; mais ce n'est pas assez pour une femme de qualité comme vous, si on ne la traite avec tout le respect qui lui est du, & c'est ce que votre premier mari n'a jamais fait. Ah ! Monsieur, reprit-elle, pardonnez-moi. Mon Dieu ! Madame, lui dît-il, il s'est vanté du contraire à moi-même qui vous parle. Il vous traitoit comme les petites gens traitent leurs femmes, & comme un paysan traiteroit la sienne ; mais non pas en personne de votre naisssance. Et comment donc cela ? repliqua-t-elle, toute étonnée. Cela est bon, Madame, lui repartit le Gentil-homme, en faisant le rieur, comme si vous ne le sçaviez pas ; mais vous en usez en honnête femme de cacher les défauts de votre défunt mari. Je vous assure, Monsieur, lui dit-elle, que si vous ne vous expliquez autrement, je ne sçai pas ce que vous me voulez dire.

Et je t'assure à toi, interrompit le Marquis, que si tu n'acheves bien vîte, tu seras battu ; car je vois Monsieur le Conseiller qui nous ameine son homme, & les voila au bout du jardin.

J'acheve, dit Montal, & il attendoit qu'à ces mots les filles s'en allassent de peur d'entendre la fin de l'histoire ; mais pas une ne bougea de sa place, ce qui commença à lui donner quelque frayeur. Vous êtes témoin, Mesdames, leur dit-il, qu'il n'y a pas eu la moindre parole scandaleuse en tout ce que je viens de dire. Oui, répondit Mademoiselle de Barbesieux, & nous ne pouvons rien vous reprocher jusqu'à cette heure. Oh ! reprit-il, mes belles Demoiselles, prenez donc la peine, s'il vous plaît, de vous en aller où il vous plaira, car le reste ne sera pas de même ; & il n'y a que Madame de Mulionne qui puisse l'entendre honnêtement. Moi, répondit-elle, je ne veux pas l'entendre non plus, & je veux m'en aller avec les autres. Nous ne prétendons pas nous en aller, dit Ma-

demoiselle de Barbesieux, & nous avons
dessein de le bien frotter s'il n'est pas
sage. Ne voila-t-il pas de nos gens, repartit Montal ! je sois damné si elles n'ont
plus d'envie de le sçavoir que moi de le
dire ; mais pour leur punition, ajouta-t-il
en parlant au Marquis, je te le dirai à
l'oreille, & elles n'en entendront rien.

A ces mots, s'approchant en éfet de
l'oreille du Marquis, il lui dît : Tu sçauras donc que sur la contestation qui etoit
entre le Gentil-homme & la Dame, qui
ne pouvoit deviner comment son mari
l'avoit mal-traitée, ce Gentil-homme
lui dît ; N'est-il pas vrai, Madame, que
lorsqu'il vous rendoit ses respects amoureux il vous donnoit le dessous ? mais il
dit cela bien plus cruement ; & je t'a-
doucis tout exprês le terme, de peur que
ces Demoiselles, qui ne veulent pas m'entendre parler haut, ne tâchent d'écouter
ce que je dis tout bas afin de me faire
querelle. Le Marquis ne put s'empêcher
de rire avec éclat de la maniere dont le
Chevalier lui avoit debité cette folie :
& Madame de Mulionne dît, je pense
qu'il vient de lui dire une bonne sotise ?
J'en sçavois bien le conte, répondit le
Marquis, mais je vous avoue que j'aurois eu peine à adoucir si bien le récit. Ne
leur dis pas cela, reprit Montal, elles
enrageront de ne l'avoir pas entendu. Je
veux croire pourtant, ajouta-t-il, qu'elles n'en ont pas perdu un seul mot ; mais
quoi qu'il en soit, ce fut la plaisanterie

F v

que le Gentil-homme fit à Madame de Luchéres, & elle lui répondit; Est-ce donc que mon mari ne me devoit pas traiter ainsi! O Dieu, Madame, repliqua-t-il, en doutez-vous ? les gens de qualité en usent bien plus honnêtement avec leurs femmes; mais votre vieux mari n'entendoit rien à la civilité; ou croyant qu'il faisoit assez de vous donner son bien, il ne tenoit compte de vous traiter mieux. Helas ! Monsieur, reprit-elle, je croyois que toutes les femmes devoient être traitées de même, & je souffrois cela avec satisfaction & sans murmure; mais que voulez-vous? j'étois une jeune innocente à qui il en faisoit accroire; car si j'eusse sçu qu'il en devoit user autrement, je me piquois assez de garder mon rang pour ne rien souffrir qui l'eût pu blesser.

Le bon de l'affaire fut qu'à quelques jours delà il falut que la Dame épousât Monsieur de Luchéres; &, que comme on eut couché le marié, & qu'il la voulut caresser, elle ne voulut pas souffrir qu'il s'y prît de cette façon. Elle disputa fort & ferme contre lui, & dît qu'on la mettroit plutôt en pieces que de l'y faire consentir; ajoutant qu'on traitoit autrement les femmes de sa condition, & que si le défunt avoit abusé de sa jeunesse, elle empêcheroit bien qu'un autre n'en fît autant à l'avenir. Enfin cette belle dispute dura si long-temps, qu'il falut que le Gentil-homme qui écoutoit à la porte avec quelques-uns des conviez, la vînt defabufer à force d'en railler le nouvel époux. Je ferai fort trompé, Mefdames, s'il y en a jamais parmi vous, qui expofe fon mari à de femblables railleries.

Là finit le Chevalier de Montal, & on n'eut pas le loifir de lui repartir grand chofe, parce que Monfieur de Luchéres rejoignit la compagnie. Il falua toutes les Dames & le Marquis : il embraffa le Chevalier de Montal bras deffus bras deffous à caufe de la connoiffance ; & aprês quelques complimens fort enjouez de part & d'autre, Monfieur le Confeiller dît qu'il étoit temps d'aller fouper. Toute la troupe fe rendit dans la falle, où l'on fe mit à table. Ce ne fut pas un feftin preparé avec galanterie, comme le dîner qu'avoit donné le Marquis de Riberville, mais on n'en trouva pas le fouper moins bon ; & ceux qui connoiffent l'humeur fomptueufe de Madame de Mulionne, ne douteront pas qu'ayant prévu qu'elle traiteroit une fi belle compagnie, elle ne s'en foit acquittée comme il faut. On fit voir que les viandes étoient bonnes en mangeant beaucoup ; & quand la groffe faim fut un peu appaisée, on recommença la converfation, & on but des fantez. Le Marquis débuta par celle de Madame de Mulionne, qu'il adreffa au Chevalier de Montal. Oui, répondit le Chevalier, c'eft à caufe du foufflet qu'elle m'a donné que tu veux que je boive à fa santé ; mais il faut que j'y songe deux fois. Allez, lui dît-elle, Monsieur le Chevalier, beuvez-la, je ne vous donnerai plus de soufflets. Mais, Madame, reprit le Marquis, ce qu'il vous a dit ne se peut-il donc reveler ? Par ma foi, repliqua Montal, je le dirai bien encore. Tout beau, interrompit Mademoiselle de Barbesieux, vous êtes bien près de moi, & vous sçavez ce que je vous ai dit de la pesanteur de ma main. Et tête-bleu, reprit-il en haussant les épaules, & regardant en pitié Monsieur de Luchéres ; où suis-je donc ici ? Mon pauvre ami, lui dît-il, tu crois t'être venu mêler parmi les Anges, & ce sont des Diables. Je n'ai pas encore reconnu cela, répondit ce Gentil-homme ; & si tous les Diables étoient faits comme ceux-ci, on se donneroit à eux de meilleur cœur qu'on ne s'y donne. Hé bien, bien, repliqua Montal, tu sçauras avec le temps ce qu'elles valent, je m'en vais toujours faire raison au Marquis de la santé qu'il m'a portée. Grand merci, Monsieur le Chevalier, répondit Madame de Mulionne. Après cela on but celle de Monsieur le Conseiller, qui en fit autant pour Mademoiselle d'Arviane : & cette belle fille ayant été priée de chanter, par le Marquis de Riberville qui ne détournoit pas les yeux un moment de dessus elle ; elle regala toute la compagnie d'un petit air bachique, qui mit le vieux Conseiller en bon train.

Ce fut pour lors qu'on commença à dire de bons mots, & à laisser regner la joye sans contrainte; qu'on se fit cent petites niches pour rire, à quoi entre autres ne servit pas peu la tromperie que les laquais firent au petit bon-homme Procureur que le Conseiller avoit amené avec lui : car ces fripons sçachant qu'il haïssoit l'eau mortellement, ne lui servirent autre chose dans un verre double, par le pied duquel ils avoient versé le vin à égale hauteur, & on voyoit ce pauvre petit homme grimacer toutes les fois qu'il faisoit raison, sans oser dire ce qui en étoit cause, ni pourquoi il ne beuvoit pas tout, & ne faisoit que toucher le verre.

Enfin, après qu'on eut apporté le fruit, Madame de Mulionne se penchant vers l'oreille du Marquis; Monsieur, lui dit-elle, si nous voulons entendre encore une histoire plaisante, il faut que nous obligions ce petit homme à nous conter ce qui lui est arrivé depuis peu. Je crois, Madame, répondit Monsieur de Luchéres qui avoit entendu ce discours, que la chose ne sera pas mal-aisée à obtenir, pourvu que vous témoigniez que vous la desirez. Non, reprit-elle, cela ne plairoit peut-être pas à mon mari venant de ma part; il faut que ce soit un autre que moi qui mette l'affaire sur le tapis, & Mademoiselle de Barbesieux seroit toute propre à cela. A quoi serois-je propre? répondit cette Demoiselle qui entendit nommer son nom avec miſtere. Monſieur le Marquis vous le va dire, lui repartit Madame de Mulionne ; & en éfet le Marquis lui dit dequoi il s'agiſſoit.

Auſſi-tôt elle ſe fit donner du vin, & pria la compagnie d'en faire autant ; puis adreſſant la parole à Monſieur le Conſeiller, elle dît qu'elle alloit porter ſa ſanté à la ronde ; mais que comme on l'avoit avertie que quelqu'un trichoit, celui qui laiſſeroit du vin dans ſon verre conteroit ſur le champ la plus plaiſante aventure de ſa vie, & cela ſans exception de perſonne, non pas même de Monſieur le Procureur. Le petit bonhomme voyant bien pour qui la partie étoit faite, répondit en riant à Mademoiſelle de Barbeſieux, qu'on n'avoit pas conſpiré contre lui d'une voix ſi baſſe, qu'il n'eût bien entendu ce que Madame de Mulionne avoit dit à Monſieur le Marquis ; mais qu'il aimoit mieux ſe réſoudre à ne rien laiſſer au fond de ſon verre. En ce cas, lui repartit-on, Monſieur le Procureur, vous ne ſerez obligé à rien. A ces mots il penſa vuider la coupe en avalant tout ce qui étoit dedans ; mais il ne fut jamais plus ſurpris que quand il y vit tout le vin demeuré, & qu'il commença enfin à reconnoître la tromperie. Ah ! pauvre Monſieur Tigean, lui cria le Conſeiller, on t'a fourbé ! Ma foi oui, Monſieur, répondit-il, & je n'ai pas encore beu une goute de vin.

Cependant la compagnie se tenoit les côtez de rire, & Mademoiselle de Barbesieux dit, en poursuivant sa pointe : Allons, allons, Monsieur le Procureur, vous voudriez bien trouver quelque échapatoire ; mais vous avez encouru la peine, puisque votre verre n'est pas vuide, & il faut que vous nous contiez l'histoire de votre Prieuré. Ah ! répondit le petit bon-homme, j'en appelle pardevant Monsieur le Conseiller ; cela n'est pas juste. Mon pauvre ami, reprit le Conseiller, je ne suis pas ici le plus fort, & tu és vendu. Elles m'ont obligé moi-même en arrivant de leur conter une histoire ; & si elles ont resolu que tu contes la tienne, il n'y a point de remede, je te conseille de boire trois ou quatre bons coups où il n'y ait point d'eau, & d'en passer par où elles voudront. Cela est pourtant bien rude, Monsieur, repliqua-t-il ; mais enfin il faut vouloir ce qu'il plaît aux Dames. Si elles se moquent de moi, du moins ne feront-elles pas les premieres qui l'auront fait.

A ces mots il se fit apporter un verre & une bouteille du meilleur vin, dont il but selon l'ordonnance du Conseiller à la santé de ses auditeurs ; & cette liqueur l'ayant animé un peu plus que l'eau qu'il avoit bue, il commença de cette sorte l'histoire qu'on vouloit sçavoir.

Histoire de l'Abbé de Saint Firmin, de Mademoiselle de Beffemont, & du Procureur Tigean.

Je ne suis pas le seul, dît le Procureur, qui aye contribué aux incidens de cette histoire, & d'autres que moi y ont eu bonne part ; mais je suis celui que l'on a le plus berné. Il y a environ six mois qu'un Gentil-homme ou soi disant ; c'é- toit un homme de façon modeste, & qu'on n'eût jamais pris pour un fripon, mais je vous assure qu'il ne faut guere juger des gens à la mine. Ce Gentil-hom- me donc, qui se disoit de Toulouse, re- chercha en mariage une fille de ma con- noissance. C'étoit une Demoiselle qui avoit servi long-temps Madame la Du- chesse de . . de . . de . . je ne me souviens plus de son nom ; mais tant y a qu'elle avoit amassé environ deux mille écus d'argent à son service, & qu'outre cet argent-là, elle avoit de bien bonnes par- ties, car elle avoit l'humeur gentille, elle causoit bien, & enfin ne rebutoit point les marchands. En un mot, c'étoit une fille que Monsieur l'Abbé de Saint Firmin, celui qui fait si bien ces petites chansons, voyoit & cajolloit souvent ; toutefois on n'en soupçonnoit aucun mal, & on les estimoit tous deux de fort hon- nêtes gens. Celui qui la rechercha s'ap- pelloit Monsieur de Broyonne, & vous remarquerez que c'étoit un nom qu'il s'étoit donné, tout semblable à celui d'un Gentil-homme de Toulouse qui possédoit une terre assez jolie; & il n'en avoit usé de la sorte, que pour tromper plus aisément la Demoiselle, si elle fût venue à s'informer des biens qu'il disoit avoir dans cette Province.

Les choses étant bien avancées, au grand contentement de la fille, & les articles du mariage signez, on n'attendoit plus qu'une lettre de change de quatre mille francs que le futur époux disoit être en chemin pour lui, & qu'on lui envoyoit de son pays pour acheter tout ce qui étoit necessaire; mais comme cette lettre se faisoit trop attendre, parce qu'elle n'étoit qu'en idée, notre Gentil-homme, qui avoit son but en toute cette conduite, s'avisa de se faire écrire une lettre par laquelle on lui mandoit les raisons de ce retardement, dont il feignit d'être au desespoir. En même temps, il s'en fit adresser une autre, qu'il avoit lui-même écrite aussi-bien que la premiere; & dans celle-ci on lui donnoit avis de la mort d'un certain Prieur de Languedoc, dont le benefice valant trois mille livres de rente étoit à sa nomination. Cette nouvelle étant venue à ce Gentil-homme, jugez quelle fut la grandeur de sa joye; elle n'eût point paru plus naturelle si la chose eût été vraye. Dieu lui renvoyoit par ce moyen dequoi regagner l'argent de la lettre de change qui lui avoit manqué; & cela ne servit pas peu à faire encore que cette fille s'en estimât plus heureuſe, par la conſideration du beau droit de Patronage qui étoit annexé à la Seigneurie de ſon amant.

Elle ne put laiſſer paſſer la journée ſans faire part de cette nouvelle à ſes amis, & à l'Abbé de ſaint Firmin tout le premier. Celui-ci lui ayant ouï parler de trois mille livres de rente, ſongea qu'il auroit dequoi faire des chanſons tout à loiſir avec ce denier-là : & mordant à l'hameçon, Mon Dieu, Mademoiſelle, lui dît-il, comme vous avez tout pouvoir ſur ce Monſieur-là, ne pouvez-vous pas faire en ſorte qu'il me donne ce benefice ? Il aimera mieux obliger un homme comme moi, qui ai de la reputation, & qui lui ferai outre cela un preſent fort conſiderable, que d'en favoriſer peut-être un inconnu, à la ſeule recommandation de quelque grand Seigneur qui ne lui en ſçaura aucun gré. Voyez, propoſez-lui la choſe, & faites que je vous aye l'obligation d'avoir ajouté trois mille livres de rente à mon petit revenu, ce ſera dequoi réchauffer la muſe : & mort... laiſſez faire, nous en mangerons les chapons. La Demoiſelle lui promit qu'elle en parleroit ; & en éfet elle en parla dès le ſoir même à ſon accordé. Celui-ci crut déja avoir excroqué trois ou quatre cens louis à l'Abbé de ſaint Firmin. Il répondit à Mademoiſelle de Beffemont (c'étoit le nom de cette fille) qu'elle étoit la maitreſſe abſolue de tout ce qui lui appartenoit ; qu'elle pouvoit

donner ſa parole à Monſieur l'Abbé, que
ce ſeroit pour lui le benefice, & qu'elle
diſpoſeroit auſſi de la reconnoiſſance
qu'il en recevoit de cet Abbé.

L'accordée toute joyeuſe annonça dês
le lendemain cette bonne nouvelle à l'Abbé, qui en alla remercier le Gentil-homme, & lui faire les plus belles amitiez
du monde. Il ne ſe paſſa depuis aucun
jour qu'il ne lui envoyât des poëſies : je
ne ſçais point comment on les appelle,
je penſe qu'on nomme cela des verdelets
ou virelets, où en attendant ſa nomination il lui décrivoit les plaiſirs que leur
vaudroit le revenu du Prieuré, qui ſeroit toujours autant au Gentil-homme
qu'à lui ; & enfin il lui mandoit quantité
d'autres belles choſes, auſquelles le fin
matois ne répondoit que par d'autres
vers ; ne ſe preſſant point de faire cette
nomination, parce qu'il ne vouloit nullement ſe fier à la liberalité que l'Abbé
lui pourroit faire, & que même il ne ju-
geoit pas qu'il eût les reins aſſez forts
pour fournir la ſomme qu'il prétendoit
en tirer. Neanmoins, comme il avoit
donné ſa parole à la Demoiſelle d'en
pourvoir cet Abbé, & qu'elle preſſoit
tous les jours d'en venir aux éfets, il eût
falu à la fin qu'il s'y fût reſolu. Mais pour
faire en ſorte qu'à l'avenir elle le priât
autant de ne point donner ce benefice à
l'Abbé de ſaint Firmin, qu'elle l'avoit
preſſé juſques-là du contraire ; & pour
avoir par même moyen le temps d'at-

tendre qu'il se présentât une dupe un peu plus en fonds que cet Abbé, (& je fus cette malheureuse dupe de par le diable) voici la ruse dont il s'avisa.

Comme il n'y a guére de filles qui n'ayent fait quelques fredaines, les unes plus criminelles, les autres moins ; mais toujours assez pour avoir donné lieu de médire d'elles quand on les sçait : A vous, Mesdemoiselles, s'écria le Chevalier de Montal ; voila Monsieur le Procureur qui parle à vous. Hé ! nous l'enrendons bien, répondit Mademoiselle de Barbe-sieux, & nous voyons bien qu'il se vange de nous ; mais patience. Ah ! Mademoi-selle, pardonnez-moi, repliqua le petit homme, j'ai dit cela sans y songer, & honni soit qui mal y pense. Mon Dieu ! lui repartit Montal, poursuivez, Mon-sieur le Procureur, & ne craignez rien ; si vous aviez dit aussi vrai toute votre vie, que vous venez à cette heure de le dire, il n'y auroit pas au monde un hom-me plus veritable que vous. Hola donc, Chevalier, reprit Mademoiselle Velzers, en lui donnant un petit coup de sa four-chette sur les doigts, je vous trouve plaisant de dire qu'il n'y ait pas une fille qui soit sage. Je ne l'ai pas dit en ces termes-là, ajouta-t-il : mais puisque vous m'en donnez l'exemple, je ne croirois pas mentir quand je le dirois ; & je pense même qu'il n'y a rien de plus veritable. L'impertinent ! s'écria Mademoiselle de Barbesieux ; puis, s'adressant au Conseiller, n'est-il pas vrai, Monsieur, lui dît-elle, que nous devrions noyer cet homme-là ? Ecoutez, reprit le bon vieillard, en riant, il n'y a que vous qui sçachiez s'il a raison ou non. Hé quoi ! lui dît Mademoiselle Velzers, vous doutez aussi de notre vertu ? & vous avez peur de vous méprendre en parlant à notre avantage. Non pas cela, repliqua-t-il ; mais je dis qu'il faut que Monsieur le Chevalier sçache quelque chose de vos affaires, pour avancer ce qu'il avance. Helas, Monsieur, reprit froidement Montal, il n'y en a pas une des quatre que vous voyez-là, de qui je ne pusse avec raison dire pis que pendre, si je l'avois entrepris. Quoi, dit Madame de Mulionne, sans en excepter Mademoiselle d'Arvianne que vous ne connoissez que d'aujourd'hui ! Moi, reprit-il, je la connois assez pour soutenir qu'elle est la plus sage des quatre. Cette aimable malade rougit un peu à ces mots, comme si elle eût reconnu qu'il lui donnoit par malice cette louange de sagesse, parce qu'elle étoit sujette à tomber quelquefois en une espece de folie ; & le Marquis en fit reproche au Chevalier par plusieurs signes. Cependant le Conseiller dît ; Vous avez tous pressé & tourmenté Monsieur Tigean pour lui faire conter son histoire, & voila que vous ne vous en souciez plus. Comment ! répondit Mademoiselle de Barbesieux, nous ne nous en soucions plus ! nous n'avons pas oublié l'endroit où nous en sommes demeurées, & nous ne prétendons pas que la folie du Chevalier nous fasse rien perdre. Monsieur le Procureur m'excuse bien, reprit Montal ; je ne lui ai pas fait tant de déplaisir qu'on croit, & je n'ai fait que lui donner le temps de reprendre un peu de courage avec son assiette : allons, poursuivit-il en choquant son verre contre le sien, à votre santé, Monsieur Tizean. Le petit bon-homme lui fit raison ; & après que chacun lui eut prêté une nouvelle attention, il recommença à parler de cette sorte.

J'en étois, ce me semble, demeuré à la ruse dont mon Gentil-homme se servit pour faire en sorte que sa maitresse ne le pressât plus de donner le benefice à l'Abbé. Ayant donc déterré certaines médisances qu'on faisoit d'elle ; comme par exemple, qu'elle avoit été long-temps bien avec le mari de sa Duchesse, & qu'un jour que cette Duchesse rentra assez inopinément dans sa chambre, elle avoit trouvé Monsieur le Duc si en desordre & la Demoiselle si rouge, qu'il y avoit dequoi soupçonner qu'il l'avoit pressée & qu'elle s'étoit défendue : ayant, dis-je, appris cela quelque part, ce rusé Touloufain fit tomber la chose à propos, en causant un jour avec elle ; & lui demanda si elle connoissoit bien cet Abbé, & si elle étoit bien assurée qu'il fût de ses amis. Oh ! répondit-elle, c'est le meilleur ami que j'aye, & un homme qui donneroit sa vie pour mes interêts. Ne vous fiez plus à lui, reprit ce fourbe, car il m'a dit telle & telle chose de vous : & sous pretexte de vouloir reconnoître la grace que je lui devois faire, de le nommer au Prieuré par un avis de veritable ami, il a fait tout ce qu'il a pu pour me détourner de vous épouser. Je vous laisse à penser si la Demoiselle de Beffemont fut en colere de cette prétendue perfidie de l'Abbé de saint Firmin. Ah ! Monsieur, s'écria-t-elle, c'est un imposteur, c'est un méchant, puisqu'il faut que je le die, qui a toujours eu de folles prétentions sur moi, & qui ne vous a dit cela que par jalousie : mais si vous m'aimez, vous m'en vengerez ; & bien loin de lui donner le Prieuré, vous lui donnerez cent coups de bâton. Elle disoit cela avec une colere horrible, parce que la verité l'avoit peut-être offensée ; & que comme on se trompe toujours, elle s'imaginoit qu'il n'y avoit que l'Abbé qui eût pu dire de ses nouvelles : toutefois il en étoit fort innocent. D'autre côté, mon imposteur ayant un jour au sortir de chez elle rencontré ce pauvre jeune homme, il lui dît avec une haute effronterie : Monsieur l'Abbé, ma maitresse est dans une furieuse colere contre vous, & m'a bien défendu de vous nommer desormais au benefice, à cause que vous avez chargé quelqu'un de m'avertir des médisances qu'on faisoit d'elle, & je vous conseille d'y remedier avant que

cela prenne racine. Ce qu'il diſoit afin
qu'il y allât ſur le champ, & que cette
fille extrêmement emportée le maltrai-
tant tout à fait, ils ſe brouillaſſent davantage ; ce qui ne manqua pas d'arriver : car comme le pauvre Abbé voulut
entrer dans la chambre de Mademoiſelle
de Beſſemont pour ſe juſtifier, elle ne
l'apperçut pas plus-tôt, que le prenant
aux cheveux, & le terraſſant ſur le plancher, elle lui donna tant de coups de
pieds, d'ongles & de dents, qu'il falut
que les voiſins accouruſſent au ſecours
pour les ſeparer.

O Dieu ! dit Mademoiſelle de Barbeſieux, c'étoit le pauvre Orphée que déchiroit une Bacchante. C'étoit ce qu'il
vous plaira, reprit le Procureur, mais
l'Abbé de ſaint Firmin dégoiſa pour ſe
venger, tout ce qu'il ſçavoit d'elle ; en
ſorte que c'étoit le plus beau charivari
du monde, & que le fourbe eut le plaiſir
de les voir brouillez pour long-temps.
Or voici maintenant mon tour à moi, &
je vais jouer mon perſonnage dans cette
comedie.

A quelques jours de là, Mademoiſelle
de Beſſemont vint au Palais faire des
emplétes ; & comme je la connoiſſois
particulierement, je lui dîs, l'ayant rencontrée à un des pilliers de la grand'ſalle,
Bon jour, Mademoiſelle, bon jour ; hé
bien, quand danſerons-nous ? Helas ! me
répondit-elle mon pauvre voiſin, tout
eſt preſque rompu ; & vous ne vous
imagineriez

imagineriez jamais le lâche tour que m'a
joué l'Abbé de saint Firmin : ce traître,
ajouta-t-elle, à qui je découvrois bonnement tous mes secrets, avec qui je vivois
sans façon, & que je croyois de mes
meilleurs amis, a été dire des sotises à
Monsieur de Broyonne pour le détourner de m'épouser. Cela n'est pas bien,
repliquai-je ; & il a tort. Ce ne seroit
rien, reprit-elle, s'il ne m'avoit point eu
d'obligation ; mais c'étoit pour me ré-
compenser d'un Prieuré de trois mille
livres de rente que je lui faisois donner :
se peut-il voir une plus haute ingratitude ?
Vous lui faisiez donner, repartis-je, un
Prieuré de trois mille livres de rente ?
Oui, me répondit-elle, mon pauvre
Monsieur Tigean ; un Prieuré de ce re-
venu-là, auquel Monsieur de Broyonne
a droit de présenter, & dont il m'avoit
laissé la disposition pour celui qu'il me
plairoit. Mais vraiment, lui dis-je tout
étonné, oubliez-vous que je suis votre
tres-humble serviteur, & qu'outre cela
je ne suis pas ingrat envers les gens qui
me font plaisir ? Pourquoi ne songez-
vous pas à moi quand il vous vient de
ces bonnes aubaines ? vous m'avez entendu dire si souvent que si je trouvois un
benefice je me retirerois du Palais : Helas ! dît-elle tout en pleurant, il ne tiendra qu'à vous qu'il ne l'ait jamais, &
qu'on ne vous mette en sa place ; car je
perdrois plutôt corps & ame, que de consentir qu'il en fût pourvu : & s'il l'em-

G

portoit malgré moi par ses artifices, il n'y auroit point de dévolus que je ne fisse jetter dessus. Je sçai assez sa vie pour en venir à bout ; & à l'heure que je vous parle, il est encore entretenu par une vieille bigotte, qui toutes les fois qu'elle veut qu'il aille à certain rendez-vous, met à sa fenêtre un petit linge qu'il voit en passant, & cela leur sert de billet d'avis.

L'invention n'en est pas mauvaise, interrompit Monsieur de Luchéres ; & c'est le moyen de n'être pas trahi par des valets. Croyez-vous donc cela ? dit Madame de Mulionne. Si je le croi, Madame ! repartit Montal ; n'en doutez nullement. Hé ! je le croirois bien, ajouta Mademoiselle de Barbesieux ; car il n'y a rien de plus damné ni de plus méchant que certaines bigottes : & à moi qui vous parle, il n'y a point de pieces qu'une de ces scélerates n'ait faites. Je vous en ferai le conte quand ce sera mon tour à parler.

Pour moi, reprit le Procureur, je songeai à me pourvoir du Prieuré, sans m'arrêter aux choses qu'on me dît de l'Abbé de saint Firmin : & même je ne les écoutai pas trop, car je n'ai jamais pris plaisir à entendre des médisances. Je m'imaginai que tout ce que la Demoiselle sçavoit de lui, étoit l'éfet de quelque fausse confidence qu'il lui avoit faite ; comme c'est l'ordinaire de ceux qui veulent tromper les filles, de leur conter des fables & des bonnes fortunes qu'ils

n'ont eues qu'en idée, afin de les amener
à leur but par cet étalage qu'ils font ta-
citement de leur merite & de leur prouef-
fes.

Ha ! Monfieur le Procureur, s'écria à
ces mots le Chevalier, vos digreffions
nous perdent ; & vous découvrez tellement à ces Dames toutes nos fineffes,
qu'elles feront coufues de fil blanc à l'a-
venir, quand nous voudrons nous en
fervir contre elles. Il eft vrai, ajouta Madame de Mulionne, que c'eft par où ces
traîtres d'hommes commencent, quand
ils n'ofent tout d'un coup parler de leur
paffion. Ils font des hiftoires, comme
dit Monfieur Tigean ; & les bêtes de filles,
qui les dévifageroient s'ils leur avoient
parlé d'amour de but en blanc, fe laif-
fent toucher par l'exemple de ces aventures chimeriques, où ils gliffent infenfiblement le venin de leurs méchantes
maximes qui font une vertu d'un vice ;
& puis voila comme elles fe perdent toutes. Hé Madame, s'écria deux fois Mademoifelle Velzers, faites grace à quel-
ques-unes ; & croyez du moins qu'il y
en a ici qui ne fe laifferoient pas prendre
de la forte. Croyez qu'il y en a, à qui
Monfieur le Chevalier auroit beau conter fes bonnes fortunes, avant qu'elles
fuffent tentées d'en augmenter le nombre. J'en doute, reprit Madame de Mulionne. Morbleu ! Madame, dit ce Chevalier en prononçant l'R bien fort, vous
avez raifon ; car telle qui veut être ex-

ceptée feroit la premiere à s'en laiffer chatouiller. Tu ne manques pas de vanité, lui répondit Monfieur de Luchéres; & je crois Mademoifelle plus infenfible que tu ne dis. Mais, Madame, ajouta la belle Holandoife à Madame de Mulionne, ces contes-là vous ont-ils quelquefois touchée, vous, puifque perfonne n'en échape ? Non, répondit-elle, parce qu'on m'a mariée fi jeune, que je n'en étois pas capable : mais je ne fçais ce qu'ils feroient fi j'étois encore fille, & que je n'euffe pas mon compte. Ah! reprit Mademoifelle Velzers entre fes dents, c'eft donc que vous avez votre compte, j'en fuis bien aife. Cela fit rire la compagnie, & ce fou de Montal relevant encore la chofe; Par ma foi, dît-il, Monfieur le Confeiller, vous devez être bien glorieux de faire ainfi le compte de Madame.

Le bon vieillard dormoit à demi, quand on lui porta cette attaque; cela le réveilla & le fit rougir en même temps. Ha! répondit-il, vous êtes tous de bonnes gens, & vous n'engendrerez jamais de mélancolie. Là-deffus Monfieur le Marquis reprenant la parole, à caufe qu'il voyoit auffi le petit bon-homme prêt à dormir; Meffieurs & Dames, dît-il, Monfieur le Procureur s'ira coucher fi vous ne l'écoutez, car il s'endort. Ha! pardonnez-moi, répondit-il en fe réveillant brufquement, pardonnez-moi; je ne fais pas cette incivilité dans une fi bonne compagnie , & j'acheverai mon recit si l'on veut. Oui, Monsieur Tigean, lui dît-on, on vous en prie.

Je pressai donc la Demoiselle, pour-suivit-il, de m'aboucher avec son Mon-sieur de Broyonne ; qui lui ayant protesté que les médisances de l'Abbé n'avoient pas diminué son amour, lui fit les mê-mes complimens pour moi que pour cet Abbé, & lui laissa tout en sa disposition. Je convins avec lui de lui faire une do-nation de quatre mille livres comptant en avancement de ma succession à la-quelle je voulois qu'il eût part, pour marque de la longue amitié qui avoit été entre nous. Laquelle donation étoit de ces simonies à la mode, par la subtilité desquelles on a trouvé le secret de ne se plus damner qu'au seul jugement de Dieu, en se sauvant dans l'opinion des hommes. Et je dois bien me consoler sans doute d'avoir perdu cet argent ; car encore valoit-il mieux que je le perdisse que mon salut. Voila de bons sentimens, Monsieur Tigean, lui dît le Conseiller ; & vous ne pouvez manquer de regagner ailleurs votre argent, tandis que vous les aurez. Helas, Monsieur ! répondit-il, je n'y songe plus : puis reprenant le fil de son discours ; Aprês que j'eus, dît-il, fait cette belle donation, mon Gentil-hom-me me dît qu'il ne vouloit point toucher mon argent que je ne me fusse bien in-formé de lui, ce que le traître faisoit afin de me piquer d'honneur, & que je le lui

comptaſſe plus-tôt, comme je fis, en lui
diſant qu'il ſe moquoit de moi. Je ne penſois pas dire ſi vrai. Ce n'eſt pas que je
ne me fuſſe déja informé de ce Prieuré:
on m'avoit même fait réponſe du convent, qu'en éfet, Monſieur de Broyonne
en étoit le patron; mais ce n'étoit pas le
Broyonne que nous connoiſſions Mademoiſelle de Beffemont & moi. Quoi qu'il
en ſoit, la préſentation faite & mon argent touché par ce fourbe, j'envoyai en
Cour de Rome pour mes Bulles. Cependant mon homme qui n'avoit attendu
qu'aprês mes louis pour ſe marier, épouſa
la nymphe qui lui compta auſſi ſes deux
mille écus, dont il donna bonne quittance. Nous étions les meilleurs amis du
monde. Je les traitois encore tous les
jours, & ne me ſentois pas d'aiſe, de
ſonger qu'on m'appelleroit à l'avenir
Monſieur le Prieur. J'en donnai avis à
tous mes amis qui m'en feliciterent;
& il n'y eut pas juſqu'à une Dame, laquelle ne m'avoit jamais voulu avouer
pour ſon parent étant Procureur, qui
commença à m'appeller mon couſin à
tour de bras devant tout le monde, dans
l'eſperance peut-être que le Prieuré re-
tourneroit un jour à Monſieur ſon fils.
Quand mon argent ne m'auroit valu que
cette reconnoiſſance illuſtre, encore eſt-
ce quelque choſe. Ces réjouiſſances pu-
bliques durerent bien ſix ſemaines; aprês
leſquelles elles furent augmentées par
l'arrivée des Bulles. Alors Monſieur de

Broyonne songea à me faire partir pour aller me mettre en possession, & pour mener en même temps sa nouvelle épouse dans ses biens de Languedoc. Je fus deux jours à recevoir les adieux & les complimens de tous mes amis, & à en traiter à bouche que veux-tu, tout autant qu'il en venoit ; ce qui je croi, m'en attiroit le plus grand nombre. Après cela je me mis en chemin pour ce beau voyage dont je fis encore les frais, donnant les violons tous les soirs par dessus le marché à nos mariez, & aux filles des bourgs & villages où nous gîtions, pour commencer la vie de la pluspart des autres beneficiers ; & nous arrivâmes dans cette gayeté à une journée près du Prieuré. Là, notre homme nous dît qu'il faloit qu'il nous devançât, pour aller donner ordre à ma reception ; & m'ayant recommandé d'amener doucement sa chere femme, à qui il dît adieu fort tendrement, le galant fendit le vent avec mes quatre mille francs & les deux mille écus de la nouvelle Dame de Broyonne, & je croi que de notre vie nous ne le reverrons. Cependant je suivis ma route le lendemain avec la Demoiselle, que je remerciai encore tête à tête plus de mille fois de la bonne affaire qu'elle m'avoit fait faire : à quoi elle se tuoit de répondre par d'autres complimens remplis d'une si tendre amitié, que cela me tiroit des larmes de reconnoissance.

Mais, dît Montal ; étant comme cela

seul avec une jeune mariée, Monsieur le Procureur ne la cajolloit-il pas un peu? Hé mon Dieu! Monsieur, répondit le bon petit homme, si je m'en fusse mêlé elle m'eût trouvé aussi fourbe en amour que son mari l'étoit en autre chose; car ce n'est pas à mon âge que l'on y peut avoir de la sincerité. Mais enfin, continua-t-il, nous arrivâmes le lendemain sur le soir au Prieuré; & sur ce que je déclarai le sujet de ma venue, on me reçut avec de grands témoignages de joye & de respect. On mit Madame de Broyonne dans l'appartement destiné aux Dames qui survenoient; pour moi, on me logea en pompe & ceremonie dans celui de Monsieur le Prieur: où si je ne dormis guere à cause de ma joye, du moins je dormis mieux que la nouvelle épouse, qui ne pouvoit deviner pourquoi son mari n'étoit pas encore arrivé au convent. Les Religieux, ravis que leur patron eût fait choix d'une si belle femme, la consolerént le mieux qu'ils purent, & lui dirent qu'il la viendroit peut-être surprendre agreablement le lendemain dês le grand matin: ce qui arriva. Mais ce fut le diable, ce n'étoit point notre homme: c'étoit le veritable Monsieur de Broyonne de Toulouse, qui étoit revenu de Paris presqu'en même temps que nous, & qui fut bien étonné d'être marié sans le sçavoir, & d'avoir nommé un Prieur sans s'en ressouvenir. On l'amena à sa prétendue femme qui

ne le connut point, & qui n'avoit garde
de le connoître. On me l'amena aussi,
& on me demanda en vertu dequoi j'é-
tois Monsieur le Prieur. Je montrai mes
provisions. Les bulles étoient vrayes,
mais la présentation étoit fausse ; & par
conséquent on me dît que j'étois un fourbe. Quelques Religieux qui aimoient
bien à fesser, dirent que je meritois qu'on
me fît faire une promenade à l'entour
du convent ; & puis qu'on me mît sous
le bras seculier, pour servir d'exemple.
Le veritable Monsieur de Broyonne, qui
reconnut bien que nous avions plus-tôt
la mine d'avoir été fourbez que d'être
des fourbes, nous sauva cet affront à la
jeune épousée & à moi ; & il falut que
nous prissions patience. Voila, Mesdames, l'histoire dont Madame de Mulionne a voulu rire encore une fois ; mais
je vous conseille à tous d'aller vous coucher, cela vous fera plus de bien que
toutes les reflexions que vous pourriez
faire sur mon aventure.

LIVRE QUATRIE'ME.

TOute la compagnie suivit le conseil du petit bon-homme Tigean. Les Dames un peu fatiguées de n'avoir pas bien dormi la nuit précedente, à cause du changement de lit, se retirerent volontiers à l'exemple de Monsieur le Conseiller qui se faisoit déja conduire dans son appartement sans dire mot; & le Marquis de Riberville, & le Chevalier de Montal en firent de même. Mais le lendemain tous se rassemblerent dans la chambre de Madame de Mulionne, pour sçavoir à quoi on passeroit le temps ce jour-là, qui étoit un des plus beaux jours de l'été; il n'y eut que Monsieur de Luchéres que ses affaires avoient obligé de s'en retourner dês le point du jour.

D'abord on y proposa cent sortes de divertissemens; mais comme on sembloit embarrassé au choix, Monsieur Tigean sçut résoudre la difficulté, en disant qu'il faloit commencer par un bon déjeuner. Allons, dît le vieux Conseiller, Monsieur Tigean a raison; qu'on nous apprête quelque chose, un doit d'excellent vin nous pourra donner conseil. Le déjeuner fut aussi-tôt préparé dans la salle, où

chacun alla se rendre : la joye s'y réveilla
avec l'appetit, mais on ne put tromper
pour la seconde fois le petit bon-homme
Procureur avec un autre verre qu'on lui
avoit presenté, dans le pied duquel le
vin s'enfuyoit quand on le portoit à la
bouche. On ne trompe pas deux fois de
suite un Procureur en Parlement, dît-il ;
& c'est lui qui attrape les autres. Il est
vrai, lui répondit en riant Mademoiselle de Barbesieux, que vous attrapâtes
bien l'homme au Prieuré. Et à propos,
dit Madame de Mulionne, nous laissâmes
hier achever cette histoire, sans plaindre Monsieur Tigean de son infortune.
Helas ! ajouta-t-elle, ce pauvre Monsieur
Tigean ! il est si honnête homme. Oui,
je croirois assez ce que vous dites, reprit
Mademoiselle de Barbesieux. Oh ! s'é-
cria Madame de Mulionne, personne
n'en doute, & tel que vous le voyez il
n'a jamais fait aucune fourberie depuis
quarante ans qu'il fait sa profession, ce
qui est une chose presque inconcevable.
Vous pensez railler ici mon Procureur,
dît le Conseiller ; mais il est vrai, sans
offenser les autres, que je n'en ai point
connu de plus consciencieux que le petit
bon-homme Tigean, & que c'est pour
cela que je l'aime. Monsieur, répondit-
il, je dois à votre seule bonté la bonne
opinion que vous avez de moi. Fort
bien, dît Montal, qui se vint mêler à cet
entretien ; mais malgré la bonne opinion
qu'on a de lui, vous verrez qu'avec toute

fa confcience ce Monfieur Tigean ne laif-
fera peut-être pas de fe confoler de la
perte de fes quatre mille francs aux dépens de la Demoifelle de Beffemont qu'il
a ramenée à Paris, & qu'au hazard de la
fourber il lui fera l'amour. Hé, mon
Dieu! Monfieur, lui repartit brufquement & plaifamment le petit homme,
j'ai deux fois votre âge, & je ne fuis
point courtifan ; mais quoi que j'aye dit,
peut-être la fourberois-je encore moins
que vous ne fourbez vos maitreffes? car
fouvent ce qui reluit n'eft pas or, & les
femmes ne fe contentent point de babil.

Un éclat de rire s'éleva à ces mots, &
rendit Montal quelque temps affez interdit, parce qu'il ne s'étoit pas attendu
à cette replique : mais enfin Madame de
Mulionne, craignant que ce défi du Procureur ne portât le Chevalier à une converfation un peu trop libre, comme la
matiere fembloit l'y engager, le tira
d'affaire en mettant une autre matiere
fur le tapis. Hé bien, dit-elle, que fe-
rons-nous donc aujourd'hui ? conterons-
nous encore des hiftoires? tout le monde
n'a point fatisfait à la loi que nous fîmes
hier. Non, Madame, lui répondit le
Marquis de Riberville, qui jufques-là
avoit entretenu paifiblement fa Clélie;
N'y eût-il que vous. Ho! pour moi, repliqua-t-elle, je n'en fçais point, & comme j'ai déja dit, nous n'avons point fait
l'amour mon mari & moi avant que de
nous marier. Mais, Madame, dît le Che-

valier, eſt-ce que vous n'auriez pu faire d'amans depuis votre mariage ? Sauf la reverence de Monſieur le Conſeiller, ajouta-t-il en folâtrant, vos yeux n'ont pas été faits pour le viſage d'une Dame, qui ait du être ſans ſoupirans juſqu'ici ; & ſi je croyois que vous n'en euſſiez point, je deviendrois votre galant dês à preſent en preſence même de Monſieur votre mari.

Monſieur, repliqua le Conſeiller en ſouriant, ne lui faites point cet honneur, je vous aſſure qu'elle en a d'autres que vous, & même de plus preſſans. J'aime Monſieur le Conſeiller, dît Mademoiſelle de Barbeſieux, d'être comme cela de bonne foi. Hé bien, Madame, pourſuivit-elle, en s'adreſſant à Madame de Mulionne, vous nous conterez donc, s'il vous plaît, l'hiſtoire de vos amans puiſque vous en avez, & vous ne pretendrez pas vous diſpenſer de la loi qui a obligé les autres de conter leurs aventures. Ha ! répondit Madame de Mulionne, c'eſt moi qui ai fait la loi, & le legiſlateur eſt au deſſus d'elle. C'eſt pourtant bien notre intention, repartit Montal, qu'elle ſera au deſſus de vous ; & que vous nous direz même tout à l'heure quels ſont ces amans-là, autrement nous publierons que vous avez dés intrigues ſi honteuſes, que vous n'oſeriez les avouer. Ah ! dit le Marquis de Riberville, je ne penſe pas que ce ſoit ce que Monſieur le Conſeiller apprehende,

& je croi qu'il eſt bien aſſuré de Madame
ſon épouſe. Ma foi, dit le bon vieillard,
il n'y a qu'heur ou mal-heur à cela, &
les femmes ſont fidelles ou infidelles ſe-
lon les occaſions. Lucréce étoit la plus
cruelle femme de Rome, & elle ne laiſſa
point de ſe rendre avant que de ſe tuer.

A ces mots, Madame de Mulionne
vouloit répondre ; mais la belle Mademoiſelle d'Arviane qui entendit parler
mal de Lucréce, prenant la parole pour
dire qu'il ne devoit point faire ce tort à
cette Romaine, lui dît ſerieuſement qu'il
ſe trompoit : c'eſt à dire que la pauvre
fille retomba peu à peu dans ſon extravagance. Cependant le Conſeiller,
qui ignoroit encore les viſions qu'elle
avoit, & à qui l'on ne pouvoit, ou plus-
tôt à qui l'on ne vouloit point dire par
malice qu'elle étoit hypocondre, afin
d'avoir le plaiſir de leur diſpute ; ſoutint
toujours que Lucréce ne s'étoit tuée que
de honte d'avoir bien voulu donner ce
qu'on lui avoit demandé. Mademoiſelle
d'Arviane lui ſoutint avec aigreur que
cela étoit faux, ce qu'il reçut quelque
temps aſſez en galant homme ; mais à la
fin il s'en fâcha croyant qu'elle vouloit
le tourner en ridicule. Il lui remontra
toutefois auparavant que dans Tite-
Live, & dans tous les autres hiſtoriens
qui avoient parlé de cette Dame Romaine, la même choſe s'en trouvoit écrite ; mais elle lui répondit que Tite-Live
& tous les autres en avoient menti : &

fur ce qu'il vouloit encore ouvrir la bouche pour dire quelque chofe, elle ajouta
tout en colere; Allez, cela eft infame,
& il n'appartient qu'à un vieux Senateur
corrompu, comme vous, qui a toujours
été dans le parti des Rois, & qui eft ennemi de la liberté du peuple, de desho-
norer de la forte la memoire de la chafte-
té même. Il y avoit affez dequoi foupçonner que celle qui faifoit de tels reproches n'avoit pas l'efprit bien reglé;
mais le bon-homme étoit lui-même tout
étourdi de voir que la compagnie fe tuoit
de rire, au lieu de l'éclaircir. Il s'alla
mettre encore dans l'efprit qu'on lui re-
prochoit qu'il avoit été fidele au Roi durant les barricades; au lieu que la malade
le prenoit pour un Senateur Romain. Ce
chapitre, fur lequel il étoit tres-délicat,
lui ayant fait monter le fang au vifage,
il dît qu'il ne fe repentoit point d'avoir
été contre les frondeurs, & qu'il feroit
ferviteur du Roi jufqu'à la mort. Les
éclats de rire fe redoublant à tous ces *qui-
pro-quos*, redoublerent auffi fon defordre:
en forte que dépité contre tout le monde, & plein d'une colere épouventable,
il fit figne au petit bon-homme Procureur de fortir avec lui de la falle, fit
mettre les chevaux au carroffe; & avant
que la compagnie, qui rioit encore en le
cherchant ailleurs que là où il étoit, fe
pût appercevoir de fon deffein, il reprit
le chemin de Paris.

Comme on crut que fon départ pouroit chagriner Madame de Mulionne, cette aventure modera tout d'un coup les éclats de rire, que rien jufques-là n'avoit pu appaifer ; mais lorfqu'on reconnut que cette Dame n'en étoit pas fort affligée, on ceffa auffi de s'en inquieter ; & on dît que la converfion fe trouvant plus libre, elle ne pouvoit être que plus enjouée. Elle dît elle-même que cela feroit caufe qu'elle feroit à la compagnie l'hiftoire de fes aventures galantes, qu'elle n'eût jamais ofé faire en préfence de fon mari. Cependant elle donna ordre que la malade fût traitée comme il faut. La colere où l'interêt de Lucréce avoit mis cette pauvre fille, rendoit l'accês de fa fiévre plus violent que le dernier qu'elle avoit eu ; & c'étoit pitié & plaifir tout enfemble, d'entendre les plaintes qu'elle faifoit encore contre Monfieur le Confeiller, de ce qu'il avoit parlé contre Lucréce. Mais ce qui étonna le plus la compagnie, ce fut que le Marquis voulut demeurer auprês d'elle ; lui voulut lui-même porter fon bouillon ; & lui rendit tant de foins, qu'il le falut arracher de là pour l'obliger de fe joindre à la compagnie qui avoit fait deffein d'aller dîner dans le petit bois ; encore ne s'y fût-il pas refolu, fi ce n'eût été pour laiffer fa Clélie en état de repofer plus facilement, fi par hazard l'envie lui en pouvoit prendre.

On l'en railla d'auffi loin qu'on le vit revenir de la chambre de cette belle malade, & Mademoiselle de Barbesieux lui dît : A ce que je vois, Monsieur le Marquis, c'est donc tout de bon ; mais prenez-vous garde, continua-t-elle, que ce n'est pas peu d'avoir Monsieur Aronce pour rival ? Je ne vous conseille pas de vous engager si avant dans votre amour, que vous ne puissiez par après vous en retirer comme vous voudrez. Ne me faites pas plus de peur que je n'en ai, répondit-il en souriant, je crains assez de l'aimer à la fin plus que je ne voudrois, & qu'elle n'y réponde pas autant que je voudrai. Ce seroit un grand supplice pour vous, lui dît Madame de Mulionne ; & si l'exemple d'un mal-heureux amant que j'ai, pouvoit quelque chose pour votre guerison, pendant qu'il en est peut-être encore temps, j'offre de vous en conter l'histoire tout à l'heure, mon pauvre Monsieur le Marquis. Hé bien, contez-la Madame, lui répondit-il du même ton doucereux dont elle lui avoit parlé ; nous verrons si cela me fera du bien. Ecoutez-moi donc aussi vous autres, dît-elle à Montal & à Mademoiselle Velzers, qui se parloient tout bas ; puis elle commença ainsi.

Histoire de Monsieur de Greaumont & de Madame de Mulionne.

L'hyver passé je fus à un bal où se rencontra un jeune cavalier fort bien fait, & qui attiroit les regards de toute l'assemblée, à cause de sa bonne mine & de sa beauté. C'est assez vous dire que je l'admirai aussi. Il me vint prendre pour danser, & augmenta par les fleurettes qu'il me dît, l'estime que j'avois déja conçue pour lui; mais un quart-d'heure aprês, je me trouvai mal pour avoir souffert qu'il s'approchât trop de moi. Qu'on n'explique pas toutefois ceci à son desavantage ni au mien; c'est qu'il portoit sur lui certaine senteur de rose pour laquelle j'ai eu toute ma vie une aversion particuliere, par un caprice de mon temperament: & quelques vapeurs que cette senteur avoit excitées, se mêlant ensuite à ma maladie, je fus obligée de sortir du bal pour m'en retourner promptement au logis. Cependant il m'arriva la plus étrange aventure dont vous ayez jamais oui parler. Mes laquais n'ayant pas eu le loisir d'allumer leurs flambeaux, & étant sortis pour appeller mon cocher; un autre cocher qui dormoit sur son siege se réveilla à leurs cris. Celui-là ayant crû que c'étoit lui qu'on appelloit, parce qu'il se nommoit comme le mien, fit vîte avancer son carrosse sans sçavoir quasi ce qu'il faisoit, tant il étoit endormi. Trompée de mon côté aussi-bien que lui, & mon mal ne m'ayant pas permis de rien examiner, je me jettai dedans avec ma suivante; & ainsi, quelque temps aprês, je fus menée dans une maison que je ne connoissois point. Qui fut bien étonnée, ce fut la pauvre fille que j'avois avec moi, quand elle reconnut la mé-

prise , & que cependant mon mal augmentoit de plus en plus. Le cocher pe-
stoit d'ailleurs contre nous , dans l'ap-
prehension que cette bevue ne donnât
occasion à son maître de s'impatienter si
venant à sortir du bal il ne trouvoit pas
son carrosse. Et enfin ce brutal m'eût je
croi laisée mourir sans secours ; mais
par bonheur Madame de Greaumont,
mére de celui à qui étoit le carrosse , laquelle jouoit encore dans sa chambre
avec une de ses parentes , envoya sçavoir
pourquoi ce cocher faisoit tant de bruit.
Ma suivante apprenant qu'il y avoit des
femmes dans cette maison , implora leur
assistance pour moi , dont elle dît le nom
& l'aventure , & pria qu'on me fît mettre sur un lit. Madame de Greaumont,
qui étoit une des plus obligeantes femmes du monde , ayant appris ces nouvelles descendit aussi-tôt avec sa parente,
& fit ouvrir la chambre de son fils , qui se
trouva la plus proche & la plus commode. Elle y fit allumer bon feu , m'en-
couragea & me plaignit tout ensemble,
& me fit porter sur le lit de son fils même , qui étant arrivé peu de temps aprês
fut fort étonné de voir une jolie femme
dans son lit ; & plus encore lorsqu'il me
reconnut pour celle avec qui il venoit
de danser au bal.

Quoi, Madame, dît le Marquis, c'é-
toit ce beau garçon dont vous nous avez
parlé au commencement , qui étoit le
fils de la maison ? Oui , reprit-elle, c'é-

toit lui-même, qui s'appelloit Monſieur de Greaumont auſſi. Ah! dit Montal, j'attens avec impatience de ſçavoir le compliment qu'il vous fit. Le même que peut-être vous m'euſſiez fait, ſi vous euſſiez été en ſa place, répondit Madame de Mulionne. Ma foi, Madame, reprit-il, j'en doute, & vous ne le diriez pas ainſi : car je ſçai bien ce que je vous aurois fait, ſi je vous avois trouvée dans mon lit.

Ce jeune homme, pourſuivit-elle, qui étoit du moins auſſi fou qu'il étoit beau, qui, comme Monſieur le Chevalier de Montal, s'imaginoit que toutes les femmes duſſent être amoureuſes de lui ; qui ſe faiſoit une vertu d'une veritable éfronterie, & qui croyoit qu'on ne réuſſiſſoit auprês de nous que par là : à qui enfin j'avois plu au bal, pour rendre cet aventure plus rare ; & qui y avoit fait des extravagances épouventables, à ce que j'ai ſçu depuis, en parlant de moi à ſes amis ; accourut à ſon lit comme un inſenſé dês qu'il ſçut que j'y étois, & ſe panchant malgré moi ſur mon viſage : Ah! Madame, me dît-il aſſez bas ; mais avec un tranſport qui étonna ſa mere & qui me ſcandaliſa extrêmement ; qu'eſt-ce que l'amour veut faire de nous ? & qui m'eût dit il y a une heure dans le deſeſpoir où m'avoit mis votre ſortie du bal, que je vous retrouverois dans mon lit ; où, peut-être temerairement, ajouta-t-il avec des paroles entrecoupées de ſoupirs, mon cœur vous a déja souhaitée trop de fois en secret ? Cette passion étoit bien violente, dit le Marquis en riant. Mon mal pressoit pendant qu'il me contoit ces folies, reprit-elle, & mes sens étoient presque tout engourdis par les vapeurs qui m'étouffoient ; mais je vous assure que cette action ne servit pas peu à me faire revenir : & j'en fus si étonnée, que j'en devins plus rouge que du feu de pâle que j'étois auparavant. Monsieur, lui répondis-je en trouvant des forces pour le repousser, ce ne put être toutefois qu'au trois ou quatriéme baiser qu'il m'avoit, je pense, déja donné ; Vous n'avez, dis-je, pas bien songé à ce que vous faites, & je ne sçai pour qui vous me prenez. Je n'imputois qu'au hazard, le malheur d'avoir été conduite en une autre maison que la mienne ; mais je reconnois bien enfin que la méprise des carrosses est une trahison que vous m'avez faite. Puis, voyant que ni sa mere ni ma suivante, ni tous mes éforts ne pouvoient l'empêcher de me baiser encore ; Insolent, lui criai-je, arrêtez-vous, ou je vous ferai connoître que vous n'avez point affaire à qui vous pensez. Madame de Greaumont le querella aussi bien fort ; lui demanda de quelle trahison je l'accusois, & s'il sçavoit bien que j'étois une femme de qualité, qui meritois d'être traitée avec plus de respect. Ma suivante, indignée de l'affront qu'il m'avoit fait, lui en témoigna aussi des ressentimens ;

de sorte que ce pauvre garçon, qu'un excês d'amour & de bonne fortune avoit veritablement aveuglé, en lui offrant dans son lit une femme qu'il ne haïssoit pas, demeura assez interdit lorsqu'il commença à se reconnoître.

Il tâcha pourtant de colorer son action, & la voulut faire passer pour une galanterie prémeditée, pour contribuer, disoit-il, à ma guerison. Car, ajouta-t-il le plus gayement qu'il put en parlant à Madame sa mere ; avoir à se défendre d'un baiser aussi peu respectueux que celui que j'ai donné à Madame, c'est une grande affaire qui rappelle tous les sens ; & il n'y a rien de si souverain contre les défaillances. Mais quand il vit que je me jettai à bas du lit, & que je priai Madame de Greaumont d'achever de me rendre son obligée, en me renvoyant chez moi, ce fut un coup de foudre pour lui, & toute sa galanterie s'évanouit. Je pense qu'il avoit la sotise de s'imaginer que je devois être dans son lit toute ma vie.

Il ne me reconduisit pas, je ne le voulus point permettre ; mais le lendemain je reçus un poulet de sa part à mon lever ; je ne sçais si je pourrai le rapporter en mêmes termes ; mais ce sera toujours à peu près. Le voici avec le même titre qu'il y avoit mis.

A CELLE QUI M'A RAVI MON COEUR.

Avez - vous bien dormi cette nuit,

Madame ? Je vous trouve bienheureuse si cela est. Pour moi, je n'ai fait que penser à vous & aux moyers de vous tènir encore au même lieu où vous m'appellâtes hier insolent. Helas ! Madame, vous y languissiez de douleur, & je pourrois vous y voir languir de plaisir. Etes - vous de celles qui s'offensent qu'on les aime avec transport, & qu'on leur dise tout d'un coup les pensées que leur beauté a fait naître ? Non, Madame, vous avez trop d'esprit, & il faut que vous m'aimiez. Hier vos yeux me parlérent en amis de cette affaire. Ils me dirent veritablement que vous étiez une tres-belle Dame ; mais ils m'apprirent aussi que j'étois assez beau garçon, & qu'ils avoient du plaisir à me voir. J'ai sçu d'ailleurs que vous avez un vieux mari. Tout cela, Madame, vous prescrit ce qu'il faut que vous fassiez. J'ai à vous dire encore que l'on me croit si folàtre dans le monde, qu'on ne me soupçonnera jamais d'avoir une affaire si serieuse. Ne perdons point de temps, Madame, il n'appartient qu'aux filles de laisser languir un amant, parce qu'elles ont leurs raisons ; & cela est endigne d'une belle femme.

Cet homme-là étoit fou, dît Mademoiselle de Barbesieux. Non, lui repartit

le Marquis, je croi plutôt qu'il avoit
réuſſi auprês de quelques femmes par
cette liberté ; car il y en a de telles que le
badinage & l'éfronterie gagnent dix fois
plutôt que tous les ſoins qu'on leur peut
rendre ; & le galant s'imagina ſans doute
que Madame de Mulionne ſe prendroit
par là. Vous l'avez deviné, dit-elle au
Marquis ; mais le mal qu'il y eut pour
lui, fut que les impertinences n'avoient
jamais merité de moi que des ſoufflets ;
(ces mots s'adreſſoient à Montal) & que
cependant, ajouta-t'elle, j'avois donné
effectivement de l'amour à ce petit jeune homme, ce qu'il n'avoit pas ſenti pour
celles auprês de qui il avoit peut-être
réuſſi. Cela ſervit auſſi à me venger comme il faut de ſon inſolence : car dans la
colere où ſon procedé m'avoit miſe, dês
que je m'apperçus qu'il en tenoit tout de
bon, il n'y eut point de fierté, point de
mépris qu'on ne me vit affecter, afin de
rabatre un peu ſon orgueil. Il eut beau
changer de façon de vivre avec moi, &
devenir enfin auſſi reſpectueux, & auſſi
timide, qu'il avoit été hardi & éfronté ;
je n'eus jamais pour lui une douce parole : je ravalai toujours les plus belles
choſes qu'il diſoit ; je favoriſai de mon
entretien tous ceux qu'il en croyoit moins
dignes que lui ; bref, je lui fis tant de
maux, qu'environ un mois aprês je fus
la cauſe qu'un homme que je lui avois
preferé dans un bal penſa être tüé. Voici
comment ce malheur arriva.

Le

Le Baron de Greaumont (car c'étoit un Baron) m'obfedoit continuellement ; & en quelque lieu que je me trouvaffe avec lui, y eût-il des Princeffes, j'avois toujours fes premiers hommages & fes premiers foins. Il penfa donc me prendre à ce bal pour danfer le branle, & même par préference à la Marquife de Samé qui le vouloit danfer avec lui ; mais je lui refufai ma main pour la donner à une autre dont je fçavois qu'il étoit jaloux, quoiqu'il valût autant l'être d'un cheval de carroffe. Mon petit Baron eut bien de la peine à digerer cet affront ; & je ne paffois pas de fois devant lui, quand quelqu'un menoit le branle où enfin il s'étoit fourré avec une autre, qu'il ne me jettât à la traverfe quelques plaintes qui fentoient l'indignation. Mais comme j'étois curieufe de fçavoir jufqu'où pourroit aller la patience d'un homme qui avoit été fi libertin, car j'ai oublié de vous dire qu'à peine aimoit-il deux jours fes maitreffes ; je n'arrêtai pas encore là mes cruautez. Etant venu une autrefois me demander ma main pour danfer une courante, je la lui donnai bien, pour ne rendre pas toute l'affemblée témoin d'un petit jeu que je voulois qui ne fût qu'entre nous ; mais je ne lui rendis pas fa courante : & lorfqu'on m'eut reprife pour danfer, j'allai encore prendre fon benêt de rival au lieu de lui ; ce qui penfa le faire defefperer.

Auffi la colere prit pour un temps la
H

place de l'amour : & voyant que fon rival me donnoit la main pour me remener à mon carroffe aprês que le bal fut
fini ; Madame, me dît-il tout haut affez
fierement, *j'ai l'école des femmes dans ma poche, & je vous la ferai lire quand vous voudrez.* Je devinai ce qu'il vouloit dire par
là, quoiqu'il eût cité affez mal à propos
cette école des femmes, qui étant celle
de Moliere ne pouvoit être appliquée à
fon fujet. Il lui avoit fuffi, fans doute,
de croire qu'en parlant d'école, on pré-
fuppoferoit que je meriterois d'y aller
pour apprendre à vivre ; mais quoiqu'il
en foit, ce furent fes propres termes. Son
rival, qui fe crut obligé de lui repartir,
lui dît d'un ton affez doux : Monfieur, ce
n'eft pas là le moyen de gagner Madame.
Oh ! vraiment, reprit le petit emporté,
je le fçai bien, & je ne la gagnerai jamais, à moins que je ne devienne auffi fot
que vous. De ces paroles ils en vinrent
à de plus hautes ; ils fe querellerent, mirent tous deux l'épée à la main : mais le
fot fut toujours fot, & rendit fon épée
au Baron qui la lui rejetta par dedain.
Cependant le vaincu avoit été bleffé, &
le combat faifoit du bruit. Mon galant
fut contraint de fe cacher, en forte que
j'eus fujet d'apprehender que cette abfence ne me fit perdre un amant fi paffionné : cependant j'en reçus le lendemain un autre billet, à peu prês conçu
en ces termes.

Je me suis caché, Madame, & je tâche d'éviter la mort qu'on merite en tirant l'épée contre les défenses du Roi ; parce que si j'ai à mourir bien-tôt, je veux que ce ne soit que d'amour : mais je jure aussi que j'en mourrai à vos pieds, ou que vous me traiterez mieux. Quoi, ingrate ! j'ai plus soupiré pour vous que pour dix autres : Vous êtes la premiere, s'il le faut dire, pour qui j'aye senti un veritable amour. J'ai toujours été preferé où je l'ai voulu être ; & à la vue de tout le monde vous me preferez un sot ! Ah ! j'en suis dans un desespoir furieux ; & si un homme comme lui est digne de vos faveurs, je meurs de dépit de ne pouvoir m'empêcher d'y aspirer. Au moins, cruelle, (& croyez que c'est avec des pleurs d'amour & de rage que je vous écris ceci ; car vous m'avez mis dans un état à faire pitié) qu'il ne me soit pas plus difficile de lui ôter un jour votre estime, qu'il me le fut hier de lui ôter son épée.

Ces lettres-là, dît Mademoiselle de Barbesieux, sont vraiment fort plaisantes ; & je commence à aimer assez ce stile mutin. Hé bien, quelle réponse y fîtes-vous ? Bon ! dit Madame de Mulionne, vous vous moquez de moi de croire que je fusse assez sotte pour répondre à de telles folies. Est-ce que vous y répon-

driez vous autres filles ? Quel mal y trou-
vez-vous, reprit Mademoiselle de Bar-
fieux, quand ce n'eſt que pour ſe divertir ? car auſſi-bien ne receviez-vous pas
ces lettres-là comme un myſtere, & vous
en faiſiez part à vos amis. Aſſurément,
dît Madame de Mulionne ; cependant je
faiſois ſemblant de les rompre & de les
jetter au feu en preſence de ſon laquais,
afin qu'il le lui redît, & que cela lui fît
plus de peine : & pour cet éfet je brulois
de petits morceaux d'autre papier. Mais,
Madame, interrompit la belle Hollandoiſe, vouloit-il plaiſanter quand il vous
écrivoit en ce ſtile folâtre ? Nullement,
répondit Madame de Mulionne, il parloit
le plus ſerieuſement du monde ; & c'é-
toit de tout ſon cœur qu'il me menaçoit
ou qu'il m'injurioit. Ah ! reprit la
Hollandoiſe en riant, c'étoit un tréſor
pour vous, Madame ; & vous avez du
avoir bien du plaiſir d'un amant de ce
caractere. Oui, reprit Madame de Mulionne, j'en ai eu bien du plaiſir dans le
commencement ; mais il me fatigua dans
la ſuite, parce que ſon extravagance alla
trop loin.

On n'eut pas beaucoup de peine à accommoder l'affaire du combat que l'on
conſidera comme une rencontre ; & ainſi
mon galant recommença à paroître. A
quelque heure qu'on voulût, depuis,
voir le Baron de Greaumont dans ma
rue, on l'y trouvoit vis-à-vis de ma porte, couché en une poſture de fou, dans

son carrosse, de l'autre côté du ruisseau :
& à peine quittoit-il son poste une de-
mie heure le jour pour aller dîner. Pas
un de mes laquais ne sortoit qu'il ne
l'appellât & ne lui recommandât de me
dire quelque chose à son retour : & enfin
il en fit tant, que Monsieur le Conseiller
touché de pitié plus que moi, ou si vous
voulez par politique , aima mieux me
commander de le recevoir, que de le voir
là planté à tous momens. Je fus toute
étonnée qu'il me l'amena un jour lui-
même dans ma chambre, où j'étois avec
deux de mes amies. Un criminel qu'on
mene à son juge n'est point plus pâle,
que l'étoit ce martyr d'amour ; & exprès
pour augmenter son trouble , je dis à
mon mari avec un grand serieux ; Sçavez-vous bien , Monsieur , qui vous m'a-
menez , & que c'est un homme amoureux de moi, à faire tous les jours mille
extravagances ? Madame , me répondit
ce pauvre homme en tremblant ; Monsieur le Conseiller n'ignore pas quelle
violence vous faites à l'ame de ceux qui
vous ont une fois regardée : & s'il n'approuve pas ce que je fais, il n'approuve
point aussi que vous jettiez dans le desespoir un miserable qui ne souhaite de
vous autre chose que le plaisir de vous
voir. Non , ma femme , ajouta mon mari, qui avoit peine à se tenir de rire ; &
puisque Monsieur le Baron ne veut que
vous voir , laissez-vous voir tant qu'il
voudra. A ces mots il nous laissa tous ensemble

H iij

Quoi Madame ! dît alors Mademoiselle de Barbesieux, il est possible qu'un
homme aussi galant & aussi plein d'esprit que vous nous avez dépeint le Baron de Greaumont au commencement
de votre histoire, ait été si stupide que
de s'être vu le jouet de quelqu'un, sans
s'en être apperçu, ou du moins sans que
la honte & le dépit l'ayent guéri ? Ce
sont ces Messieurs les spirituels, répondit Madame de Mulionne, qui sont d'ordinaire les plus sots quand ils viennent
à bien aimer. Et ne sçavez-vous pas aussi
que l'amour croît par la resistance ? Vous
vous étonnez de ce que je vous dis là,
poursuivit-elle en riant, parce que peut-
être vous avez moins resisté à vos amans
que je n'ai fait au mien ; mais c'est votre
faute, & que vous êtes toutes des fri-
ponnes. Madame, dît le Marquis, il ne
seroit pas besoin que toutes les Dames
fussent aussi cruelles que vous, ni qu'elles missent leurs amans à une si terrible
épreuve. Pour moi, reprit Madame de
Mulionne, je n'ai pas de plus grand plaisir que de voir ces insolens & ces présomptueux qui ont si bonne opinion
d'eux-mêmes, aimer sans être aimez ; &
je vous avoue que je compte entre mes
bonnes fortunes l'avantage d'en avoir
sçu reduire un au desespoir. Mais, Madame, dît le Chevalier de Montal, qui
vous a dit que votre Baron ne feignoit
point toutes les extravagances qu'il faisoit, voyant qu'il faloit des ceremonies

pour vous avoir ? Ah ! reprit Madame
de Mulionne, je vous répons que ce n'é-
toit pas feinte ; & vous allez tout à l'heure en tomber d'accord.

Après que mon amoureux eut passé
quelques mois à me suivre par tout, sans
rien avancer , & sans avoir même jamais
pu trouver l'occasion de me parler à son
gré en particulier, il s'avisa un soir de
se couler subtilement dans mon appartement ; il s'y cacha sous mon lit, me vit
deshabiller à son aise, me vit coucher ;
& quand il me crut endormie, il se vint
asseoir sur le fauteuil auprês de mon chevet, où il eut la patience d'attendre jusqu'au lendemain que je fusse éveillée. Et
il fut sage, Madame, dît le Chevalier ?
Je pense qu'oui , répondit-elle en souriant ; ou du moins je ne m'apperçus pas
du contraire. Lorsque je le vis en m'é-
veillant, je ne fus pas peu embarrassée ;
& je songeai que si je criois & rendois
bien du monde témoin de cette folie, la
chose pourroit être interprêtée diverse-
ment. Les malicieux, disois-je en moi-
même, pourront n'en croire que ce qu'ils
voudront ; & diront que j'aurai attendu
à crier qu'il ait été jour, sans s'informer
si j'ai dormi toute la nuit, ou non. Ces
belles reflexions me firent résoudre à n'en
point parler , & à trouver seulement les
moyens de le faire sortir sans qu'aucun
autre que ma suivante, que j'appellai
aussi-tôt, sçût rien de cette aventure. Il
ne fut cependant pas aisé d'y faire ré-

foudre mon Baron, qui se jettant à genoux à côté de mon lit ; Madame, me
dît-il, je ne sortirai qu'aprês que vous
m'aurez écouté. Arrive ce qu'il pourra
de vous & de moi, j'ai résolu de mourir
si vos mépris ne finissent ; & qui ne demande que la mort, n'a point de mesures à garder. Non, Madame, ajouta-t-il,
je ne sortirai point d'ici que vous ne
m'ayez fait raison de votre injustice. Je
ne veux qu'être écouté ; & si vous ne
m'accordez cette legere faveur, que vous
ne refuseriez pas au dernier de tous les
hommes, tremblez à la seule pensée de
ce que pourra faire mon desespoir. Cette
menace, qui me sembla équivoque, fit
que je lui promis bien vîte de l'écouter
tant qu'il voudroit, pourvu qu'il me
donnât sa parole qu'il ne feroit aucune
extravagance. Et alors ce fou me dit ; Je
ne doute point, Madame, que vous
n'ayez sujet de vous plaindre & de vous
venger de moi. J'ai manqué au respect
que je vous devois ; je vous ai écrit avec
trop de liberté. Enfin, Madame, je vous
ai prise pour une autre, quand j'ai cru
que vous m'aimeriez facilément comme d'autres femmes m'avoient aimé :
mais je reconnois ma faute, Madame,
n'y a-t-il point de pardon ? Quel plaisir
prenez - vous à me desesperer à toute
heure, parce que vous avez reconnu que
ce m'est une necessité indispensable de
vous aimer ? Ah ! dît-il, vous vous préva-
lez de mon malheur, car si vous croyiez

que je pusse cesser d'être amoureux de vous, vous craindriez peut-être de me perdre ; vous ménageriez mon esprit, & ne le porteriez point comme vous faites aux extrêmitez les plus funestes. Voila, ajouta-t-il en me baisant la main malgré toute la resistance que je lui pus faire, voila une de vos detestables maximes à vous autres belles ! Que ne puis-je r'atraper mon cœur ! continuoit-il ; puis il reprenoit : Je sçais, Madame, que les emportemens que j'ai en vous aimant ne vous sont pas agreables ; & qu'il vous sera impossible de prendre pour moi de bons sentimens, tandis que je ferai les folies que je fais tous les jours. Oui, je me mets en votre place, & je conçois bien qu'un amant, dont la douleur fait tant de bruit, n'est point le fait d'une Dame comme vous : mais aidez-moi à perdre cette méchante habitude que j'ai de me plaindre ; cessez pour un temps de m'en donner du sujet, il vous suffira de ne me traiter pas plus mal que tous ceux que vous voyez indifferemment. Hé bien, lui dis-je, je vous promets de vous mieux traiter à l'avenir, sortez promptement d'ici. Je lui laissois encore baiser ma main, afin de l'obliger à m'obeïr plus vîte, tant j'avois peur qu'on ne le trouvât dans ma chambre ; mais la delicatesse de son amour lui fit deviner que je n'avois toutes ces bontez pour lui que par consideration : & s'en étant fait un nouveau sujet de plainte, il me tint en-

H v

core un quart d'heure à me rompre la tête de ſes doleances, après quoi neanmoins il ſortit.

Je ne voi rien là, dît Montal, qui me doive faire tomber d'accord, que tout cela n'étoit pas une feinte ; on feroit encore plus le fou & l'enragé pour avoir le plaiſir de venir à bout de vous. Ce n'eſt pas encore auſſi, reprit-elle, par où je prétends vous en convaincre. Il faut qu'il me fâche auparavant, & que ce ſoit par la juſtice qu'il m'en fera, que vous jugiez s'il feignoit ou non. Ecoutez le reſte.

Il ſortit donc de ma chambre, & ſe laiſſa mettre hors du logis par ma ſuivante. Cette fille avoit conduit l'affaire en ſorte que perſonne de la maiſon n'en avoit rien vu ni entendu ; & il pouvoit même éviter qu'aucun de dehors ne s'en apperçût : mais comme il fut à moitié ſorti, il s'imagina découvrir ſon ſot à cheval au bout de la rue, & en éfet c'étoit lui qui alloit paſſer devant ma porte. Quelque priere que lui fît pour lors ma ſuivante de ſe couler dans une rue voiſine, avant que ce cavalier, qu'elle entendoit ſeulement ſans le voir, eût eu le loiſir de s'approcher, l'inſenſé n'en voulut rien faire. Il lui tint au contraire la main hors de la porte, ſous pretexte de la conjurer de le ſervir auprês de moi ; donna le temps à ſon rival de s'avancer aſſez pour le remarquer ; baiſa encore la main de cette fille, pour faire ſoupçonner

à celui-là que c'étoit la mienne ; puis laiſ-
ſant alors retirer ma ſuivante, & regardant fierement cet autre, qui étoit aſſez
étonné de ce qu'il voyoit, il paſſa devant
lui en la poſture d'un rival triomphant.

Hé quoi Madame, interrompit le Marquis, il mouroit d'amour pour vous ;
vous veniez de lui donner de bonnes eſ-
perances, & il vous ſacrifioit ainſi à ſa
vanité dês qu'il vous avoit perdue de
vue ! Il n'eſt pas le ſeul qui en uſe de la
ſorte, dit Mademoiſelle de Barbeſieux,
& qui ne laiſſe pas d'aimer beaucoup.
Vous avez raiſon, reprit Madame de
Mulionne ; mon Baron étoit de ces gens,
qui pour faire cent fraſques à leurs mai-
treſſes ne les en aiment pas moins. C'é-
toit ſon aſcendant qui le portoit à ces va-
nitez, & c'étoit ſa deſtinée qui lui donnoit de l'amour pour moi malgré qu'il
en eût.

Je fus avertie dês le jour même de ſon
impertinence : car ce rival, à qui j'avois
toujours fait bonne mine pour faire enrager le Baron, ayant cru avoir quelque
ſujet de ſe plaindre, remit le voyage qu'il
vouloit faire à un autre jour, & me vint
trouver à ma toilette, pour me reprocher
que ſa diſcretion & ſes reſpects m'avoient
moins touchée que les inſolences & les
emportemens de Greaumont ; & il me
rendit compte de tout ce qu'on avoit affecté de lui faire voir. Je vous avoue que
j'en fus ſurpriſe, parce que j'avois l'innocence de m'imaginer que le meilleur

H vj

étoit de cacher que le Baron eût passé la nuit dans ma chambre ; mais je songeai enfin qu'il valoit mieux prendre le parti de le publier moi-même, de peur que le mystere n'en fut plus dangereux ; & je le fis.

Cependant, l'autre qui ne se souvenoit plus que des belles esperances que je lui avois données de le traiter mieux, & qui n'avoit pas seulement fait la moindre reflexion que son imprudence pourroit m'avoir mise en colere, pensa me venir faire sa cour l'apresdîné : mais bien loin de le regaler du meilleur accueil qu'il attendoit, je ne le regardai seulement pas. Il en demanda le sujet à ma suivante : elle lui répondit qu'elle n'en sçavoit rien. Il revint le lendemain, je lui fis fermer ma porte : Il attendit que je sortisse pour aller à la Messe ; mais dês que je l'apperçus, je commandai au cocher qui étoit déja à demi sorti, de reculer ; & j'aimai mieux perdre la Messe ce jour-là. De sorte que rentrant de plus belle en furie contre moi, & croyant que je le jouois, il recommença aussi ses folies. Voici encore à peu près les termes d'un autre billet qu'il m'écrivit, sur ce qu'on lui avoit dit que je faisois mille railleries de l'amour qu'il avoit pour moi.

On dit, Madame, que votre bel esprit paroît à rire de mes peines ; & que vous faites par tout de moi des peintures si agreables, qu'elles ne servent pas seulement à entretenir votre joye, mais qu'elles en donneroient aux plus mélancoliques. Je ne suis pas fâché, *Madame*, de vous divertir vous & vos amis, pourvu que cela ne dure point ; mais souvenez-vous qu'il y a de certains mépris qui font jouer de cruelles tragedies ; & que tel amant fidele en a supporté mille avec patience, lorsqu'ils étoient secrets ou serieux, qui n'a pu resister à un mépris fait en public & avec raillerie. Je suis bien aise que vous appreniez cela de moi, *Madame* ; & qu'il vaut mieux trancher tout d'un coup à un homme l'esperance qu'on lui voit prendre quelquefois, que de l'amuser pour s'en moquer : Je ne vous en dis pas davantage. *Adieu.*

Toujours menaces ? dît le Marquis. Oui, répondit Madame de Mulionne, & toujours quelques leçons tres-profitables, en passant : car encore que la rage lui dictât ces billets, il n'y a rien de plus sagement pensé, que ce qu'il dit qu'il veut que j'apprenne de lui ; & c'est pour vous, mes belles, ajouta-t-elle, que je fais cette reflexion morale. Il ne faut aussi jamais amuser les hommes qu'on ne veut point aimer. Pourquoi donc, Madame, dît Mademoiselle Velzers, avez-vous donné sujet à votre Baron de vous faire des reproches là-dessus ? Ce n'est point ma faute, reprit Madame de Mulionne ; il s'étoit imaginé, sans raison, que je l'avois voulu amuser. Car si j'avois eu quelque douceur pour lui, ce n'avoit été que pour l'empêcher de faire dans ma chambre des folies dont je n'eusse pas été bien aise, & pour l'en faire sortir plus aisément & plus vîte. Cela est si vrai, que vous m'avez déja oui dire que le soupçon lui en étoit même venu. Je vous l'accorde, repliqua Mademoiselle Velzers, mais quand nous amusons quelqu'un c'est aussi par des considerations, & pour empêcher quelquefois des folies dont nous ne serions pas bien aises aussi. Il n'y a point de doute à cela, ajouta Mademoiselle de Barbesieux, & ce sont les hommes qui s'amusent eux-mêmes, en interprêtant souvent nos actions tout autrement qu'ils ne devroient ; mais laissons achever Madame de Mulionne, & sçachons enfin ce que deviendra son Baron de Greaumont.

Serieusement, reprit-elle, il m'etonna par les menaces qu'il me faisoit de jouer des tragedies ; & me défiant d'un esprit comme le sien, que je voyois tomber à toute heure dans des accés de folies si étranges, je dis à mon mari qu'il me défit de lui absolument, de peur qu'il ne fit enfin quelque mauvais coup. Ce qui me confirmoit dans cette resolution, étoit l'exemple tout frais d'une fille qu'un brutal avoit empoisonnée, parce qu'il n'avoit pu l'obtenir de ses pere & mere ; & je songeois en moi-même qu'il n'y avoit point de plaisir à s'exposer à ces amours-là. Monsieur de Mulionne donc trouvant un jour le Baron en lieu commode, lui dît sa pensée de la bonne maniere sur tout ce qui se passoit ; & ses discours firent tant de honte à ce pauvre garçon, qu'il fit un ferme propos de se guerir de son amour aux dépens de qui il appartiendroit : & voici par où il crut en venir à bout plus facilement. Il n'y a, dît-il, que l'esperance de fléchir cette femme qui entretienne mon amour ; outrageons-la de telle sorte , & faisons-lui de gayeté de cœur une injure si sensible, que nous n'en puissions jamais esperer de pardon, ni par consequent d'amour réciproque. Dans cette pensée digne de lui, il commença dês le jour suivant à contrefaire l'homme entierement dégagé. Il affecta en ma presence un enjouement pareil à celui que je lui avois vu les premiers jours de notre connoissance. Il m'en vint conter à la vue d'un chacun, avec l'air d'un homme qui seroit le plus content du monde ; & tout cela , afin qu'on s'imaginât que j'avois cessé de lui être rigoureuse, comme il en avoit déja semé le bruit. De sorte que ne sçachant comment prendre cette nouvelle façon d'agir envers moi, je balançai quelque temps si je m'en fâcherois ou non ; mais je sçus bien-tôt à quoi me déterminer : car dês que je lui eus demandé la cause de sa joye, comme il n'attendoit peut-être que cela pour me répondre, il se jetta

malicieusement à mes genoux, & me fit
tout haut des remercimens si outrageans,
que jamais femme ne fut plus étonnée
ni plus en colere que je le fus. Hé! dequoi vous pouvoit-il remercier? interrompit le Marquis. De ce qu'il vous
plaira, reprit-elle; c'est tout vous dire
qu'il m'offensa si fort, que je lui donnai
un soufflet, cinquante fois mieux appli-
qué que celui dont Monsieur le Chevalier se pourroit souvenir. Passons cela,
Madame, dît Montal: Je le veux bien,
poursuivit-elle; mais c'est que je suis
ennemie des gens qui disent des folies.
Ce ne fut pourtant pas un moyen pour
arrêter celles du Baron; & au contraire,
ce soufflet lui ayant persuadé qu'il ne devoit plus garder de mesures avec moi,
il continua de me dire tant de choses fâcheuses, & avec tant de mépris, qu'il
réussit dans le dessein de me rendre son
ennemie irreconciliable. Mais aussi j'en
eus bien ma revanche, & voici par où
je veux prouver à Monsieur le Chevalier
qu'on ne feignoit point d'être un fou &
un desesperé pour mieux venir à bout de
moi. Il jugera par ce qui va suivre, que
quand on est maître de soi on n'en vient
pas aux extremitez où le Baron se porta.

Neuf ou dix jours se passèrent depuis
le grand exploit qu'il avoit fait, sans qu'il
eût le moindre ressouvenir de son amour.
Le soufflet occupa seul sa pensée. Un peu
d'absence, le dessein de guerir, le peu
d'apparence d'obtenir son pardon; la re-

flexion qu'il fit sur mes défauts, sur mes cruautez, sur sa bonne mine qui meritoit une meilleure fortune, & sur les plaisirs qu'il goutoit durant son indifference avant qu'il m'eût vue; tout cela lui fit croire qu'il étoit parfaitement gueri. Il étoit le premier à se railler des extravagances qu'il avoit faites, & à ne pouvoir comprendre comment il avoit pû m'aimer si fort & si long-temps. Enfin il étoit trop heureux, si pour son malheur il ne m'eût revue après ce temps-là chez une Dame de sa connoissance & de la mienne, à qui par hazard je rendis visite comme il y étoit. Mais les défauts qu'il m'avoit trouvez en ne me voyant pas, ne lui parurent plus quand il me revit: je lui semblai là plus belle que jamais; il interpreta mal une petite émotion que la haine m'avoit causée à sa vue; il lui prit un remords de m'avoir offensée; & tout son amour se réveillant, il revint se jetter à deux genoux devant moi sans me rien dire, comme un homme à qui la douleur avoit ôté la parole. Je fis semblant de ne m'en appercevoir pas d'abord, tournant la tête le plus que je pouvois du côté de la Dame avec qui j'avois lié conversation: mais voyant que la chose duroit trop pour affecter plus long-temps de ne le point voir en cette posture; je me levai, je pris congé de la Dame en faisant la meilleure mine qu'il me fut possible, & me retirai comme si je n'avois pas seulement pris garde à ce que le Baron avoit fait.

S'il en fut au defefpoir, j'en fais juge
quiconque a eu la fotife de vouloir guerir d'une paffion violente en offenfant ce
qu'il aimoit, & qui cependant n'y a pas
réuffi. Cet étourdi demeura, dit-on, im-
mobile prês d'un quart d'heure ; & la
Dame que j'avois vifitée le retrouva encore à genoux en la même place, aprês
qu'elle fut revenue de me conduire. Elle
le confola, elle remit fon efprit le mieux
qu'il lui fut poffible, & lui confeilla de
m'écrire encore une fois, ce qu'il fit. Mais
je ne puis me fouvenir mot à mot de cette lettre comme des autres ; parce qu'il
n'y avoit plus de ces brufqueries que j'aimois à relire à mes amis pour me divertir : & que le voir fe plaindre de bon fens
& en honnête homme, fur tout depuis
l'équipée qu'il m'avoit faite, n'étoit pas
ce que je demandois ; parce que je n'en
voulois pas avoir pitié. Auffi je ne lus
qu'une fois cette belle miffive : & même
deux perfonnes qui étoient avec moi lorfque je la reçus, m'y avoient forcée par
leur curiofité ; aprês quoi je la jettai dans
le feu.

Elle meriteroit pourtant que je l'euffe
retenue pour vous donner un exemple
des diverfes metamorphofes de l'amour :
car comme je vous ai dit, ce n'étoit plus
ce ftile menaçant à fon ordinaire, c'étoit
un ftile propre à toucher une femme qui
n'auroit pas été autant en colere que
moi. Il m'y demandoit pardon de fa derniere infolence, avec des termes qu'on

voyoit bien qu'il n'avoit pu coucher par
écrit sans pleurer. Jugez, disoit-il, Madame, ce que cet amour desesperé ne me
pourra pas contraindre de faire contre
moi, puisqu'il m'a reduit à en chercher
la guerison en vous offensant vous-même
comme j'ai fait. Il confessoit qu'il s'étoit
justement attiré mon indignation ; qu'il
avoit eté trop présomptueux dans le commencement de son amour ; mais aussi
qu'un emportement de jeunesse l'avoit
fait agir, trompé par quelques bons succês de ses temeritez envers d'autres femmes , & qu'il avoit bien changé depuis
cette inclination turbulente : qu'au moment qu'il avoit reconnu ma vertu &
mon merite , il n'avoit plus eu que de
profonds respects pour moi ; qu'il n'a-
voit conçu aucune esperance , aucun desir, qui pût interesser cette vertu ; qu'il
m'avoit aimée comme un ange m'aimeroit ; & que s'il avoit eu quelques
emportemens qui avoient paru éloignez
de la moderation d'un homme qui aime
de la sorte, c'étoit de douleur de ce que
je m'obstinois à ne vouloir point l'écouter, ni prendre connoissance de ce changement que ma vertu avoit fait en lui:
& puis il concluoit par mille sermens de
s'ôter la vie au retour de la personne qui
me rendoit sa lettre, si on ne lui rapportoit que je lui avois pardonné le passé ;
en quoi il tint parole un peu trop reli-
gieusement.

Quoi, interrompit Mademoiselle de

Barbefieux, il fe tua ! S'il ne fe tua point, reprit Madame de Mulionne , il fit du moins à peu prês ce qui étoit neceffaire pour cela : & quand on lui eut porté ma réponfe , qui étoit qu'il devroit s'être déja tué , & qu'il marchandoit trop ; on dit qu'il tira fon épée, qu'il fe jetta deffus, & s'en donna tout à travers du corps. Ah ! il vous aime , Madame, dit alors Montal ; & puifqu'il a été affez fou pour fe tuer , je ne doute plus de fon amour. Je fçavois bien , répondit-elle , que vous n'en douteriez plus , dês que je vous aurois appris cette circonftance ; car vous nous difiez hier que l'amour pouvoit porter des gens jufques-là. Et vous n'en fûtes nullement touchée , Madame ? dit Mademoifelle Velzers. Mes mouvemens fe trouverent alors trop partagez, répondit Madame de Mulionne , pour vous pouvoir dire comment je reçus cette nouvelle. Je fremis lorfqu'on me l'apprit , parce que je fremirois bien en apprenant la mort de tout autre que lui ; mais mon cœur en fentit d'ailleurs je ne fçai quelle fatisfaction , dans la penfée qu'on jugeroit par là que je n'avois jamais écouté cet impertinent , comme il avoit eu l'infolence de le publier. J'en fentis encore un autre foulagement, parce que l'équivoque de fes menaces m'avoit toujours fait craindre que ce ne fût moi qu'il voulut envoyer en l'autre monde ; & j'aimois mieux que ce fût lui-même qui en fît le voyage. Cependant Madame

fa mere vint bien-tôt après me rendre vi-
fite, & me prier d'avoir pitié de fon fils;
mais, lui répondis-je; Que voulez-vous
que je faffe, Madame ? vous êtes trop
honnête femme pour vouloir que je
trompe mon mari; & c'eft ce que votre
fils demande. Nous fimes là-deffus une
fcêne tres-plaifante; elle en me conju-
rant de trouver quelque biais pour guerir fon fils, fans y intereffer Monfieur
de Mulionne; & moi en m'obftinant à
ne lui vouloir faire aucune grace. Voyant
toutefois qu'elle ne me demandoit plus
que la permiffion de lui ordonner de ma
part qu'il fe laifsât penfer; je lui dis
qu'elle pouvoit me faire parler comme
il lui plairoit, pourvu que ce ne fût par
aucun de mes gens, & que je ne m'en
mettois point en peine.

En mourut-il enfin ? dit Mademoifelle de Barbefieux. Bien loin de cela, dit
Madame de Mulionne, je le retrouvai le
lendemain à la Meffe tout vis-à-vis de
moi. La bleffure qu'il s'étoit faite n'étoit
pas dangereufe. Un refte de charité qu'on
a pour foi - même fans qu'on y penfe,
lorfqu'on ne veut fe tuer que par amour;
fait qu'on choifit toujours les endroits
qui ne font point mortels : & ce pauvre
amant n'avoit percé que la graiffe de fon
côté, qu'il avoit bien fort empoignée,
avant que de fe donner le coup; de forte
que ce n'étoit qu'une playe à guerir facilement en y mettant pour un fou de
baume. Je le lui dis bien auffi, quand il

s'avisa de m'en venir parler au sortir de la chapelle où nous étions : mais je lui fis un nouveau dépit si sensible, que feignant de tomber en foiblesse, il se laissa couler à terre à l'entrée de la chapelle même ; afin de se vanger de moi par le fracas que cela feroit. Je vous amuse trop long-temps par le recit de ses extravagances. Il en fit encore quatre ou cinq durant quelques jours ; puis il prit la resolution d'aller en son pays, où, par la grace de Dieu, il est depuis deux mois ; & je souhaite qu'il y demeure jusques à ce que je l'aille querir. Cependant c'est un bel exemple pour Monsieur le Marquis ; & ce que l'amour fait faire à ceux qui ne peuvent être aimez, lui devroit persuader de penser à son salut.

Ha ! Madame, s'écria Mademoiselle de Barbesieux, il n'y a point de comparaison de votre Baron à Monsieur le Marquis ; & jamais personne ne le traitera comme vous avez traité cet emporté. N'importe Mademoiselle, dît le Marquis, je profiterai de cet exemple, & tâcherai de vivre un peu plus civilement avec Clélie , afin qu'elle ne m'oblige point à me tuer. Cependant, Madame, ajouta-t-il, vous venez de nous faire une histoire admirable, & je m'étonne qu'elle ait fait si peu de bruit, que pour venir jusqu'à nous il ait falu que vous-même nous l'ayez apprise. Je m'en étonne aussi, dît Mademoiselle de Barbesieux ; car elle devoit fournir de matiere à plusieurs bons contes; & la médisance est fort sage au quartier de Madame de Mulionne, d'y avoir enseveli de la sorte de telles aventures. Elles ont fait assez d'éclat dans mon voisinage, reprit Madame de Mulionne; mais il s'y rencontre si peu de personnes de qualité, que la renommée n'y a point de bouches pour porter à d'aussi honnêtes gens que vous les nouvelles de ce qui s'y fait. Et de plus, les meilleurs incidens se passoient aux yeux de personnes qui m'étoient assez amies pour n'en répandre pas le bruit, sçachant que je n'y prenois pas de plaisir. Vous aviez raison de n'y en pas prendre, Madame, dît finement la belle Hollandoise; car votre cruauté vous eût terriblement décriée. Vous en raillez, lui repartit Madame de Mulionne; mais peut-être n'auriez-vous pas eu la constance que j'ai eue à voir souffrir un amant, s'il vous eût plu comme celui-là m'avoit sçu plaire la premiere fois que je l'avois vu. Car je n'en fais pas la fine, il me sembloit si beau garçon, que quand les vapeurs m'obligerent à sortir du bal, mon mal me fut doublement sensible; parce qu'il me privoit de voir, aussi long-temps que je l'eusse voulu, quelqu'un qui ne me déplaisoit pas. Et peut-être aussi, Madame, répondit Mademoiselle de Barbesieux, que s'il ne vous eût pas offensée, en se voulant faire aimer de vous sans façon, vous n'eussiez pas eu la dureté de le faire tant souffrir? Ah! tréve de peut-être, repliqua Madame de Mulionne. Quand il s'y fût pris autrement, il n'auroit pas plus avancé ; & je n'aime point à faire parler de moi : mais c'est à dire que s'il vous arrivoit pareille aventure, poursuivit-elle, vous ne seriez pas si scrupuleuse ; & je suis bien-aise de sçavoir de quoi vous êtes capable. Serieusement, dît Mademoiselle de Barbesieux, je ne voudrois point qu'un homme se fût poignardé pour l'amour de moi ; ou je voudrois du moins qu'il se fût tué tout à fait, de peur d'en avoir pitié après. Toutefois, ajouta-t-elle, il est vrai que votre Baron s'étoit mal pris à vous toucher le cœur.

Hé pensez-vous, dît le Chevalier de Montal, que le Baron aimât ? ou du moins qu'on pût appeller sa passion un éfet d'un veritable amour ? Non, dît le Marquis ; & quoique Madame soit plus propre à en donner que personne, j'appellerois plutôt l'entêtement du Baron un éfet de sa vanité & un desir violent de surmonter ce qui lui resistoit, qu'une veritable impression d'amour. Pour preuve de cela, c'est qu'il est constant qu'à la moindre faveur que Madame eût faite à cet impertinent, il n'eût pas manqué de la mettre au rang de ses vieilles conquêtes. Helas ! dît-elle en riant, vous en jugez bien, & lui-même ne le dissimuloit point. Je me ressouviens qu'un jour il me proposa le plus naïvement du monde de le favoriser par pitié, afin qu'il pût
cesser

ceſſer de m'aimer ; n'étoit-il pas de bonne foi ? ajoutant qu'à moins de cela il ne
pourroit jamais en venir à bout. Je n'eus
jamais tant d'envie de rire que lorſqu'il
me fit ce compliment. Il y avoit auſſi
dequoi rire, reprit le Marquis ; mais il
ne laiſſoit point de vous dire vrai. Quoi !
dit Mademoiſelle de Barbeſieux, vous
me feriez croire qu'il y eût des hommes
ſi coquins ? le terme eſt un peu fort, mais
je n'en puis trouver de plus doux pour
ces gens-là ; vous me voudriez, dis-je,
perſuader qu'il y en eût d'aſſez lâches
pour ſe refroidir ſi vîte, après avoir aimé une femme juſqu'à ſe jetter ſur leurs
épées pour l'amour d'elle ? Il y en a encore d'une humeur plus particuliere, dît
le Marquis : Et puiſque nous en ſommes
là-deſſus, je vous en veux conter une
hiſtoire.

Hiſtoire du Marquis de Franlieu &
d'une Dame de la Flèche.

Vous connoiſſez le Marquis de Franlieu, il eſt aujourd'hui aſſez fameux à la
cour par ſes galanteries. Ce brave Gentilhomme étant en Anjou, avant qu'il
eût acheté la charge qu'il a chez le Roi,
n'y fut pas d'abord moins redouté des
maris qu'il l'eſt ici. Autant de belles
Angevines qu'il voyoit, ce qui n'étoit
pas rare ; c'étoient autant de cœurs aſſu-
rez pour lui. La plus fiere oublioit toutes ſes leçons de cruauté en le regardant,
& il n'y en avoit pas une qui par envie

I

ne voulût gouter de son amitié. Enfin il s'étoit fait une habitude assez douce d'avoir tout ce qu'il demandoit sans qu'il lui en coutât un soupir, où ce n'étoient que des soupirs galans. Mais ce bonheur ne lui dura pas toujours, & commença à le quitter dans la ville de la Flèche. Là une jeune Dame plut au Marquis; & le Marquis ne plut pas. La resistance qu'elle fit le piqua d'honneur; & la Dame de son côté, se piqua de rabattre l'orgueil de ce galant. Elle le mena presque aussi loin que Madame de Mulionne a mené son Baron de Greaumont : l'amour reduisit le pauvre Franlieu, après un an d'assiduitez, de chagrins, & de peines, & après des dépenses excessives, à vouloir enfin se poignarder s'il ne pouvoit venir about de la flechir. Il porta même le poignard chez la Dame; & le cacha sous la toilette de cette belle pour s'en servir quand il seroit temps. Lorsqu'elle l'eut mis au desespoir à son ordinaire, il fourra la main sous la toilette pour le prendre avec une furie épouventable : & il n'y a point de doute que s'il ne se fût point mépris, il s'en seroit frappé sans miséricorde; mais il n'empoigna qu'un busc, au lieu de ce fer meurtrier, tant on a l'esprit troublé quand on se va tuer; & il ne se donna qu'un grand coup de ce busc, qui n'ayant pu percer jusqu'au cœur, ne se trouva pas mortel.

Ah! que cela est bon! dit Mardemoiselle de Barbesieux. C'est n'avoir pas

peu aimé une Dame, reprit le Marquis,
que d'avoir eu des transports assez grands
pour ne discerner point un poignard d'a-
vec un busc; & c'est aussi n'avoir pas
poussé un homme à de petites extrêmitez que de l'avoir reduit à se méprendre
de cette sorte : car, ajouta-t-il, quoique
l'aventure du Marquis de Franlieu fasse
moins de pitié qu'elle ne fait rire, l'intention seule étoit à considerer ; mais
aussi, Mesdames, voici comment il se
vengea de sa cruelle, lorsque ce coup de
busc l'eut fait repentir de ses dédains.
Comme l'action de cet amant, qui dans
l'instant étoit tombé en foiblesse, eut
fait reconnoître à la Dame qu'il l'aimoit
éfectivement, & que le poignard qu'elle
trouva par aprês lui fit juger que ce n'é-
toit pas sa faute s'il ne s'étoit pas tué,
mais celle du busc qui s'étoit heureusement rencontré là: elle se resolut à payer
enfin tous les mauvais jours qu'il avoit
passez, par tout ce qui peut rendre une
nuit agreable à qui a long-temps soupiré.
On dit qu'il avoit à peine passé auprés de
cette belle la moitié de cette heureuse
nuit, qu'il lui prit des inquietudes extraordinaires de ce que le jour tardoit
trop à venir. La Dame, qui croyoit, &
avec raison, car elle étoit fort aimable,
qu'on devoit plutôt souhaiter que les
nuits qu'elle accordoit durassent plus
que les autres ; extrêmement étonnée de
cette impatience, lui en demanda la cause, & lui dit que sans doute il ne trouvoit

pas que le bien aprês quoi il avoit tant
foupiré valût la peine de s'y arrêter. Mais
ce n'étoit point ce qui caufoit l'inquie-
tude du Marquis. Non, Madame, lui
répondît-il, je ne m'ennuye point en
votre compagnie ; elle eft plus douce,
plus délicieufe, & plus charmante, qu'aucune autre que ma bonne fortune me
puiffe jamais prefenter : mais s'il faut
vous le dire, c'eft que j'en ai tant de
joye, & que j'y ai pris tant de plaifir,
que mon cœur n'en peut tenir tant à la
fois, & je voudrois qu'il fût jour pour
en aller répandre une partie chez tous
mes amis. Comment, Monfieur, reprit-
elle, vous me feriez cet affront-là ! Je
vous en demande tres-humblement pardon, Madame, lui dît-il ; mais il faut
que cela foit : je n'aime jamais, je ne
foupire, je ne languis, que pour le plaifir de pouvoir publier les graces que je
reçois. La pauvre Dame pleura, fe de-
fefpera, employa priéres, carreffes, menaces, & fit tout ce qu'elle crut capable
de détourner le Marquis de Franlieu de
fon deffein ; mais elle ne put rien obtenir de ce folâtre indifcret. Il lui répondit
qu'à tout le moins il faloit qu'il en fît
la confidence au premier homme qu'il
rencontreroit. Il fortit de chez la Dame
avant même qu'il fût jour, pour fatis-
faire à cette horrible démangeaifon de
parler. Par bonheur, celui qu'il rencontra le premier ne fut qu'un crieur d'eau
de vie ; & il fe contenta de le dire à cet

honnête homme, pour ne point deſeſpe-
rer cette jeune deſolée, qui ne ſçachant
ce qu'elle faiſoit, l'avoit déja ſuivi juſques dans la rue; & eût je croi publié
ſa honte elle-même, en accompagnant
Franlieu plus loin pour le prier de la té-
nir ſecréte.

Quoi, le Marquis de Franlieu a fait
cette lâcheté! dit Mademoiſelle Velzets:
il eſt de cette humeur, & il y a des femmes à la Cour aſſez ſottes pour l'écouter!
Hé penſez-vous, lui répondit le Chevalier de Montal, que ce ſoit de la diſcretion que les coquettes de la Cour
ſoient le plus en peine? Elles demandent
beaucoup d'amour; mais pour le ſecret,
elles s'en moquent. Il y a même des femmes qui feroient fâchées qu'on en eût.
N'avez-vous pas ſçu ce qu'on a dit du
Duc de Candalle & de la Vicomteſſe de
Talut? Non, dît Madame de Mulionne,
& vous nous apportez là un exemple qui
eſt plus vieux que nous, tant il y a d'années que le Duc de Candalle eſt mort.
Mais encore! qu'en a-t-on dit? Je m'en
ſouviens, interrompit le Marquis de Riberville, prenant la parole au lieu de
Montal; & je vais encore vous en faire
le conte.

Aventure de Monſieur le Duc de Candalle.

On a dit que le Duc de Candalle, aprês
avoir eu toutes les peines du monde à
venir à bout de cette femme, dont les

folies en ce temps-là n'étoient pas si pu-
bliques qu'elles l'ont été depuis ; fut enfin favorisé d'elle : que comme ils furent
sur le point de se separer, aprês avoir
pasé la nuit ensemble, elle lui fit faire
mille sermens de ne dire mot de sa bonne fortune ; qu'elle lui dît, *Vous n'en par-
lerez donc point, Monsieur ? vous me le pro-
mettez ?* & que le Duc ayant assez juré
pour persuader à la Dame qu'il seroit
plus discret qu'il n'avoit accoutumé de
l'être, elle lui répondit, *Hé bien, Monsieur, si vous ne le dites point, je le dirai moi,
car il y a trop de gloire à favoriser un homme
comme vous, pour en faire la petite bouche.*
Voila ce qu'on en a dit, Mesdames. En
éfet, la Vicomtesse de Talut alla dês qu'il
fut jour dire chez toutes ses amies la faveur qu'elle avoit faite au Duc, à dessein
pourtant, disoit-on, qu'en le publiant
elle-même en raillant, on en crût moins
Monsieur de Candalle s'il venoit à en
parler : mais cette finesse lui réussit mal,
& on lui fit l'honneur de prendre ce
qu'elle avoit dit pour une verité.

Tu veux, dît le Chevalier au Marquis,
que l'indiscretion de cette Vicomtesse
ait été l'éfet de quelque pensée raisonnable qu'elle avoit eue, mais je te soutiens moi, que ce fut un éfet de sa débauche. Mais, interrompit Mademoiselle de Barbesieux, vous avez parlé du
Duc de Candalle d'une certaine maniere,
qu'il sembleroit qu'il eût été indiscret ;
est-ce qu'il étoit homme à conter ses

bonnes fortunes ? Mon Dieu ! dît Mademoiselle Velzers, demandez-vous de la discretion aux beaux hommes ? Si leur beauté étoit si malheureuse que de ne leur faire naître aucune occasion de pouvoir causer, ils en inventeroient des sujets tous les jours ; & il n'y en a pas un qui ne se vante. Ne dites pas cela, repartit Mademoiselle de Barbesieux ; j'en ai connu un qui s'est laissé couper le cou, plutôt que de reveler les faveurs qu'on lui avoit faites. Mademoiselle a raison, poursuivit le Marquis, c'est du Comte de Bermilli qu'elle veut parler, & il n'y a qu'un an que cela est arrivé ; mais je ne sçais plus où ce fut. Helas ! dit Madame de Mulionne, le peu que j'en viens d'entendre m'a deja donné beaucoup de compassion pour lui ; & j'ai une grande curiosité d'en apprendre toute l'histoire. Vous aimez donc bien les gens discrets, Madame, lui dît le Chevalier de Montal. Cependant si l'on veut vous en croire, il n'y a rien qui vous soit plus inutile que ces gens-là : & c'est plaindre trop ceux qui ne sont bons à rien. Ils me seroient bons à quelque chose, reprit-elle en riant, s'il s'en rencontroit tous les jours, & que j'en pusse trouver un ; mais ne voyez-vous pas bien qu'aussi-tôt qu'il y en a au monde, on leur fait couper la tête ? Mais, poursuivit-elle en s'adressant à Mademoiselle de Barbesieux, contez-nous un peu comment cela est arrivé à ce pauvre Comte de Bermilli. Je m'en

I iiij

vais vous le dire, reprit Mademoiselle de Barbesieux.

Histoire du Comte de Bermilli.

Je pourrois faire une longue histoire des amours de ce pauvre Gentil-homme, avant que d'en venir à sa fin tragique; mais comme on va bien-tôt servir le dîné, j'en trancherai le recit en peu de mots.

C'étoit un homme bien fait, galant, brave, & qui meritoit beaucoup. Un jour qu'il sollicitoit un procês qu'il avoit dans une ville de Parlement que je ne veux point nommer, il eut le bonheur d'y plaire à la femme d'un President qui devoit être de ses Juges. Cette Dame, qui n'avoit pas moins dequoi se faire aimer que lui, n'eut pas besoin d'une seconde entrevue pour lui plaire aussi; de sorte que cette sympathie eut quelque temps des suites assez douces pour tous les deux : ils se virent en particulier, se parlerent, & firent tout ce qu'il vous plaira. Ce petit commerce dura bien six mois sans traverses ; mais je ne sçai ce qu'il y eut à la fin qui perdit tout. Trop de précaution gâta leurs affaires. La Presidente, qui avoit avec elle une de ses nièces, conseilla au Comte de feindre de la rechercher, pour mieux cacher leur jeu & se voir plus commodément. Il suivit ce conseil. Un rival se rencontra, qui suscita tous les jours des querelles au

Comte. Il fut contraint de disputer en apparence cette niéce, à laquelle il ne pretendoit rien. L'inimitié de ces deux rivaux devint si publique, qu'elle partagea toute la ville. Sur ces entrefaites, le rival du Comte se trouva un soir assassiné dans la rue de la Presidente. On en soupçonna le Comte, qui fut arrêté dês le lendemain. Des bas Bretons se trouvérent pour déposer qu'il avoit fait le coup : & il se vit condamner, quoi qu'en effet il fût à trois liëues de la ville à l'heure qu'on l'accusoit d'avoir tué ; & qu'il lui fût aisé de prouver qu'il étoit occupé cette nuit-là à toute autre chose qu'à assassiner des gens.

Il y a bien de l'apparence, dît le Marquis, qu'il étoit alors avec la Presidente. Vous l'avez dit, repartit Mademoiselle de Barbesieux ; & il aima mieux se laisser couper le cou, que de sauver sa vie aux dépens de la reputation de la Dame. Mais le Chevalier en hoche la tête, ajouta-t-elle, & ne croit point que cela soit vrai. Comment le croyez-vous vous-même, répondit-il, si ce chef-d'œuvre de discretion n'en a rien dit ? Tout ce que vous nous contez s'implique, en ce que si la chose a demeuré secrette, on n'a pu même la sçavoir. Ha ! Monsieur, reprit-elle, on ne l'a découvert aussi que long-temps aprês ; & ce fut par une femme de chambre qui étoit de l'intrigue, & à qui la Presidente rendit de méchans offices depuis. Mais, repliqua-t-il, ne pouvoit-ce

I v

pas être une vengeance de cette femme de chambre ? On sçait ce que ces gens-là sont capables de dire & de faire lorsqu'on les mécontente ? Hé mon Dieu, dît-elle, il n'y a rien de plus vrai que ce qu'on vous dit ; & même l'assassin fut arrêté depuis, & declara tout haut à sa mort que le défunt n'étoit point coupable du meurtre de son rival ; mais bien lui, parce qu'il en avoit été mal-traité, & qu'il n'avoit pu en tirer raison autrement.

Le Chevalier n'est incredule, dît Mademoiselle Velzers, que parce qu'il ne seroit pas homme à en faire autant que le Comte de Bermilli. Moi ! reprit-il, non sans doute ; & je n'estime pas assez les femmes qui trompent leurs maris pour leur faire ce plaisir. Si c'étoit pour une fille, encore passe, dît-il en regardant Mademoiselle Velzers ; ce n'est pas un grand crime à elle que de favoriser un galant ; & si c'étoit de moi qu'elle eut fait chois, je pourrois mourir plutôt que de le dire : mais pour les femmes, fi ! on ne peut trop divulguer leur infamie. Tu deviens un saint homme lorsqu'il s'agit de mourir, lui dît le Marquis ; & tu ressembles à ces vieux débauchez, qui n'ont de bons sentimens que dans ces momens-là.

Ces paroles furent à peine achevées, que le dîné fut servi, & on dîna fort agreablement sous la verdure ; après quoi on délibera ce qu'on feroit le reste du jour. Le camp qui étoit dans la plaine de

Trevers, dit le Marquis, est maintenant
à Fontaine-bleau ; & si vous m'en croyez,
nous irons voir défiler les troupes ce soir,
puis delà nous retournerons à Vaux. Je
le veux bien, dit Madame de Mulionne, mais songez-vous que vous laissez
Cloé ici ? Ah ! parbleu Madame, répondit-il, je demande pardon à cette
belle ; je l'avois presque oubliée. Nous
l'y menerons, continua-t-il, & ce divertissement lui fera peut-être plus de
bien que la solitude. Voila de nos amoureux à la mode, dit Mademoiselle de
Barbesieux, qui aiment tant qu'ils sont
auprès d'une fille ; mais qui n'ont qu'à la
perdre de vue seulement un quart d'heure, pour ne s'en souvenir plus. Il essuya
quelques autres railleries pour cette in-
fidelité, qu'il avoit faite sans y penser :
puis on alla voir comment la malade se
portoit, & si elle seroit en état de partir avec la compagnie. Elle n'étoit point
encore tout à fait hors de son accès ; &
il lui restoit encore une profonde mélancolie, qui fut cause que l'on douta quelque temps si on lui proposeroit de sortir
si-tôt de sa chambre : mais la bonne femme qui avoit soin d'elle & à qui un laquais de la tante de cette belle fille venoit de parler, dit qu'au contraire la promenade qu'on vouloit faire la pourroit
divertir ; & parut même avoir une grande envie d'être déja à Fontaine-bleau.
Ainsi l'on monta en carrosse sur les quatre heures, & on prit le chemin de la

I vj

Cour où on arriva deux heures aprês.

Toutes les troupes de la maison du Roi étoient sur une ligne, depuis les pins qui regardent le chemin à l'infini, & avoient le château en face : on ne vit jamais rien en plus bel ordre. Monsieur le Marquis de Péguilin étoit du côté de la campagne, comme pour la garde du camp, à la tête de ses dragons avec leurs manteaux bleus & leurs bonnets de même couleur ; & ses trois compagnies faisoient trois escadrons fort lestes. Monsieur le Duc de Noailles paroissoit ensuite à la tête de quatre escadrons des gardes du Corps, armez de corcelets & de buffles où la broderie d'or & d'argent n'étoit point épargnée, & qui avoient tous des coquardes de differentes couleurs. Aprês cela se voyoient deux escadrons des Gendarmes du Roi, sous Monsieur de la Salle, qui n'étoient aussi que de broderie. Autant d'escadrons des Chevaux legers, sous Monsieur le Marquis de Rannes, Cornette. Autant de Gendarmes Ecossois, sous Monsieur de Hautefeuille. Six escadrons de Mousquetaires blancs & noirs, sous Messieurs d'Arragnan & Colbert. Deux des Gendarmes de la Reine, sous le Comte de Kermeno ; autant de ses Chevaux legers : autant encore des Gendarmes de Monseigneur le Daufin, sous Monsieur de Rochefort ; avec un troisième escadron de Chevaux legers, qui étoit une recrue faite par les soins de Monsieur le Marquis de Lou-

vois, & composée de soixante-quinze
hommes tous officiers réformez ou anciens Chevaux legers, grosses barbes,
presque tous de même taille, avec des
chevaux aussi de même hauteur, & les
plus beaux buffles du monde à manches
garnies d'argent ; & l'on n'admira rien
tant que cette recrue, à la tête de laquelle étoit le Marquis de la Valiere.
Après, suivoient encore trois escadrons
des Gendarmes & Chevaux legers de
Monsieur : & toutes ces troupes avoient
leurs tentes bien rangées & de la couleur
des coquardes de chaque escadron. De
sorte que comme elles étoient encore
faites ainsi que l'on peint les tentes Ro-
maines, ce fut une nouvelle matiere à
l'imagination de la belle Clélie, qui sans
regarder de trop près aux comparaisons
qu'elle faisoit, prit ce camp pour celui
du Roi Porsenna, où on la tenoit en
ôtage.

Le Marquis de Riberville, qui le reconnut à quelques paroles qu'elle avoit
laissé échaper, tâcha par tous les moyens
possibles, de lui ôter cette pensée, de
peur qu'elle ne la jettât dans quelque
nouveau desordre. Ayant même appris
que les Dames de la Cour se mettoient
en équipage d'Amazones pour suivre le
Roi au camp, il incita les belles de sa
troupe à faire comme elles ; & pour
mieux réjouir sa malade, il prit soin de
leur recouvrer des capelines tres-galan-
tes & autres ornemens necessaires, &

mit la main lui-même à l'ajustement de cette fille que ce divertissement sembla retirer en éfet de sa mélancolie pour quelques momens. Mais pendant qu'il la promenoit dans le camp, où elle charmoit tous les yeux, il ne put empêcher que la vue des tentes, qui ressembloient toujours à celles des tailles-douces du roman de Clélie, ne réveillât la premiere imagination qu'elle avoit eue d'être en ôtage ; & que prenant le temps de se sauver, comme il étoit occupé à dire à Madame de Mulionne le nom de quelques officiers des troupes qui défiloient, elle ne se dérobât peu à peu de sa compagnie ; en sorte qu'ayant enfin poussé son cheval à toute bride vers le grand canal, qu'elle prit pour le Tybre, elle s'y jetta pour le passer à la nage, à l'imitation de cette Dame Romaine.

Le Marquis ne la voyant plus, s'imagina bien que sa retraite seroit quelque suite de sa maladie ; mais il étoit fort éloigné de deviner cette derniere aventure ; & il fut long-temps sans en rien découvrir. Cependant après qu'il eut bien cherché, & toute sa troupe aussi, le bruit en passa jusqu'à lui. Il apprit de quelques personnes qui en parloient vers le canal, qu'on lui avoit vu faire entrer son cheval dedans avec précipitation, comme si elle eût été poursuivie de quelqu'un : qu'un jeune Gentil-homme extrêmement blond & de tres-bonne mine, avoit paru la suivre en éfet peu de temps après : & que comme elle avoit fait la culbute en entrant dans ce canal, elle s'y fût neyée infailliblement sans ce jeune Gentil-homme ; mais qu'ayant mis pied à terre, & s'étant jetté dedans tout habillé, il l'avoit secourue. Toute la troupe eut regret alors de l'avoir menée à Fontaine-bleau, apprenant cette dernière extravagance ; & Madame de Mulionne & le Marquis craignirent que les parens de cette belle malade n'eussent quelque reproche à leur faire de l'avoir exposée à ce qui lui venoit d'arriver : mais ce ne fut pas ce que le Marquis eut à craindre de plus fâcheux. Il chercha à s'instruire plus particulierement de l'affaire ; on lui dit que ce Gentil-homme avoit fait venir un carrosse drapé où il avoit mis Clélie, & qu'il l'avoit emmenée après y être entré avec elle, ce qui ne lui donna pas peu de jalousie. Il en fit une recherche exacte dans Fontaine-bleau, & pria le Chevalier d'en faire autant. Ils trouverent le lieu où les gens de ce carrosse étoient venus descendre ; mais ils apprirent qu'après avoir changé d'habits, Clélie & le Gentil-homme s'étoient pressez de remonter en carrosse, & qu'on ne sçavoit quelle route ils avoient tenue, ce qui augmenta la douleur du Marquis. Il s'informa du nom de ce Gentil-homme ; on lui répondit encore qu'on ne le sçavoit pas ; de sorte qu'on ne vit jamais un homme plus chagrin. La vieille gouvernante de Clélie, fit de son côté de grandes plaintes à la compagnie ; & parut dans une si grande desolation, qu'elle ne voulut rien écouter. Elle sortit toute en colere, & quelque soin qu'on prît pour la faire demeurer jusqu'à ce qu'on eût des nouvelles de sa malade, elle disparut. Il est vrai que Madame de Mulionne, rappellant dans sa memoire ce que cette vieille avoit fait de presque semblable deux jours auparavant, lorsque le Marquis avoit cru Clélie enlevée ; soupçonna que cette derniere aventure ne se débrouilleroit pas moins heureusement que celle de Vaux : Et je suis assurée, dît-elle au Marquis, que ce Gentil-homme-là est le même qui vous en conta l'histoire hier matin. Il aura reconnu sa parente ; & l'ayant vue toute seule dans l'equipage où elle étoit, il aura prié quelque Dame de ses amies de la remener à sa tante. Mais cette présomption ne suffit pas au Marquis pour dissiper ses craintes ; & quand une si foible apparence auroit pu lui donner quelque consolation, ce parent de cette belle fille s'étant trouvé un moment après au château, où il étoit encore de garde, ne parut pas moins en peine que les autres de ce qu'elle étoit devenue. Si bien qu'on se resolut de ne point sortir de Fontaine-bleau qu'on n'en eût decouvert quelque chose ; & comme il étoit déja tard, les Dames consentirent à y passer la nuit, tandis que les hommes iroient chez la tante de la malade ; mais

ils n'en revinrent pas plus satisfaits, &
n'en rapporterent qu'une pleine assurance de l'enlevement éfectif de cette pauvre fille, dont sa tante étoit déja infor-
mée; & ils apprirent qu'elle étoit sortie aussi-tôt pour chercher du remede
à ce desorde, & pour s'en plaindre au
Roi même.

HISTOIRE
FRANÇOISE.

LIVRE CINQUIE'ME.

IL fut impossible au Marquis de Riberville de reposer le reste de cette
nuit-là; soit que la douleur d'avoir perdu Clélie en fût la cause, ou qu'il craignît
de se voir embarrassé dans l'affaire de cet
enlevement, si l'auteur ne s'en décou-
vroit pas. Il ne voulut pas même sortir
de la chambre du Chevalier de Montal,
à qui il ne cessa point d'en parler : mais
enfin ce dernier, qui vouloit dormir lui
dit; En verité, Marquis, on voit bien
que tu és en éfet amoureux de cette folle,
& qu'elle t'a communiqué ses visions ;
car pour un homme si sage que tu étois,
tu n'as plus guere de bon sens. Pourquoi
veux-tu qu'on se prenne à toi, de son enlevement ? Est-ce à cause que tu és amoureux d'elle, & qu'on sçait qu'elle étoit
avec toi ? Il faut donc qu'on s'en prenne

auſſi à moi, & à toutes ces Dames qui ſont avec nous. Et puis t'imagines-tu, que ſi cette aventure n'etoit pas un tour d'adreſſe pour nous ôter une fille dont on ne veut pas que la folie nous puiſſe divertir ; crois-tu, dis-je, que cette tante qu'on nous a dit être venue ici pour ſe plaindre, ne ſe ſeroit pas déja jettée aux pieds du Roi pour lui en demander juſtice ; ou qu'à tout le moins elle n'en eût fait informer ? Car il n'y a nuit qui tienne dans ces ſortes d'affaires ; & il étoit du devoir de cette tante de faire du moins entendre à ſon arrivée les gens de l'hôtellerie où ton heroïne a changé d'habits. Cependant nous avons été au petit coucher : tu as vu le Roi qui ne ſçait pas ſeulement qu'une Dame ſe ſoit jettée dans l'eau : nous avons repaſſé par cette même hôtellerie où on ne nous a dit mot : & outre cela, ta belle a ici un couſin amoureux d'elle, qui s'eſt contenté de faire ſemblant d'être fort chagrin de ſon aventure, ſans s'en être mis autrement en peine ; n'y a-t-il pas bien de l'apparence à tout ce que tu apprehendes ?

Tes raiſons ſont quelque choſe, répondit le Marquis : mais ce que le Roi n'a point ſçu aujourd'hui, parce qu'il étoit occupé à voir défiler les troupes ; ce qui n'a pu avoir beaucoup de témoins, parce que tout le monde étoit au camp, pourra demain être plus répandu, & le Roi en pourra être inſtruit. La tante de Mademoiſelle d'Arvianne peut bien auſſi attendre à demain à faire ses plaintes. Hé ! mon Dieu, repliqua le Chevalier, ne crains pas que cela te brouille auprês du Roi, je te dis encore une fois, que la tante & ceux qui ont enlevé la niéce se connoissent bien, & qu'il ne s'en parlera jamais. Pour marque qu'il y a de l'intelligence, ajouta-t-il ; par qui cette tante auroit-elle pu si-tôt être avertie du coup, qu'elle ait du le sçavoir, & même être déja sortie pour y donner ordre, avant que nous fussions arrivez chez elle ? Ah ! pour cela, dit le Marquis, ce n'est pas une raison. La gouvernante de cette fille a pu lui envoyer un exprês aussi-tôt qu'elle nous eut quittez ; & nous sommes montez à cheval assez long-temps après pour lui avoir donné celui de faire cette diligence. Oh ! bien va, lui repartit Montal, arrive ce qui pourra, je veux dormir ; & selon que la chose aura tourné demain matin, nous songerons à y remedier. Là-dessus il s'enfonça bien fort dans son lit, & le Marquis fut obligé d'aller chercher le sien, ne trouvant plus personne qui voulût l'entendre.

Le lendemain on se rassembla ; & dês qu'il fut jour chez les Dames, on se remit sur la même matiere. On ne trouva point que le Marquis eût raison de craindre ce qu'il craignoit. Bien au contraire, à l'exemple du Chevalier de Montal, qui l'en avoit déja raillé la nuit ; on lui dît qu'il n'y avoit que l'amant d'une Clélie qui fût capable de s'imaginer d'en être

responsable, quand même cette fille auroit été enlevée par d'autres que par ses
parens. Chacun alla ensuite faire sa cour,
& il n'entendit parler de rien ; & après
cela on ne songea plus qu'à s'en retourner à Vaux. On se résolut même de ne se
point quitter & d'y passer tout le reste de
la semaine, pour y consoler, au besoin,
le Marquis, de la perte qu'il venoit de
faire.

On y arriva d'heure de dîner. Cependant l'on apprit des gens du château qu'à
la même heure que la compagnie en
étoit partie pour aller souper chez Madame de Mulionne, un Gentil-homme
s'étoit trouvé évanoui dans le jardin,
parce qu'un esprit lui étoit apparu comme il s'y promenoit. Hé juste Dieu ! s'é-
cria alors Montal, le monde n'est-il plein
que de visionnaires ? Et y a-t-il des gens
si sots que de se mettre de telles chimeres
dans la tête ? Ah ! répondit Mademoiselle
Velzers, voici l'esprit fort ; & nous nous
mettons-là sur un chapitre où il en va
bien débiter. Est-il rien aussi de plus impertinent, repliqua-t-il, que de voir
des gens raisonnables donner dans ces
sortes de rêveries ? Peut-être celui dont
on nous parle a-t-il vu son ombre, &
c'est tout. Est-ce que tu ne crois point
aux esprits, Chevalier ? interrompit le
Marquis. Lui ? reprit Mademoiselle Velzers, que sçait-il ce qu'il croit ? Je sçais,
lui répondit Montal, que je vous crois
la plus injuste personne du monde d'a-

voir de moi ces sentimens ; mais, vois-
tu, dît-il au Marquis, pour te parler franchement à toi, voici ce que je crois. J'ai
une foi trés-ferme pour tout ce que mon
Curé me dit qu'il faut croire, & je tom-
be aussi d'accord qu'il est revenu quelquefois des esprits, je n'en ai jamais douté; mais de m'imaginer que nous soyons
au temps d'en voir encore, ou du moins
d'en voir si souvent qu'on le dit ; c'est à
quoi je ne me puis résoudre. Je ne croirai jamais qu'un rat ou un chat qui aura
remué je ne sçai quoi par hazard ; qu'un
rayon de la lune, donnant en quelqu'endroit, & y formant des grotesques par
la rencontre de quelques ombres ; qu'enfin toutes autres apparitions semblables,
soient des esprits de l'autre monde. Mon
Dieu ! dit Madame de Mulionne, que
nous verrions un homme changer bien-
tôt de langage, s'il lui en étoit arrivé autant qu'il en arriva il y a huit jours au
bon-homme Santois, ancien Echevin de
Paris, Hé bien quoi ? Madame, répondit-
il, que lui est-il arrivé à ce bon-homme
Santois, ancien Echevin de Paris ? Hé-
las, reprit-elle, en regardant toute la
compagnie, il n'est rien de plus veritable
que ce que je m'en vais vous dire ; & c'est
dans mon quartier que loge ce bon-
homme-là, qui est un homme d'honneur s'il en fut jamais.

Histoire du Lutin de Monsieur Santois.

Comme ce pauvre Monsieur Santois

prioit Dieu dans ses Heures, Jeudi dernier, & qu'il voulut tourner le feuillet, il sentit je ne sçai quoi faire du bruit sous sa main, & fut tout étonné de voir que c'étoit ce feuillet qui s'étoit déchiré de lui-même, mais si proprement, qu'il sembloit que quelqu'un l'eût fait à dessein.

Parbleu ! interrompit le Chevalier, vous me contez là de grandes merveilles ! C'étoit lui aussi qui l'avoit déchiré. Hé, point du tout, répartit Madame de Mulionne, & vous le reconnoîtrez par la suite.

D'abord ce bon vieillard eut cette pensée comme vous, & crut qu'il avoit pu l'arracher lui-même sans s'en appercevoir, à cause de sa trop grande attention ; mais comme il eut tourné le second feuillet, & qu'il vit arriver la même chose, il commença à s'en effrayer, & sonna sa clochette pour appeller ses enfans. Ils y accoururent tous, & sur ce qu'on conta ce qui lui venoit d'arriver, ils tâcherent de lui persuader qu'il s'étoit trompé, & de l'emmener hors delà. Mais ce bon-homme ne pouvant consentir à passer pour un visionnaire, il leur dît : Hé bien, mes enfans, vous en jugerez, en cas que l'esprit soit d'humeur à en déchirer un troisiéme ; car je ne veux pas que vous me croyez hypocondriaque. Là-dessus il r'ouvrit son livre & voulut tourner encore un feuillet ; & ce feuillet se déchira encore comme les aures. Le gendre, quoique convaincu, ne laissa pas de dire toujours que c'étoit son beau-pere qui le déchiroit, de peur que le bon-homme n'en devînt malade, s'il n'avoit plus dequoi douter; & il lui alleguoit pour ses raisons, que son erreur venoit de ce qu'il n'avoit plus le tact, ni la vue assez bonne, pour discerner s'il manioit rudement ou non le feuillet. Mais le vieillard s'en dépitant, prit ses lunettes pour l'éprouver encore une fois & y prendre garde de plus prês, & à la vue de tout le monde elles sortirent d'elles-mêmes de son nez; & comme si elles eussent volé, firent toutes seules une promenade à l'entour de la chambre, puis passerent par la fenêtre & s'allerent arrêter dans un parterre de fleurs à l'entrée du jardin, où on les retrouva avec les trois feuillets déchirez. Que dites-vous à cela, Monsieur l'incredule ? ajouta Madame de Mulionne.

Je dis, Madame, répondit Montal, que je le croirai quand je l'aurai vu. Mais, reprit-elle, c'est une chose qu'on voit encore tous les jours; car ce lutin fait sans cesse de nouvelles pieces à cet honnête homme-là. Et encore la veille que nous partimes de Paris, comme il venoit de se mettre à table après avoir essayé un habit neuf dont le pourpoint étoit de tabis plein; ce même esprit le lui moucheta à vue d'œil, mieux qu'un brodeur n'auroit pu faire. Que répondez-vous encore à cela ? qu'il aimoit mieux

les pourpoints mouchetez, dit Montal.
Vous en raillez, reprit-elle ; mais quand
nous ferons de retour, vous pourrez l'aller voir vous-même. Je n'irai pas le voir,
repliqua-t-il, & fi je ne le croirai pas.
Vraiment ! dît Mademoiselle Velzers, il
n'a garde d'y aller. N'eft-ce pas l'ordinaire de Meffieurs les efprits forts d'a-
voir plus de peur que les autres ? Ce n'eft
point parce que j'ai peur, répondit-il ;
mais parce que fi j'y allois, il faudroit
que je puffe foupçonner quelque poffibi-
lité à cela, & je n'y en crois point du
tout. Mais, reprit Madame de Mulionne,
il faut ajouter foi aux honnêtes gens,
quand ils difent qu'ils ont vu. D'accord,
Madame, répondit-il ; mais montrez-
m'en un de ceux-là. Ah ! dit-elle, j'y
confens de tout mon cœur, & je ne veux
que M. l'Abbé de Lanciat, à qui feu
Monfieur Fouquet de Croiffy, s'eft apparu à Tours dans fon allée. Je ne veux
que Madame la Marquife de Teffau,
dont il fut auffi tirer les rideaux comme
elle étoit couchée. Ce font là des gens
irreprochables, & qui pour beaucoup
ne voudroient pas debiter un menfonge.
Je n'en doute pas, Madame, reprit Montal ; mais tenez-vous cela de l'Abbé & de
la Marquife, ou de quelqu'autre ? Je le
tiens, répondit Madame de Mulionne,
d'un de leurs amis feulement ; mais c'eft
un homme qui auffi bien qu'eux, ne voudroit pour rien du monde mentir, & qui
me feroit croire que le blanc eft noir
s'il

s'il me l'avoit dit. Ah! pour cela, Madame, lui repliqua le Chevalier en riant, c'est dequoi je doute encore moins que d'autre chose, & on le voit clairement. Je vous soutiens pourtant, ajouta-t-il, que celui qui en a fait le conte est un railleur; & qu'on le demande à l'Abbé de Lanciat & à Madame de Tessau, ils diront que j'ai raison. Mais à ton conte, Chevalier, interrompit le Marquis, tu ne serois donc pas homme, à croire tout ce qui se dit de certaines familles, où ces sortes d'apparitions sont ordinaires? Tu ne croirois donc pas ce qu'on dit de la maison de Brandebourg, où toutes les fois qu'il doit mourir quelqu'un de la famille, un esprit s'apparoît en forme d'une grande statue de marbre blanc representant une femme, & court par tous les appartemens du palais du Prince? Tu ne croirois pas encore qu'il y a deux illustres familles en France, l'une en Bretagne & l'autre en Gascogne, où il arrive je ne sçai quoi de presque tout semblable? Je le croirai, répondit Montal, si tu m'assures que tu le crois toi-même. Mais dis moi un peu: Les Princes de Brandebourg, sont-ils aussi anciens que les Dialogues de Lucien? Je ne sçais, répondit le Marquis, & cela n'est pas impossible; mais pourquoi me fais-tu cette demande? C'est qu'il me semble, reprit Montal, que j'y ai lu cette histoire de leur famille; si c'en est là une. Ah! interrompit Mademoiselle Velzers, ne vous

K

en moquez pas, Chevalier ; c'eſt une
choſe que j'ai ouï conter cent fois à mon
pere ; & même qu'un pauvre page paya
de ſa vie l'imprudence qu'il eut de vouloir arrêter cette ſtatue, comme elle alloit monter l'eſcalier. Ce jeune garçon
avoit un ſi grand amour pour ſon maître,
que voyant cette figure au pied de l'eſcalier, d'où il deſcendoit avec d'autres
domeſtiques du Prince, & craignant que
ce ne fût pour le Prince même qu'elle
vînt ; Ah ! s'écria-t-il, traîtreſſe, tu viens
pour annoncer la mort de mon maître ; &
là-deſſus il lui déchargea un grand ſouf-
flet : ce qui la mit en une ſi horrible colere, que l'empoignant d'une ſeule main
elle l'écraſa contre terre avant qu'on eût
le loiſir de s'appercevoir de ſon deſſein.
Hé bien ! ajouta le Marquis, ce ſont là
choſes de fait, & cela n'a pu arriver ſans
qu'il y ait eu beaucoup de témoins. Il
n'eſt rien de ſi vrai, lui repartit froidement le Chevalier, Lucien en a auſſi fait
mention ſous le nom d'un domeſtique
d'Eucrate ; excepté que c'étoit un pale-
frenier au lieu d'un page, & que la ſtatue de cet Eucrate ne tua point celui qui
l'avoit deſobligée, mais ſe contenta de
le bien étriller. Meſdames, dît le Marquis, nous ne gagnerons rien à diſputer
contre cet incredule, nous ferons mieux
de ſonger à dîner que de conteſter davantage. Je vous trouve auſſi de fort ha-
biles gens tous tant que vous êtes, continua Montal, d'ajouter foi à ces fadaiſes ?

il faut que vous sçachiez qu'il ne revient
plus guére d'esprits maintenant, si ce n'est
pour faire des maris cocus, ou pour quelqu'autre intérêt. Dês que nous aurons
dîné je vous prouverai ce que je dis, par
l'histoire d'une personne que Mademoiselle de Barbesieux connoîtra bien ; car
le galant est de ses parens. Dînons donc
vîte, dit Mademoiselle de Barbesieux,
afin que j'apprenne cette belle histoire.

Je vous la laisserai écouter toutes seules, reprit le Marquis, tandis que je ferai une cavalcade jusques chez la tante
de notre Clélie ; car, ajouta-t-il, encore
est-ce la moindre chose que je lui doive,
que d'aller la consoler & lui offrir mes
services si elle en a besoin, après m'être
chargé en quelque façon d'avoir soin de
la niéce. Le pretexte est honnête, Monsieur le Marquis, dît Mademoiselle de
Barbesieux ; & nous donnerons volontiers congé à votre amour pour deux ou
trois heures. Ah ! dît-il, Madame, il
n'est plus question d'amour, & si je ne
me sentois obligé à cela par civilité, je
ne voudrois pas quitter un moment une
aussi aimable compagnie que celle que
j'ai ici. Ce que vous dites, repartit Madame de Mulionne, est encore l'honnêteté même ; mais nous ne vous en croirons pourtant pas ; & il est trop juste que
vous alliez sçavoir où l'on peut avoir
emporté votre cœur. Pour moi, dît malicieusement Montal, si j'étois à la place
du Marquis, je ne me risquerois point à

aller chez des gens où l'on me pourroit soupçonner d'être le raviffeur ; & j'aurois peur qu'on ne me fît arrêter.

On dîna un moment après ; & malgré toutes ces railleries le Marquis ne laiffa pas de monter à cheval pour aller où il avoit réfolu. Cependant Mademoifelle de Barbefieux fomma le Chevalier de tenir fa promeffe : ce qu'il fit auffi-tôt en ces termes, en lui adreffant la parole.

Hiftoire du Marquis de Commorgien.

Dans le temps même que je vins à Paris pour ma Lorraine vifionnaire, qui fut au mois de Decembre dernier, votre agreable coufin M. le Marquis de Commorgien y vint auffi, & nous nous logeâmes tous deux à l'hôtel de Genlis rue Dauphine. Il y avoit bonne compagnie, & entr'autres de nouveaux mariez, qui étoit ce qu'il faloit à M. votre coufin. Le mari étoit un peu vieux, la femme jeune & belle : l'un, petit Gentil-homme & fot ; l'autre, fine & de grande qualité, mais de petite fortune. On ne l'avoit mariée à cet homme que parce qu'il étoit riche.

Au bout de cinq ou fix jours que Commorgien eut fait connoiffance avec elle, il s'apperçut que la Dame n'étoit pas fort contente de fa deftinée. Son mari, qui étoit un peu afthmatique, faifoit lit à part ; & ne lui donnoit que dix piftoles par mois pour fes menus plaifirs : c'étoit

ert peu de chose pour une grande joüeu-
se. A cette mortification se joignit le chagrin de se voir femme d'un vieux mari;
lui, quand il n'auroit point eu de courte
haleine, n'en eût pas moins été vieux:
il ne lui en faloit pas davantage pour
avoir raison de n'être nullement contente. Commorgien le lui prouva même,
par un sonnet qu'il fit le lendemain. Je
ne l'ai pas retenu, parce qu'il étoit tres-
méchant. Je sçai seulement que c'étoit
une piece mal imitée de Petrarque, &
qui finissoit par ces vers, en parlant des
belles femmes:

Un amour voulut que tout leur fût possible;
   Excepté de porter un cœur,
Qui pût pour des vieillards être jamais sen-
sible.

Le Chevalier me regarde en disant
là, interrompit Madame de Mulionne,
ces vers s'adressent à moi. Mais qu'ils
ne vous empêchent point d'épouser des
vieillards, Mesdemoiselles, si vous en
trouvez qui vous soient propres; je vous
assure que je me suis bien trouvée du
bien. Hé! mon Dieu, Madame, lui répondit-il, il n'est pas vrai que je vous
attaque; pourquoi vous défendez-vous?
Tant pis pour vous, ajouta-t-il, si un vieillard vous plaît; vous êtes la premiere qui
en patissez.
Commorgien fit donc voir ce sonnet à
la Dame, poursuivit-il; & sa chute la fit
un peu rire: de sorte que, comme il est

né avec je ne sçai quelle charité pour toutes les affligées qui sont bien faites, & ce
souris lui ayant persuadé qu'elle pourroit devenir capable de consolation ; il
déploya toute sa rhetorique afin qu'elle
n'en manquât point. Il s'avisa même de
se mettre de moitié avec elle dans toutes
les parties de jeu qui furent faites dans
l'hôtel de Genlis, où l'on jouoit tous les
soirs à la bête ; & c'étoit, disoit-il, par
une turlupinade admirable, en quoi vous
sçavez , Mademoiselle , que Monsieur
votre cousin excelle , *pour l'accoutumer à*
jouer à l'homme avec lui. Enfin il y eut je
ne sçai quelle vertu dans l'argent qu'il y
mit pour elle durant quelques jours, qui
la fit rire encore plus que le sonnet. Toutes les fois que leurs yeux se rencontre-
rent depuis, en quelque endroit que ce
pût être, la Dame faisant un petit souris
baissoit les siens & détournoit la tête,
comme de peur que Commorgien ne le
vît : & Commorgien de son côté ne perdoit pas de temps à lui faire connoître sa
passion d'une maniere muette. Mais du
moment qu'elle reconnut qu'il avoit deviné tout ce qu'elle vouloit qu'il sçût ;
elle se tint un peu plus sur la reserve,
pour lui faire souhaiter plus ardemment
ce qu'elle avoit fait dessein de ne lui pas
refuser.

Voyez un peu ! interrompit à son tour
Mademoiselle Velzers, comme ces Messieurs expliquent les actions des pauvres
femmes ; & s'il ne faut pas bien prendre

garde comme l'on vit avec ces gens-là?

Vous allez voir, reprit-il, que Commorgien ne se trompoit pas. La Dame parut indignée de ce qu'il se flatoit trop, en croyant en être aimé; & ne lui montra plus qu'un visage tres-sevére: mais il ne s'en étonna point. Le Ciel lui a fait la grace de se connoître en gens. Il n'employa point d'autre secret pour la faire revenir, que celui d'imiter sa fierté. Elle en eut plus de souci qu'il n'en avoit eu de toute la cruauté qu'elle avoit affectée; & la verité en parut trois jours aprês. L'ayant rencontrée en son passage; Cela est bien vilain, lui dît-elle, d'avoir quelque chose sur le cœur contre ses amis, & de ne s'en pas expliquer avec eux. Commorgien voulut lui répondre; mais la belle, qui vit venir de loin son mari, ne lui en donna pas le temps. Elle ajouta seulement: Allez, ce procedé diminue de l'estime que je faisois de vous, & je voudrois que vous n'eussiez rien dans le cœur qui me déplût. Elle monta ensuite dans sa chambre, & Commorgien se retira pour lui écrire un petit billet, que dès le soir même étant à table il lui fit couler dans sa poche. En voici les termes: je les ai retenus mieux que le sonnet, parce que ce billet m'a semblé de meilleur goût.

A UNE FEMME D'ESPRIT.

Puisque vous voulez, Madame, qu'on n'ait rien dans le cœur qui vous déplaise, je me dépêche de vous dire que je suis fort amoureux de vous. C'est je pense ce qui vous déplaît le plus dans le mien ; & qui pourroit m'attirer votre haine, s'il y demeuroit davantage. Je ne sçai pas comment vous recevrez cette declaration, Madame ; mais vous avez dû vous y attendre, dês le premier jour que je vous ai vue. N'affectez plus, de grace, une cruauté qui nous fait perdre la chose du monde la plus précieuse, qui est le temps. Il ne faut malheureusement que le jugement du procês qui vous retient ici, pour nous obliger peut-être à nous separer ; & nous aurions eu fort inutilement de l'estime l'un pour l'autre. Je n'ai enfin que trois ou quatre bons mots à vous dire, Madame. Mon cœur, ma vie, mon argent, mon credit, & celui de mes amis, sont à votre service ; & outre cela je vous promets une fidelité inviolable.

Voila justement un Baron de Greaumont, dît Madame de Mulionne. Oui, répondit le Chevalier ; mais il n'eut point à faire à la femme d'un Conseiller de la grand'Chambre, je vous en assure.

Ce billet, comme vous voyez, continua-t-il, parlant à toute la compagnie, étoit assez franc. Neanmoins il ne déplut pas ; & cela fait voir, quoi qu'en veuille dire cette belle Dame, qu'il n'est rien

tel que d'aller rondement en ses affaires,
pour en venir à bout. La Dame en écrivit
un autre à Commorgien, & lui manda
véritablement qu'il n'étoit pas sage de
lui écrire en ces termes-là ; mais elle ajouta en bas, qu'elle ne laissoit pas de lui
pardonner sa folie, & c'étoit assez dire.
Ils trouverent depuis le secret d'être con-
tens l'un de l'autre pendant quelques
jours. Heureux, si le procês dont il est
parlé dans le billet n'eût obligé le mari à
suivre le Conseil à Saint Germain, & si
la jeune Dame eut pu se dispenser de l'y
accompagner. Mais ce fut une necessité ;
& pour comble de douleur, ce vieil impertinent s'y logea dans une maison
bourgeoise, où Commorgien ne put
trouver place ; ce qui peut-être fut un
tour d'adresse du bon-homme, qui commençoit à devenir un peu jaloux. Il falut
donc là des stratagêmes extraordinaires,
pour se voir en particulier ; mais l'amour
y pourvut. La Dame parla d'un esprit,
dont elle avoit été éfrayée en songe ; soit
que cela fût vrai ou non : je croi pourtant que ce ne fut qu'une adresse pour
donner une idée à son galant de ce qu'il
y avoit affaire, parce qu'elle ne lui pouvoit plus parler qu'en compagnie. Il lui
sembloit, disoit-elle, que cet esprit venoit
tantôt lui tirer sa couverture, tantôt se
coucher auprês d'elle ; & faire enfin tout
ce que vous pourriez croire bonnement,
vous autres belles Dames, qu'un esprit
seroit capable de faire à l'imitation des

K v

corps. Un de ses amans, qui étoit un Abbé galant qu'elle voyoit souvent, composa même là-dessus quelques stances dont vous serez peut-être bien-aises d'entendre la lecture. J'en ai la copie dans ma poche, & la digression n'en sera point ennuyeuse. Il feignoit que cet esprit étoit l'éfet d'un charme dont il s'etoit servi pour aller la voir, lui-même, dans son lit ; & la pensée en est assez plaisante.

Lorsqu'on a le malheur d'être amoureux de
    vous,
Ce n'est donc pas assez de répandre des
    larmes ?
Et pour en obtenir quelque chose de doux,
    Il faut avoir recours aux charmes ?

Vos plus parfaits Amans ne font rien que
    blanchir,
Vous ne vous lassez point de leur être cruelle,
Mais peut-on esperer au moins de vous fléchir,
    Si-tôt que le Diable s'en mêle ?

Pour avoir le plaisir de toucher votre cœur,
On feroit des desseins encor plus effroyables :
Vous n'avez point d'amans, qui, pour ce
    grand bonheur,
    Ne se donnent à tous les Diables.

Ce qui vous fur trouver jusques dans votre
    lit,
Est l'invisible corps d'un Abbé qui vous aime :
Ne vous arrêtez point à ce qu'on vous en dit,
    Cet esprit n'étoit que moi-même.

Pour preuve : Entre vos bras il a passé la nuit,
Avant le point du jour il n'a point fait retraite :
Aussi lui plaisiez-vous ; & vous tenir au lit,
    C'est tout ce que l'esprit souhaite.

L'Amour m'accompagnoit tel qu'il me suit
  le jour :
Et pour vous dire enfin toute cette aventure ;
Quand je voulus vous voir, ce fut aussi l'A-
    Qui tira votre couverture.   [mour

Voici même les mots qu'il vous disoit tout bas :
Cruelle, disoit-il, pour qui chacun soupire,
Ne pensez-vous avoir de si charmans appas,
    Que pour dépeupler mon empire ?

Cette taille, ce port, ces yeux brillans & dous,
Ce teint si délicat, cette blancheur extrême,
Ne sont point des attraits qui soient tous faits
  pour vous ;
    Ils sont pour celui qui les aime.

On peut après cela croire que c'étoit moi,
Et je n'en donne pas de preuves trop petites :
Mais vous n'en doutez point, & connoissez,
  je croi,
    Mon esprit mieux que vous ne dites.

Cependant, si l'Amour cause trop de frayeur,
Vous n'avez qu'à vous rendre à mes maux
  pitoyable :
Autrement, pour vous faire enfin mourir de
  peur,
    Ce Dieu fera toujours le Diable.

K vj

Comment appellez-vous l'Abbé qui a fait ces vers ? dit Mademoiselle de Barbesieux. N'est-ce pas l'Abbé de Ruper ? C'est lui-même, répondit Montal, que Commorgien eût voulu voir pendre, toutes les fois qu'il alloit chez la Dame ; parce qu'il n'y avoit que lui qui les empêchât de se parler de leurs affaires. Et l'Abbé en étoit-il fort amoureux ? repliqua-t-elle. Jugez-en, répondit-il, puisqu'il n'en bougeoit & que ce fut lui qui causa à Commorgien tout le desordre que je vous dirai à la fin de mon histoire. Je suis bien-aise, reprit Mademoiselle de Barbesieux, d'avoir appris cela ; & je n'en ferai pas mal la guerre à cet Abbé, lorsque je le verrai. Voyez un peu, Madame, dît-elle à Madame de Mulionne, à qui se fiera-t-on desormais, puisque l'Abbé de Ruper se mêle aussi d'être amoureux ?

La Dame, continua Montal, parla donc de cet esprit, & ajouta qu'il lui avoit semblé qu'il entroit & sortoit par la fenêtre de sa chambre ; ce qu'elle eût bien voulu que le Marquis de Commorgien eût entrepris de faire lui-même, à ce qu'elle avoua depuis. Mais, de s'exposer à entrer ainsi dans une chambre dont les fenêtres regardoient sur la rue, il n'y avoit pas d'apparence. La maison étoit trop près du château, où trop de monde alloit & venoit toute la nuit. Il s'apperçut que sous la tapisserie il y avoit une armoire percée dans le mur. Il trouva

que ce seroit bien mieux son fait, s'il pouvoit louer dans une hôtellerie voisine
l'appartement auquel ce mur étoit commun, & percer l'armoire de son côté. Il
ménagea l'affaire, & elle réussit. L'hôte,
qui par bonheur, outre son métier, faisoit encore celui de maçon, y consentit
moyennant de l'argent, & aida même à
Commorgien à percer le mur : & quand
l'ouverture fut faite, il plâtra un ais de
la grandeur du trou, dont il reboucha
très-proprement l'armoire. Le mari y
eût regardé mille fois par la chambre de
sa femme, qu'il eût toujours cru y voir
le même plâtre d'auparavant ; parce que
le mur étoit neuf : & on n'eût jamais pu
s'imaginer que ce fond si bien rejoint se
mettoit & se retiroit quand on vouloit.

Vous en riez, mes belles, dît-il en
s'interrompant lui-même ; & croyez
peut-être que je vous conte une fable.
Pourfuivez, lui répondit-on ; si la chose
n'est vraye, elle est du moins bien inven-
tée ; & le mur neuf, & l'hôte maçon, y
viennent à point nommé : c'étoient deux
grands points pour travailler avec succês.

Ce fut par là, continua-t-il, que Commorgien renoua son commerce ; & pour
plus grande précaution, il n'y passoit jamais qu'en habit d'esprit, dont il se trouva bien quelques jours après. Un petit
laquais, pendant qu'on deshabilloit sa
maitresse se fourra, pour dormir un moment, sous une table que couvroit un
tapis de Turquie. Il ne se reveilla point

pour s'en aller avec les autres. S'étant
éveillé la nuit & ayant soulevé le tapis
justement à l'heure que Commorgien se
retiroit, il l'entrevit & en eut peur. Il
le dît le lendemain : la Dame fut obligée de le seconder, en disant que veritablement lorsqu'elle avoit vu l'esprit en
songe, il lui étoit apparu de la sorte que
ce petit laquais le disoit. Elle ne voulut
pas feindre toutefois de croire que ce
marmot l'eût vu étant éveillé, de peur
d'être obligée à avoir trop de frayeur, &
qu'on ne lui conseillât de coucher ailleurs. Le mari ne laissa point d'ordonner
à la femme de chambre de mettre son
lit au pied de celui de sa maitresse pour
la rassurer. Cependant il se précautionna
en faisant faire force prieres, en cas que
ce fût à lui que l'esprit se recommandât.
D'autre côté, la femme de chambre, qui
craignoit extrêmement les esprits, aimoit mieux demander son congé, que
de s'exposer à en voir quelqu'un. Mais sa
maitresse qui l'aimoit la détrompa ; &
ayant souvent reconnu qu'elle avoit
l'humeur assez commode, lui dît en confidence que c'étoit un corps & non pas
un esprit qui revenoit la nuit dans sa
chambre. Voila comme on remedia à
cette premiere traverse. En voici une
autre.

Le mari, qui, comme je vous ai déja
dit, faisoit lit à part, étoit dans une chambre qui n'étoit pas trop bonne. Comme
on ne se loge point aussi à son aise que

l'on voudroit , par tout où eſt la Cour
lorſqu'elle eſt hors de Paris ; & que d'ailleurs il avoit affecté de ſe loger chez un
Bourgeois : il avoit été contraint de s'a-
juſter dans un petit corps de logis au bout
d'une galerie , vis-à-vis l'appartement de
ſa femme. Il plut abondamment durant
une nuit. Ce corps de logis n'étant pas
des meilleurs , l'eau penetra bien-tôt juſques à ſon lit. Lorſqu'il étoit ſur le point
d'appeller un laquais, la femme de chambre ſortit de l'appartement de ſa maitreſſe
pour affaire indiſpenſable : cela lui donna occaſion de s'aller coucher auprês de
ſa femme. Il ouvrit les rideaux doucement , & entendant qu'on dormoit , il ſe
mit à côté d'elle ſans la réveiller. Cependant Commorgien étoit à l'autre côté de
la Dame , & dormoit auſſi-bien qu'elle
d'un ſommeil d'amoureux content. Jamais gens ne furent plus en peril d'être
ſurpris dans une affaire trés-délicate. La
fortune toutefois qui veilloit pour eux ,
donna la diſcretion au vieux mari de ne
rien ſoupçonner de ſiniſtre en cet inſtant ,
& l'aveugla aſſez pour ne point appercevoir Commorgien dans le lit , quoi qu'à
certaine lueur ſombre qui venoit du clair
de la lune par une petite ouverture des
rideaux du pied , il n'y eût rien de plus
aiſé à qui eût eu les yeux jeunes. Elle fit
auſſi que la femme de chambre rentra
ſans faire de bruit , ſe coucha , & ſe ren-
dormit ſans éveiller perſonne qui eût pu
demander qui va là. La nature eut même

la bonté d'endormir promptement le bon-
homme, afin que Commorgien venant
à se réveiller, fût moins confus & sortît
plus aisément d'affaire ; car sans cela il se
fût trouvé dans un étrange embarras. Où
suis-je ! dît-il en soi-même, du moment
qu'il reconnut le danger où il étoit ; &
par quel charme cet homme est-il ici ?
Je ne vous répons pas, Mesdames, qu'a-
lors l'esprit n'ait point apprehendé que
c'en fût un autre. Il se coula neanmoins
hors du lit le plus doucement & le plus
promptement qu'il lui fut possible ; & à
tout hazard rentra par son trou dans la
maison de son hôte. Il échappa de cette
maniere à fort bon marché d'une aventure des plus perilleuses.

Ah ! Monsieur le Chevalier, interrompit Madame de Mulionne, votre Marquis de Commorgien n'en devoit point
sortir à si bon compte. Il faloit pour faire
l'histoire plus belle & mieux dans les regles, que le mari eût tout découvert ; &
que le galant ne se fût débarassé qu'en
contrefaisant l'esprit. Je reconnois par
là, reprit le Chevalier de Montal, que
vous continuez de prendre tout ceci pour
un conte fait à plaisir ; mais, Madame,
c'est pourtant la verité pure : & croyez-
le, ne le croyez pas, qu'il soit ou ne soit
point dans les regles, je ne suis point
obligé de vous raconter les choses autrement qu'elles sont arrivées. Vous avez
raison, lui dît Mademoiselle de Barbesieux, achevez M. le Chevalier. Que de-

vint la Dame ? La Dame, reprit Montal,
ne s'en démêla pas si bien. Comme elle
pensoit carresser Monsieur votre cousin
en se réveillant, elle dît & fit certaines
friponeries à son mari, dont il fut fort
étonné. Le bon-homme n'avoit pas accoutumé de la voir si gaye ; & enfin bien
lui prit que ces galanteries plurent au
pauvre vieillard, qui dans sa joye n'e-
xamina pas si elle se méprenoit. D'autre
côté, la femme de chambre qui vit le
grand jour, & qu'il y avoit encore quelqu'un avec sa maitresse, pensa tout perdre;
car croyant que ce fût toujours Monsieur
votre cousin, elle courut au chevet du
lit encore toute endormie, & poussant le
mari plusieurs fois de toute sa force ; Hé
Monsieur ! lui cria-t-elle, Monsieur ! voila le grand jour. Hé pour cela, lui répondit le mari, qu'en veux-tu dire ? A cette
voix cette fille reconnoissant qu'elle s'é-
toit méprise, ouvrit les yeux plus grands
pour voir où elle étoit; & ne pouvant
deviner comment il étoit entré là sans
qu'elle en eût rien entendu, elle fut étran-
gement étonnée de voir Commorgien
metamorphosé en son maître. Ayant toutefois l'esprit assez present pour reparer
sa faute malgré sa surprise : Ne voyez-
vous pas bien, repartit-elle au vieillard,
que l'esprit ne laisse pas de me poursuivre ? La chose en demeura là ; & ce qu'elle voulut dire fut pris pour argent con-
tant : de sorte que cela donna courage
pour se tirer une autre fois d'un aussi

mauvais pas. L'occasion s'en presenta
cinq ou six jours aprês. Le mari fut contraint de laisser la Dame seule à saint Germain à solliciter, tandis qu'il retourne-
roit à Paris pour quelque affaire. Il y devoit être huit jours; mais il n'y en demeura que trois. Commorgien l'avoit
visitée assiduement les trois nuits de ces
trois jours-là; & par le plus grand bonheur du monde, elle l'avoit prié le soir
que son mari revint, de ne la point visiter cette nuit-là. Cela vint fort à propos
pour elle, à cause du retour inopiné de ce
mari; qui étant arrivé assez tard, & ayant
monté droit à sa chambre l'y trouva seule: mais il n'en alla pas de même pour le
brave Commorgien. Car comme il
croyoit l'autre encore à Paris, il ne s'i-
magina pas qu'il y eût du danger à manquer à la promesse qu'il avoit faite à la
Dame de ne la point visiter une nuit. Il
lui prit fantaisie d'ouvrir son trou. Il y
passa justement comme le mari par une
autre fantaisie venoit de se coucher auprês de sa femme. Il faisoit encore clair
de lune. Le rideau du bon-homme étoit
entr'ouvert, & il avoit les yeux tournez
du côté du trou par où l'esprit entroit.
Le pauvre vieillard n'eut pas une petite
frayeur, quand il vit Monsieur votre cousin passer la tête entre le défaut des deux
tapisseries. Ah! ma femme, s'écria-t-il
avec un tremblement tres-grand; le plus
bas neanmoins qu'il put, comme de peur
que l'esprit ne l'entendît; voila l'esprit

qui vient de m'apparoître. L'esprit, Monsieur ! répondit-elle. La bonne Dame se
doutoit bien que c'étoit celui qui la visi-
toit d'ordinaire ; Ah ! mon cher mari,
ajouta-t-elle, en lui jettant la couverture
sur les yeux ; priez Dieu & cachez-vous
au fond du lit : toutes les fois qu'il apparoît à ma femme de chambre, je ne
fais que cela pour n'avoir point peur.
C'est une chose étrange qu'il en veuille à
tout le monde, & qu'il n'y ait que moi
qui ne voye rien. Mais aussi, poursuivit-
elle, en l'embrassant & l'enfonçant toujours dans le lit ; avez-vous bien consi-
deré ce que vous avez vu ? Car je vous
avoue que, jusqu'à cette heure, j'ai cru
que c'étoient de pures imaginations de
ma femme de chambre, quelque bruit
que j'eusse entendu moi-même avant
qu'elle couchât au pied de mon lit. Et en
disant ces mots, elle poussoit avec ses
pieds le lit de cette femme de chambre,
afin qu'en se réveillant elle fît signe à
Commorgien de s'en retourner ; mais il
étoit déja descendu dans la chambre. Et
comme le pauvre mari, qui étouffoit
dans les draps, voulut un peu mettre le
nez dehors pour prendre l'air, l'esprit vint
ouvrir le rideau du lit pour y entrer,
croyant n'y trouver que la Dame. Alors
l'homme & la femme s'écrierent tous
deux comme de concert : *Mon Dieu ! mi-
sericorde !* avec cette difference toutefois
que l'un le demandoit pour être délivré
de l'esprit ; & l'autre apparemment pour

n'être point encore découverte. Elle en avoit tant de peur, qu'irritée de ce que Commorgien au préjudice de sa promesse étoit venu la voir cette nuit-là, & feignant toutefois de conjurer l'esprit; Au nom de Dieu, lui cria-t-elle avec des signes qui marquoient sa colere, & que pourtant son mari qui étoit caché ne pouvoit remarquer; Va-t'en esprit; & si tu és de Dieu parle; si du Diable, laisse-nous en paix. Votre illustre cousin, Mademoiselle, jugea à propos d'être du Diable & de se retirer sans parler, dont le pauvre vieillard fut bien affligé: car, dit-il à sa femme; Helas! cette ame est dannée puisqu'elle n'a dit mot. Il faut, ajouta-t-il, que je fasse pourtant coucher ici quelques bonnes gens pour lui demander le sujet de ses apparitions. Mais tu és bien hardie, dît-il encore à sa femme, d'avoir osé mettre la tête hors du lit pour la conjurer. Si vous n'eussiez pas été avec moi, repondit-elle, je n'eusse jamais osé le faire; & c'est votre presence qui m'a donné cette hardiesse. Elle ne mentoit pas, il n'y avoit qu'à le bien expliquer.

Cependant Commorgien avoit refermé son trou, & le lendemain, on n'y trouva qu'un fond de plâtre bien solide, à travers lequel tout autre qu'un esprit ne pouvoit venir: ce qui confirma le mari dans la resolution de faire coucher quelqu'un dans la chambre la nuit suivante, pour le conjurer dans les formes. Pour cet éfet il fit concher sa femme ailleurs.

Commorgien en fut averti, afin qu'il evi-
tât de tomber dans le piege ; mais il jugea tout au contraire, que s'il ne paroif-
foit plus, ce feroit peut-être tout gâter ;
& il s'y refolut pour une autre raifon
très-importante. La pauvre petite Dame
étoit groffe de fept à huit mois bien avan-
cez. Elle ne pouvoit en accufer fon mari,
quelque foin qu'elle eût pris de le faire
tremper dans ce crime toutes les fois
qu'un caprice l'amenoit dans fon lit.
Commorgien & elle avoient mille peines depuis long-temps à cacher cette infortune ; & ils étoient encore plus em-
pêchez à trouver moyen de la faire finir
fans que le mari s'en apperçût. Commorgien crut l'occafion favorable pour envoyer ce fâcheux en pelerinage. Il s'équi-
pa pour pouvoir paroître devant ceux
qui devoient le conjurer, fans être reconnu. Il paffa la tête dans fon trou à la même heure qu'on difoit l'y avoir vu. Il leur
fit entendre en langue de l'autre monde,
c'eft à dire en parlant du creux de l'efto-
mac, qu'il étoit le frere aîné du mari :
que de fon vivant il avoit promis un
voyage à Fourvieres en la ville de Lyon ;
& qu'il ordonnoit à fon frere, puifqu'il
avoit herité de lui, de partir au plus tard
dans trois jours, pour l'accomplir en fa
place. Cela fut executé ponctuellement
par ce bon frere : & il laiffa fa femme à
faint Germain, pour folliciter fon procês
en fon abfence.

Voila qui va bien ! interrompit en

riant Madame de Mulionne ; & nos amans vont donc avoir bon temps. Pas tant que vous croyez, reprit Montal ; car la Dame ne demeura plus dans la même maison. Le mari avoit prié une vieille Marquise de la vouloir tenir auprês d'elle, jusqu'à ce qu'il fût revenu : précaution qui ennuya fort les deux amans. Elle rendit même le pelerinage inutile ; car la jeune mignone n'avoit pas plus de liberté chez cette Dame que chez son mari, & même elle n'en avoit pas tant. Neanmoins, par tout bon remede. Voici ce que fit le Marquis de Commorgien, pour obvier à deux accidens qui étoient fort à craindre ; l'un, que le mari revînt avant qu'elle fût accouchée ; l'autre, qu'il fût mal-aisé de la tirer des mains de cette Marquise, pour la mener accoucher.

Il avoit de bons amis à Lyon, & sur tout un certain Gentil-homme qui est le plus subtil, & l'homme de la province de la plus agreable humeur. Vous le connoissez aussi, dît-il à Mademoiselle de Barbesieux. C'est le Comte de la Beloniere. Celui-ci, à la priere de Commorgien, s'insinua adroitement en la connoissance du mari, dês qu'il eut avis de son arrivée. Et afin qu'il fût obligé de demeurer assez de temps à Lyon, pour donner le loisir à son ami de faire son affaire ; il fit revenir à son tour un esprit dans l'hôtellerie du pelerin. Un des fils de l'hôte, gagné aussi-bien que son pere, & informé de l'intrigue, s'apparut à ce pauvre mari, sous une forme neanmoins qui étoit differente de celle que prenoit Commorgien à saint Germain ; mais la préoccupation suppléoit au défaut, & la faisoit paroître au vieillard tout à fait semblable. Le lendemain matin ce pauvre homme demande à son hôte s'il revenoit ordinairement des esprits dans l'appartement où il l'avoit mis. L'hôte, qui secondoit de grand cœur le Gentil-homme ami de Commorgien, tant pour meriter l'argent qu'il lui avoit donné, qu'à cause que c'étoit son interêt que le bonhomme demeurât long-temps son pensionnaire ; lui fit réponse que jamais esprit n'étoit revenu dans sa maison ; & qu'il faloit sans doute que ce fût à lui-même que celui-là en voulût. Le lendemain l'esprit s'apparut tout de nouveau, quoi que l'hôte eût été prié de coucher dans la chambre ; & sur ce que cet hôte eut la hardiesse de lui demander pourquoi il venoit, on sçut que c'étoit encore l'ame du défunt frere aîné qui demandoit quatre neuvaines au même lieu de Fourvieres, ce qui fut promis fidellement, & l'esprit ne revint plus. Aprês cela le Gentil-homme, suivant les leçons que Commorgien lui avoit écrites, fit une lettre sous le nom d'un Medecin ; elle donnoit avis à la jeune Dame que son mari étoit fort malade, & qu'il souhaitoit de la voir, à cause de l'incertitude de l'evenement. Cette lettre ayant été rendue à la petite femme grosse, fut un pretexte

pour quitter son dragon trop vigilant.
Elle s'affligea extrêmement à cette nouvelle, & dît qu'elle vouloit partir au plus
vîte, puis elle prit congé de sa vieille Marquise. Celle-ci lui dît que son empres-
sement étoit trop juste pour y trouver à
redire.

Au reste, il étoit temps qu'elle partît.
Elle ne fut pas à dix lieues de saint Germain, qu'elle sentit les douleurs de l'accouchement, & qu'elle fit un beau petit
Commorgien. On le donna à nourrir
dans un village proche de là. Pour colorer ce qui arrêtoit la Dame en chemin,
on fit accroire qu'elle étoit tombée malade d'une autre maladie, & on le crut.
Elle se fit rapporter ensuite à saint Germain pour se faire accommoder. Et sous
prétexte qu'il n'y avoit pas de place chez
la Marquise, qui demeuroit dans un logis de marque, pour y mettre une malade à son aise, elle reprit la chambre aux
esprits dans la maison bourgeoise. Enfin
le temps prescrit pour la guerison des accouchées, la guerit entierement. Le mari, qui avoit fait exactement tout ce que
l'esprit de son frere lui avoit demandé,
revint aussi. Il témoigna bien du regret à
sa femme de ce que pour le venir secourir sur un faux rapport, elle s'étoit ainsi
exposée à une dangereuse maladie sur les
chemins.

Cependant l'esprit ne revenoit plus
par le trou, parce que l'accouchée l'a-
voit prié de ne la plus exposer à mille
accidens

accidens qui en pouvoient arriver ; & que Commorgien lui avoit promis de faire ce qu'elle voudroit. Mais c'est une étrange chose, Mesdames, qu'un esprit qui a un corps & qui est aimé d'une jolie femme. Quelque priere qu'on fasse, il ne peut s'empêcher de revenir. Commorgien revint par son trou quatre ou cinq fois. Il y avoit eu quelque chose d'oublié au pelerinage, & son dessein étoit que le mari le recommençât pour lui laisser encore quelque temps la place plus libre ; mais le mari commençant à s'étonner de l'obstination de cet esprit à le persecuter, se plaignit de lui de tous côtez. L'Abbé qui avoit fait les stances, enragé de ne pouvoir découvrir un mystère qu'il ne soupçonnoit que trop vrai entre Commorgien & sa belle, apprit dequoi le vieillard se plaignoit. Ne croyant pas que les esprits revinssent trop communément, il pria ce vieux mari de lui faire voir cet endroit par où l'ame de son frere apparoissoit. Il ne doutoit pas qu'il n'y eut quelque fourberie de la part de Commorgien qui logeoit de l'autre côté de ce mur ; & l'assurance que la Dame avoit de coucher toujours dans sa chambre justifioit ses soupçons. Le mari lui montra donc un jour dequoi il s'agissoit. L'homme aux stances ayant vu la fausse fenêtre, en poussa le fond avec violence : ce fond se déjoignit un peu, & découvrit à moitié l'artifice. Tenez, Monsieur, dît alors l'Abbé au vieillard ; voila le trou par

L

lequel on vous trompe, & par où pourra
venir l'ame de quelqu'un des enfans que
Madame votre femme vous fera ; mais
jamais celle de votre frere n'y a paſſé.
A ces mots, le pauvre mari fut extrêmement étonné & confus. Il ne negligea
pourtant point ce bon avis, & ſe voulut
éclaircir. Le malheur de ſa femme, dont
le temps étoit venu pour recevoir quelque châtiment de ce qu'elle avoit trompé ſon mari ; car, tôt ou tard, cela arrive,
Meſdames, & je vous en donne avis en
bon chrêtien.....

Hé quoi ! dît Madame de Mulionne,
les moralitez en ſont ! C'eſt qu'il a envie
de ſe marier, ajouta Mademoiſelle de
Barbeſieux ; & qu'il commence à prendre
part à l'interêt commun. Pour moi je le
croi, dît Mademoiſelle Velzers en riant ;
mais il faut que ce ſoit depuis bien peu
de temps ; car il n'y a pas trois jours qu'il
n'étoit pas encore de ce ſentiment ; & lui-
même étoit homme pour donner à qui
l'eût voulu écouter des conſeils bien op-
poſez. Ne vous arrêtez point à cela, répondit-il ; car pour aimer ces galanteries, je ne les croi pas moins puniſſables.
Je vous ai dit, il n'y a pas une heure, que
je n'aurois pas même de ſecret pour ces
femmes-là. Hé bien ! lui dît Madame de
Mulionne, je ſuis fort aiſe de ſçavoir que
vous êtes de cette humeur ; au moins je
ne me riſquerai point à vous favoriſer.
Ne laiſſez point cependant d'achever votre fable. Ah ! parbleu Madame, reprit-il,
c'eſt bien une hiſtoire.

Après donc que l'Abbé eut donné ces défiances au mari ; le malheur de la Dame voulut qu'il trouvât encore à ses pieds un billet qui lui avoit été écrit par Commorgien ; & qui étoit en ces termes.

A VOUS.

Vous avez tout pouvoir sur les esprits, Madame ; & celui de défunt Monsieur de Survacques ne reviendra plus, puisque vous l'avez conjuré. Je vous assure toutefois qu'il prenoit grand plaisir à la devotion de votre mari, & qu'elle lui faisoit grand bien. Vous avez tort de vouloir qu'elle finisse. Adieu.

C'étoit le dernier billet qu'il lui avoit envoyé, sur ce qu'elle l'avoit fait prier par sa femme de chambre de ne plus se hazarder à passer par le trou. Et en ôtant quelque chose de sa cassette, on l'avoit sans doute jetté dehors par mégarde. Mais, Monsieur, interrompit encore Madame de Mulionne, vous avez une grande sympathie avec les amis de roman, de sçavoir si bien comme eux toutes les lettres que votre heros a écrites. Madame, répondit Mademoiselle de Barbesieux, cela ne doit point vous surprendre. Monsieur le Chevalier étoit assez obl... ... pour les composer à mon cousi... ... ... n'est point là le stile de Com... ... . Je vous l'avoue, reprit Mon... ... m'en prioit & je faisois cela pour lui. Cependant la lecture de ce billet augmenta encore l'embarras du pauvre mari, qui voyoit l'ornement de sa tête paroître insensiblement en plein jour. Mais enfin il se resolut à tous évenemens, & fit même dessein de s'en venger, s'il pouvoit. Il ne douta pas que l'esprit ne revînt avec impudence affronter ceux qui voudroient le conjurer, s'il faisoit coucher encore quelques bonnes gens dans la chambre. Il se resolut d'y faire cacher outre cela, deux hommes resolus pour saisir le galant lorsqu'il apparoîtroit. Et bien prit alors à votre cousin, Mademoiselle, que l'un de ces deux hommes étoit un cocher qui avoit été autrefois soldat dans son regiment : sans cela il eût été étrillé d'importance. Mais ce cocher l'ayant reconnu, cria que c'étoit un homme de qualité ; s'opposa à la fureur du mari qui le pistolet à la main étoit entré pour le tuer ; fit faire place à l'esprit à bons grands coups de poings, à travers d'une foule de gens qui étoient accourus au bruit ; & Commorgien eut le temps de gagner la couverture du logis : il se coula dans la maison voisine, où il manda aussi-tôt ses amis. Et la femme, que fit-elle ? dit Madame de Mulionne. Elle n'attendoit pas moins que la mort, répondit le Chevalier ; & son esperance n'étoit plus qu'aux gens qui vinrent à ce spectacle, qui pourroient empêcher son mari de se porter à de funestes extrémitez contre elle. Il ne laissa pas de la

traîner dans la chambre, où l'aventure
étoit arrivée; & là, lui ayant demandé
la clef de sa cassette devant tout le monde, il fit inventaire de toutes ses lettres &
de ses billets, qu'il lut tout haut. Comme par exemple, celui-ci, qui n'étoit
qu'un brouillon d'une lettre qu'elle avoit
écrite elle-même à Commorgien. Si ma
mémoire ne me trompe, elle étoit en ces
propres termes; car le mari me la donna
à lire.

A MON GALANT.

*Jamais vous ne m'avez tant plu que la
nuit passée; car vous étiez un vrai lutin.
Quand vous eussiez voulu que je vous eusse
pris pour un homme, je n'en aurois rien fait:
les gens de ce monde-ci ne peuvent aimer
tant. Mais comme, à ce que vous m'écri-
vez, vous devez retourner à Paris pour
deux ou trois jours, je crains bien que vous
n'alliez faire l'esprit chez quelqu'un qui
me fasse tort. Adieu. Souvenez-vous en
allant là, que c'est le propre des esprits de
revenir.*

Il lut ensuite une lettre de Commorgien. Il l'avoit faite en vers, ou bien c'é-
toit encore moi, si vous l'aimez mieux.
La voici.

*Je vous quitte pour quelques jours,
C'est à dire quelques années;
Et comme ainsi les journées
passe sans mes amours:*

Mais jamais avec tant de crainte
Que j'en ai dans ce dur moment,
Sur ma conscience, un Amant
Ne quitta la beauté dont il ressent l'atteinte.
Et j'ai tant de peur, entre-nous,
Que des larrons, larrons de bonnes graces
S'entend ; se coulant sur mes traces,
Ne me volent enfin quelque chose de vous,
Que j'en pars déja tout jaloux.

Je vous laisse à dessein tous vos appas en
garde,   [gueur :
Pour vous en demander le compte avec ri-
Et j'y comprens le tendre cœur,
Dont vous avez payé mon amoureuse ardeur,
A lui prenez sur tout bien garde
Que ne s'attache le voleur.

Sur tout aussi, gardez bien votre bouche
De toutes sortes d'attentas ;
Et ne souffrez pas qu'on la touche.
On vous cajollera sur ses divins appas :
On vous dira que la cerise
N'a point de rouge ni d'éclat,
Que votre bouche ne détruise
Avecque son vif incarnat :
Que les perles orientales
Ont un émail moins beau, que ses dents sans
égales ;
Qu'elle exhale en soupirs une amoureuse
odeur,
Qui, pour ainsi parler, va parfumer un cœur,
Et qui passe en douceur l'odeur même des
roses :
Enfin, l'on vous dira beaucoup de belles choses,

Et ces verités-là dites par un amant,
Aux belles quelquefois font croire bonnement
Qu'un baiser doit payer la peine qu'il a prise :
   Mais il ne le faut nullement,
A moins que ce ne soit moi-même qui les dise.

   Pour vos yeux, je me fie assez
   En leurs regards impitoyables :
Ils sont assez hardis, pour rendre miserables
   Mes rivaux les plus empressez.

   Pour votre nez, je me console :
Expirât-on d'amour pour les beautez qu'il a,
   On ne vous méne point par là,
   Et vous ne seriez pas si folle.

   Vos cheveux ne m'allarment point,
Et je les abandonne à toutes aventures ;
   Car vous les aimez à tel point,
Que vous m'en refusez seulement les pei-
gneures ;
   Et ce n'est pas pour soupçonner
   Qu'à mon rival vous en vouliez donner.

Mais un point dont j'aurois des douleurs vio-
lentes,
   Ou dont je mourrois de regret ;
Ce seroit si jamais l'homme aux stances ga-
lantes
   Portoit la main en indiscret
Sur ce sein, où toujours les neiges sont bru-
lantes :
   Prenez de près garde à cela ;
Et que sa bouche, ou ses mains insolentes,
   Ne fassent point de stances là.
L iiij

Si par hazard encor, comme c'est chose douce,
   Par vos charmes vous excitiez
Quelqu'un à souhaiter de mourir à vos piez ;
A bons grands coups de pieds soudain qu'on
   le repousse.

Enfin vous me rendrez, vous dis-je, vos appas
   Aussi beaux que je vous les laisse ;
Afin qu'à mon retour je ne me pende pas,
   Adieu ma charmante maitresse.

Mais Monsieur, dît Mademoiselle de Barbesieux, vous qui teniez la plume pour mon cousin, n'aviez-vous pas plus de part que cela à son intrigue ? Non par ma foi, reprit Montal. Le bon-homme lût encore ce billet-ci.

Parbleu ! Madame, vous dûtes hier être bien étonnée, quand vous reconnûtes que c'étoit votre sot mari que vous caressiez au lieu de moi. Je vous plaignis. Je me consolois pourtant de ce que vous auriez assez d'adresse pour lui faire croire tout ce qu'il faudroit pour notre commun bien. Adieu, Madame. Je vous tiens compte des faveurs que vous avez faites à ce pauvre C.....comme si moi-même je les avois reçues.

Bonnes paroles & courtes, comme vous voyez, Mesdames. Il lut encore celui-ci.

Ma chere enfant, je vous plains ex-
trêmement d'être là où vous êtes. Vous y
avez moins de liberté que vous n'en aviez
avec votre mari ; mais consolez-vous. On
m'a écrit de Lyon que l'ame de défunt son
frere s'est encore apparue à lui, par le soin
qu'en a pris un Gentil-homme de mes amis ;
& cette apparition reculera son retour de
plus de trois semaines. Ainsi avec le se-
cours de quelqu'autre stratagême, pour vous
tirer bonnêtement des mains de votre dra-
gon, vous pourrez m'aller faire un petit
commorgien où il vous plaira. Je fais ce-
pendant preparer toutes choses pour votre
départ, & je vous attendrai secretement
à deux lieues d'ici pour vous mener ensuite
dans l'endroit que nous aurons choisi.
Adieu. Faites bien l'affligée demain, en
recevant la lettre que vous sçavez.

Ce billet étoit le moins galant ; mais
c'étoit celui qui expliquoit mieux la destinée du pauvre mari. Ah ! impudente,
s'écria-t-il, en jettant au nez de sa femme tout le reste des papiers qu'il tenoit
en sa main ; j'aurai raison de l'affront que
tu m'as fait. Il sortit en même temps de la
maison, où il la laissa la plus confuse du
monde ; & on fut plus de quatre ou cinq
heures sans sçavoir ce qu'il étoit devenu.
Cependant elle n'y voulut pas attendre

L v

son retour ; & elle songea à se mettre en
sureté, prévoyant bien qu'il n'en demeu-
reroit pas là. Elle me pria de l'accompagner dans un convent de religieuses,
où elle fut quelques jours sans que ce
mari fût encore revenu chez lui. Il étoit
allé à Paris. Depuis, je partis pour mon
voyage de Hollande, & je n'ai pas sçu
ce qu'il fit pour sa vengeance.

Est-ce tout ? lui dît Madame de Mulionne. Oüi, Madame, répondit-il ; &
je croi que cela suffit pour vous prouver
comme je l'avois promis, qu'il ne revient
plus d'esprits maintenant si ce n'est pour
faire des maris cocus. Ecoutez, dit Mademoiselle de Barbesieux à la compagnie,
je ne veux pas faire l'esprit fort comme
Monsieur le Chevalier ; mais il est vrai
qu'on voit jouer de plaisantes comedies
aux esprits de ce monde, si rien ne ré-
veille ceux de l'autre. Car après le tour
qu'on a fait au President d'Ardivilliers,
afin de jouir pour rien d'un château qui
lui appartenoit ; il ne faut pas douter
qu'il n'y ait bien de la friponerie dans
toutes les apparitions qu'on nous veut
souvent donner pour veritables. Courage ! Monsieur le Chevalier, reprit Madame de Mulionne, vous voila secondé
de Mademoiselle de Barbesieux. Elle est
toute prête à nous conter une autre fable
pour justifier la vôtre. Ah ! Madame, repartit Mademoiselle de Barbesieux, n'allez pas, s'il vous plaît, prendre ceci pour
un conte inventé. Monsieur le President

d'Ardivillers est plein de vie. Et comme Monsieur votre mari & lui se voyent souvent, vous pouvez lui faire demander si ce que je dis n'est pas vrai. Mais pour vous en apprendre toujours les circonstances, ajouta-t-elle, je m'en vais vous dire ce que j'en sçais.

Histoire du Lutin d'Ardivilliers.

Ardivilliers est une terre assez belle en Picardie, aux environs de Breteuil. Il y revenoit un esprit, & ce maître lutin y faisoit un bruit éfroyable. Toute la nuit on ne voyoit que flames qui faisoient paroître le château tout en feu : on entendoit des hurlemens épouventables, & cela n'arrivoit qu'en certain temps de l'année vers la Toussaints. Personne n'osoit y demeurer, que le fermier avec qui cet esprit s'étoit apprivoisé. Si quelque malheureux passant y couchoit une nuit, il étoit étrillé de maniere que les marques en demeuroient sur sa peau plus de six mois après. Si c'étoit une femme, & qu'elle fût un peu jolie ; l'esprit se contentoit de tirer sa couverture, & de porter ses mains spirituelles par tout où il lui plaisoit.

Bon ! parbleu, dit le Chevalier ; l'esprit avoit de l'esprit.

Le lendemain, reprit Mademoiselle de Barbesieux, la belle disoit qu'elle avoit senti quelque chose de froid se couler à côté d'elle ; & on lui rendoit raison de ce que c'étoit. Voila pour le château. Les paysans d'alentour voyoient bien d'autres choſes : tantôt quelqu'un avoit vu de loin une douzaine d'autres eſprits en l'air, ſur ce château : ils étoient tous de feu, & danſoient un branle à la payſanne. Un autre avoit trouvé dans une prairie je ne ſçai combien de Préſidens & de Conſeillers en robbe rouge ; mais ſans doute ils étoient encore tout de feu : ils étoient aſſis, & jugeoient à mort un Gentil-homme du pays qui avoit eu la tête tranchée il y avoit bien cent ans. Un autre avoit rencontré la nuit un Gentil-homme, parent du Préſident, qui ſe promenoit avec la femme d'un autre Gentil-homme des environs. On nommoit même la Dame. Vous remarquerez s'il vous plaît, que ce parent & cette Dame ſont encore vivans. On ajoutoit qu'elle s'étoit laiſſée cajoller, & qu'enſuite elle & ſon galant avoient diſparu. Ainſi pluſieurs autres avoient vu, ou tout au moins, oui dire des merveilles du château d'Ardivilliers. Cette farce dura plus de quatre ou cinq ans, & fit grand tort au Préſident, qui étoit contraint de laiſſer ſa terre à ſon fermier à trés-vil prix. Mais enfin il ſe reſolut de faire ceſſer la lutinerie, perſuadé par beaucoup de circonſtances, qu'il y avoit de l'artifice de quelqu'un en tout cela. Il va à ſa terre vers la Touſſaints, couche dans ſon château, fait demeurer dans ſa chambre deux Gentils-hommes de ſes amis, bien reſolus, au premier bruit ou à la premiere apparition, l'on tire ſur les eſprits avec

de bons piſtolets. Les eſprits, qui ſçavent
tout, ſçurent apparemment ces prépara-
tifs : pas un d'eux n'oſa paroître. Ils re-
douterent celui du Préſident, qu'ils re-
connurent avoir plus de force & plus de
ſubtilité qu'eux. Ils ſe contenterent de
traîner des chaînes dans une chambre au
deſſus de la ſienne, au bruit deſquelles la
femme & les enfans du fermier vinrent
au ſecours de leur Seigneur. Ils ſe jette-
rent à ſes genoux pour l'empêcher de
monter dans cette chambre. Hé ! Mon-
ſeigneur, lui crioient-ils, ne vous y ex-
poſez pas. Qu'eſt-ce que la force humai-
ne, contre des gens de l'autre monde ?
Monſieur de Fecaucourt, avant vous, a
voulu tenter la même choſe ; il en eſt revenu avec un bras tout diſloqué. Monſieur de Vurſelles penſoit auſſi faire le
brave : il s'eſt trouvé accablé ſous des bot-
tes de foin, & le lendemain il en fut bien
malade. Enfin ils alleguerent tant de pareils exemples au Préſident, que ſes amis
n'ayant pas voulu qu'il s'expoſât à ce que
l'eſprit pourroit faire pour ſa défenſe, ils
en prirent ſeuls la commiſſion. Ils mon-
tent tous deux à cette grande & vaſte
chambre où ſe faiſoit le bruit ; tenans le
piſtolet d'une main & la chandelle de
l'autre. Ils ne voyent d'abord qu'une
épaiſſe fumée, que quelques flâmes re-
doubloient en s'élevant par intervales. Ils
attendent un moment qu'elle s'éclaircif-
ſe : l'eſprit s'entrevoit confuſément au
milieu. C'eſt un pantalon tout noir qui

fait des gambades, & qu'un autre mêlange de flâmes & de fumée dérobe encore une fois à leur vue; il a des cornes & une longue queue; enfin c'est un objet qui donne de l'épouvente. L'un des deux Gntils-hommes sent un peu diminuer son audace à cet aspect. Il y a là quelque chose de surnaturel, dît-il à l'autre, retirons-nous; mais cet autre, plus hardi que lui, ne recule pas. Non, non, répondit-il, cette fumée put la poudre à canon, & je ne trouve en cela rien d'extraordinaire. L'esprit même ne sçait son métier qu'à demi, de n'avoir pas encore soufflé nos chandelles. Il avance à ces mots, poursuit le spectre, le choisit pour lui lâcher un coup de pistolet, le tire, & ne le manque pas; mais il est tout étonné de voir qu'au lieu de tomber, ce fantôme se retourne & se fixe devant lui. C'est alors qu'il commence lui-même à avoir un peu de frayeur. Il se rassure cependant, persuadé que ce ne pouvoit être un esprit. Et voyant que le spectre ne l'osoit attendre & évitoit de se laisser saisir, il forme le dessein de l'attraper pour voir s'il sera palpable ou s'il fondra en ses mains. L'esprit se voyant pressé, sort de la chambre & descend par un petit escalier qui étoit dans une tour. Le Gentilhomme descend après lui, ne le perd point de vue, traverse courts & jardins, & fait autant de tours qu'en fait le spectre. Enfin ce fantôme, étant parvenu à une grange qu'il trouva ouverte, se jetta

dedans , & s'y voyant enfermé aima
mieux disparoître que de se laisser prendre. Il fondit contre le mur même où le
Gentil-homme pensoit l'arrêter, & le
laissa fort confus.

Je le croi bien , dit Madame de Mulionne, & il avoit raison de l'être. Est-ce
dans ce que vous venez de nous conter ,
que vous prétendez qu'il y ait de la fri-
ponnerie & de l'artifice ? Oui , Madame,
répondit Mademoiselle de Barbesieux ;
& cet esprit n'étoit autre que le fermier
même du Président. Je l'allois dire, ajouta Montal ; & dès le commencement de
votre histoire, je m'en suis douté. Et moi,
reprit Madame de Mulionne, je n'ai pas
eu cette pensée & ne l'aurai pas encore.
Vous ne nous avez rien dit qu'un homme puisse faire , ou du moins il étoit magicien. Non , Madame, repartit Mademoiselle de Barbesieux, il n'étoit nullement magicien , & il ne laissoit pas de
faire tout ce que je vous ai raconté. Mais,
Mademoiselle, repliqua Madame de Mulionne , vous vous moquez ; car outre
qu'on est disparu tout d'un coup , comment voudriez-vous me persuader qu'il
fût au pouvoir d'un homme de faire paroître un château tout en feu , s'il n'étoit
point sorcier ? Il faisoit des traînées de
poudre sur le haut de la couverture, reprit Mademoiselle de Barbesieux , & aux
heures destinées à la mommerie, il y
mettoit le feu ; cela paroissoit de loin la
nuit, Il avoit aussi un de ces bâtons dont

les Baladins se servent sur leurs theâtres.
Il en racloit les tuiles ; & cela faisoit un
tel cliquetis, qu'on eût dit que c'étoit toute la couverture qui tomboit par petits
morceaux. Voila de bonnes raisons, dit
Madame de Mulionne ! Comment vouliez-vous qu'il fît encore voir des dou-
zaines d'esprits en l'air sur ce château ?
Ce n'étoit pas lui, Madame, répondit
le Chevalier, qui faisoit paroître ceux-
là, non plus que les Conseillers en robbe rouge & le parent du Président. C'é-
toit la malice de quelques paysans qui se
plaisoient à en semer le bruit. N'est-ce
pas l'ordinaire qu'on ne parle jamais de
choses pareilles, sans que l'on y ajoute
aussi-tôt mille contes à dormir debout.
S'il m'est aussi permis de dire ma pensée
sur l'apparition de ce parent : puisqu'il
est encore en vie aussi bien que la Dame,
il pouvoit être vrai qu'on l'eût vu lui-
même avec elle, sans qu'il fût besoin que
l'esprit empruntât leurs figures. Ce n'est
pas une chose impossible à un homme de
Paris qui est bien fait, & qui a beaucoup
d'esprit, de faire un sot d'un Gentil-homme de Picardie. Mais ils sont disparus,
repliqua-t-elle. Bon, bon ! poursuivit
Montal ; c'est qu'ils s'étoient assis sur
l'herbe & qu'on les avoit perdus de vue.
Ne l'expliquai-je pas tout à fait bien ?
dît-il à Mademoiselle de Barbesieux. Je
n'ai rien à vous répondre là-dessus, repartit-elle ; mais il est constant que c'é-
toit ce fripon de fermier qui faisoit seul

tout le defordre : & pour répondre à la
grande objection que Madame m'a faite
fur ce que l'efprit eft fondu contre la muraille, quand l'ami du Prefident penfoit
l'arrêter ; je n'ai qu'à en achever l'hiftoire.

Ce Gentil-homme l'ayant ainfi vu fondre, appella du monde : fe fit apporter
dequoi enfoncer le palier où le fpectre
fembloit s'être évanoui. Il decouvrit que
c'étoit une trape qu'on fermoit d'un ver-
rou, après qu'on y étoit pafsé. Il defcen-
dit dedans, trouva le pantalon & de bons
matelats qui l'empêchoient de fe bleffer
en le recevant doucement quand il s'y
jettoit la tête la premiere. Il l'en fit fortir.
Le caractere qui rendoit l'efprit à l'é-
preuve du piftolet, étoit une peau de
buffle ajuftée à tout fon corps. Le galant
avoua toutes fes foupleffes, & en fut quitte pour payer à fon maître les redevances
de cinq années fur le pied de ce que la
terre étoit affermée avant les apparitions.
Un homme plus vindicatif & moins vertueux que le Prefident l'auroit fait pendre. Voila, Madame, ce que je vous affure être veritable ; & il n'y a point de
doute qu'après cela il ne faut point croire
à tout ce qu'on dit des efprits.

Je veux tout ce qu'il vous plaît, dit
Madame de Mulionne ; mais je ne laiffe-
rai pas d'en avoir toujours grande peur,
& la penfée feulement m'en a déja fait
venir plufieurs fois l'eau aux yeux. Je le
crois bien, repartit Mademoifelle de Bar-

besieux : A moi-même, qui ne suis pas
des plus peureuses, cela ne manque presque jamais de m'arriver lorsqu'on se met
à parler des esprits. Je croirois être plus
hardi que vous, dit Montal ; & toutefois je ne me défends pas plus qu'un autre des premieres impressions que nous
donnent ces vilaines idées ; mais il ne
faut point s'en étonner. L'homme n'a
point assez de pouvoir sur soi pour changer facilement une habitude qu'il a prise
dès l'enfance de fremir au seul nom des
spectres ; & malgré toute la raison, l'i-
magination seule d'une chose affreuse est
capable de causer ce fremissement au plus
resolu. Cela ne m'empêcheroit pourtant
pas de poursuivre mon chemin en quelque lieu tenebreux que ce fût, si j'y avois
affaire. Je ne laisserois pas même de suivre quelque chose qui me seroit apparu,
afin de m'en eclaircir ; quand je ne pourrois aller après qu'en tremblant. Je doute
fort de ce dernier point, dit Mademoiselle Velzers. Et moi aussi, ajouta Madame de Mulionne. Cette conversation
fut interrompue en cette endroit, par
l'arrivée d'un laquais qui apportoit une
lettre à Mademoiselle de Barbesieux.

C'est une lettre douce, lui dit Madame de Mulionne ; vos yeux rioient en
la lisant. Je vous l'avoue, répondit Mademoiselle de Barbesieux. J'en devrois
pourtant être affligée ; car le sujet n'est
autre chose que la maladie d'une personne qui touche de fort près à quelqu'un

que je considere. Ah ! parbleu Mademoiselle, s'écria le Chevalier, j'ai deviné ce que c'est : & si vous voulez confesser la verité, vous voudriez déja qu'on fût mort. Pourquoi cela ? répondit-elle assez nonchalamment, je ne souhaite la mort à personne. L'air dont vous répondez, dit Madame de Mulionne, commence aussi à me faire deviner quelque chose. Si cette personne-là mouroit, ne seriez-vous pas vangée de la bigotte dont vous nous avez promis l'histoire ? Je ne sçai pas, Madame, répondit Mademoiselle de Barbesieux, si vous sçavez de quelle bigotte j'ai voulu parler : quoi-qu'il en soit, vous pourriez ne vous pas tromper. Enfin donc, dit le Chevalier, le bon-homme Marquis d'Isoure sera bien-tôt mort. Que Dieu soit loué, ajoûta-t-il, voila une preparation au dénouement de notre roman ; une de nos heroïnes sera bien-tôt mariée. Il fit rougir Mademoiselle de Barbesieux en nommant ce bon vieux Marquis. Vous n'êtes vraiment pas sage, lui dit-elle : vous croyez sçavoir beaucoup de mes affaires, lorsque vous les ignorez entierement. A mon ignorance près, Mademoiselle, répondit-il, le bon-homme fût-il déja enterré, & eussions-nous entendu l'histoire de la bigotte ; car voici le temps de la dire, & la lettre est venue trop à propos nous remettre sur votre chapitre pour perdre cette occasion d'ouir le recit de vos aventures. Je ne refuse point de satisfaire à ce que j'ai promis, repliqua-t-elle ; mais celui qui m'a apporté la lettre en attend une réponse, & je demande permiſſion à la compagnie de l'aller écrire. Elle ſe retira à ces mots dans une chambre particuliere, où elle emmena le laquais ; & les autres Dames avec Montal deſcendirent dans le jardin pour y faire, en attendant, un tour de promenade.

Quand elles furent au bout du parterre, elles apperçurent dans une allée, du monde de dehors qui étoit auſſi venu s'y promener. Entre autres Mademoiſelle Velzers reconnut le Marquis de Mireſtain avec le petit Luſigni. Voila un homme, dit-elle auſſi-tôt à Madame de Mulionne, en montrant ce Monſieur de Mireſtain, dont il y auroit une hiſtoire aſſez romaneſque à raconter. Quelle hiſtoire ? répondit Montal. Prenons une autre route que la leur, reprit-elle, de peur qu'il ne vienne m'empêcher d'en parler ; car c'eſt une choſe qu'il m'a dite en confidence, & qu'il m'a prié de ne point divulguer. On ſe détourna comme elle le ſouhaitoit pour l'entendre, & elle commença ainſi.

Hiſtoire du Marquis de Mireſtain & d'une belle Princeſſe.

Ce Gentil-homme, qui étoit un peu parent d'une jeune ſouveraine de notre voiſinage, paſſa un jour par ſes états. Vous voyez qu'il eſt aſſez bien fait, & qu'il a bonne mine. Il fit ſa cour à la Princeſſe,

B.R.

ne lui déplut pas. L'estime qu'elle eut
our lui devint si grande, que pour évi-
e de tomber en quelque faute, elle fut
ntrainte de le renvoyer en son pays.
n autre que moi auroit un beau sujet de
rler ici des larmes qui furent répan-
es avant qu'elle pût prendre cette re-
lution, des combats que firent sa ver-
& son amour : mais je laisse cela à une
demoiselle de Scuderi ou au Marquis
Mireltain même, pour moi je n'y en-
rien. Il revint donc en France pour
moins aussi affligé d'être separé de sa
cesse, qu'elle l'étoit de son éloigne-
nt. Ils s'écrivent : ils deviennent ma-
es, & tout languissans à force de ver-
Le Prince souverain meurt durant ces
aites. Le Marquis croit que sa for-
en deviendra meilleure. La Dame
gine aussi qu'elle n'en souffrira plus
& qu'elle pourra au moins ôter le
ne de ses desirs. Mais un monstre en-
e plus épouventable que la vertu se
mêler de ses affaires.
oyez un peu, dit Madame de Mu-
ne, comme cette Demoiselle nous
te son histoire, & parle de la vertu
ton railleur ! Il semble vraiment
elle s'en moque. Elle a aussi raison de
moquer, dit le Chevalier ; & c'est
plus sote chose du monde, sur tout
ur une fille, ajouta-t-il, en la regar-
nt. Vous ne laissez du moins échaper
ucune occasion de m'en dégouter, lui
epartit-elle en riant, & je ne sçai ce que

j'en dois juger. Tout ce qu'il vous plaira, lui répondit-il entre ses dents & avec un transport un peu fou. Je voudrois en éfet pour mon repos que vous en eussiez moins.

Un monstre donc plus cruel que la vertu, continua la belle Hollandoise, vient tyranniser la Princesse. Au lieu de consentir que le Marquis de Mirestain revienne aux Pays-bas, elle lui défend plus absolument que jamais d'y songer. Elle craint de faire quelque chose indigne de son rang en songeant à l'épouser : elle ne lui permet plus même de lui écrire. Ce pauvre homme se consume de regret ; mais enfin l'amour lui inspire un dessein digne d'un heros. Il étoit un peu peintre , & dês sa jeunesse son inclination l'avoit porté à apprendre du métier ce qu'il en faloit à un Gentil-homme comme lui. Il se déguisa, fit provision des portraits de la plûpart des grands Seigneurs de la Cour de France ; n'oublia pas le sien ; passa avec cette marchandise dans la ville même de la Princesse, dressa une boutique vis-à-vis de son palais, & y étalla tous ses tableaux, à la reserve du sien toutefois, pour des raisons qu'il avoit. Il vouloit que la Princesse ne fût point preparée à l'y trouver , & juger de ses sentimens par sa surprise , si par hazard il pouvoit lui donner la curiosité de venir voir ses peintures. Il fit present d'un tableau à une des filles d'honneur de la souveraine ; qui lui promit qu'elle feroit naître cette curiosité à sa maitreſſe. La Princeſſe entra chez lui un jour, & demanda à voir les portraits de quelques perſonnes de la Cour. Il fit paroître le ſien comme ſans deſſein en les cherchant. La Souveraine à cet aimable aſpect changea de couleur, rougit, pâlit, & enfin s'évanouit. Une Princeſſe du Faramond ou du Cirus n'en auroit pas fait davantage : on cherche un pretexte à l'évanouiſſement, & on la ramene dans ſon palais. Elle n'y r'ouvre les yeux que pour pleurer, & la bouche que pour jetter de gros ſoupirs. *Helas! s'écria-t-elle, cher ſujet de mes peines, par quel malheur m'es-tu venu rendre l'idée impitoyable qui eſt cauſe de tous les maux que j'endure!* ajoutant à cela d'autres pareilles lamentations.

Si le Marquis de Mireſtain entendoit de quel air elle conte ſon hiſtoire, dit Madame de Mulionne, il lui en voudroit un mal de mort. Gardez-vous bien de lui en redire quoi que ce ſoit, reprit Mademoiſelle Velzers. C'eſt que lui-même me l'a contée en ces propres termes; & que je tâche de le contrefaire. Que cela eſt malicieux! dit Montal : mais il nous va rencontrer en face, quand nous ſerons au bout de l'allée où nous ſommes, & je l'en avertirai. Ha! repartit la Hollandoiſe, vous m'en feriez un ennemi, & je ſerois fâchée qu'il s'apperçût que je raille du recit qu'il fait de ſes aventures. La Princeſſe donc n'ouvrit la bouche que pour ſe plaindre ; & quelque temps aprês envoya querir le peintre. Elle voulut faire marché du portrait fatal. Mais que devint-elle à la vue du peintre même lorsque dépouillé de l'habit qui le déguisoit il se jetta à ses genoux ! C'est de ceci qu'on feroit un gros volume, neanmoins je n'en dirai mot. La presence de l'amant surmonta enfin toutes les considerations d'honneur & de vertu ; elle s'abandonna à son cher Marquis. Elle prit seulement des mesures pour ne lui accorder rien qui ne lui fût permis. Un mariage de conscience fit l'affaire.

Mon Dieu ! interrompit Madame de Mulionne ; qu'est-ce donc que ces mariages de conscience ? Hé ! répondit le Chevalier, c'est une galanterie honnête : mais cela est-il bon ? repliqua-t-elle. O Dieu ! Madame, reprit Montal, en doutez-vous ? Il n'y a rien de meilleur goût, C'est un mêlange de vertu & de débauche, qui est tout à fait délicat. Vous raillez, dit-elle, & on ne sçait comment prendre ce que vous dites ; mais repondez-moi serieusement. Pensez-vous que le mariage de conscience de Madame la Comtesse de Vilagrand avec son Ecuyer ; que celui de Madame la Princesse de Norias avec son voisin ; celui de la Duchesse de... je ne me souviens plus de son nom, avec son Intendant ; & une infinité d'autres : croyez-vous en verité que cela soit selon Dieu ? Oui, Madame, reprit-il ; & on ne le souffriroit point si cela n'étoit. Vous nommez la Princesse de Norias,
interrompit

interrompit Mademoiselle Velzers ; mais
elle n'est point mariée, & c'est une médisance. Mademoiselle, lui répondit
Montal, vous venez un peu tard pour
contester cette verité ; il n'y a rien de si
seur, ni de plus generalement répandu.
Hé bien ! Monsieur, repartit Mademoiselle Velzers, il n'y a donc qu'une fable
generalement répanduë. La Princesse de
Norias n'est point mariée ; & peut-être
avant qu'il soit peu, vous la verrez dé-
mentir tous ces faux bruits, en épousant
encore un plus grand Prince que son premier mari ; car les astres la destinent à
cela. Mais d'où viendroit donc l'attachement de son voisin à tous ses interêts ? dît
Madame de Mulionne. N'avez-vous jamais eu personne dans les vôtres, Madame ? reprit la Hollandoise. Mais outre
qu'on peut avoir cet attachement pour
elle, à cause de son merite & de son esprit ; car après tout, elle en a beaucoup,
& elle plaît à qui elle veut ; il y a une
raison particuliere qui y engage son voisin. Il étoit ami du défunt Prince. Comme ce bon vieillard se vit au lit de la mort,
il lui recommanda les interêts de sa veuve, & le fit jurer qu'il ne les abandon-
neroit jamais. On n'aura point de peine
à le croire, si l'on considere d'un côté le
solide appui d'un homme tel que lui, &
de l'autre les affaires qui pouvoient arriver à la Dame. Elle n'avoit pas d'enfans,
& plusieurs heritiers croyoient qu'on
leur avoit fait injustice à son occasion.

M

C'eſt une penſée, interrompit Madame de Mulionne, qu'on ne leur ôtera pas aiſément. Et cependant, reprit Mademoiſelle Velzers, il n'y en eut jamais de plus injuſte ; car on pourroit plutôt dire que la maiſon du Prince étoit perduë, ſi la Princeſſe n'y eût apporté le bien qu'elle avoit. Vous êtes de ſes amies, dît le Chevalier à Mademoiſelle Velzers ; & on voit bien que vous lui avez de grandes obligations. Moi ! répondit-elle, point du tout : ce n'eſt pas pour aucune obligation que je lui puiſſe avoir ; je ne croi pas même qu'elle ſçache tout le bien que je publie d'elle ; mais j'aime à rendre ce témoignage à la verité. Nous venons de faire là une longue digreſſion, dît Madame de Mulionne : elle vous a empêché de finir votre hiſtoire du Marquis de Mireſtain. Eſt-ce qu'elle n'eſt point finie par le mariage ? reprit Montal ; cela iroit contre les regles du roman. Non pas, dît la belle Hollandoiſe, un mariage de conſcience ne peut ſervir de bonne concluſion.

Ils s'épouſerent donc, pourſuivit-elle, ainſi que je l'ai dit ; & elle en eut deux enfans. Il prit envie à la Dame, après cela, de venir voir le pere de ſon mari, ſous pretexte de quelque autre affaire qu'elle avoit en France. Comme elle fut arrivée dans leur château, ce bon-homme demanda à ſon fils où ils pourroient dignement coucher la Princeſſe. Le fils répondit que ce ſeroit avec lui. Le pere

qui ne fçavoit rien du mariage, fut of-
fenfé de cette repartie, qu'il crut trop libre. Il donna un foufflet au Marquis :
toutes ces circonftances font de l'hiftoire.
La Princeffe, pour l'empêcher de redoubler, lui dît que fon fils pouvoit y coucher ; & de quelle forte. Il en eut une
joye proportionnée à l'honneur qu'il recevoit. Depuis, deux ou trois années fe
pafferent. La Princeffe mourut. Le Marquis de Mireftain fut renvoyé en France
par les heritiers. Ses deux enfans furent
empoifonnez. Voila la fin de fes aventures ; paffons deformais devant lui quand
vous voudrez ; il en aura peut-être quelqu'autre plus nouvelle à nous conter.

Elles arriverent un moment aprês au
bout de l'allée, & entrerent dans celle
où le Marquis de Mireftain fe promenoit
avec Lufigni. Ils fe joignirent tous, &
continuerent enfemble leur promenade.
Meffieurs, leur dît Mademoifelle Velzers, quelle heureufe aventure fait que
nous vous rencontrons ici aujourd'hui ?
C'eft un fou qui nous y a amenez, répondit le Marquis de Mireftain ; & nous
l'y avons accompagné pour voir un efprit qui revient, à ce qu'il nous a dit,
dans ces allées. Ho ho ! Meffieurs, repartit-elle, le bruit de cette apparition
a-t-il déja été jufques à vous ? Il faut
donc que celui à qui l'efprit s'eft apparu,
foit un homme de la Cour. Sans doute,
reprit-il ; car c'eft le Marquis de Kimperbel. Quoi ! ce feroit lui, dît-elle ; &

il auroit été l'autre jour si prês de nous!
A l'heure qu'il est, repliqua-t-il, il est
encore là-bas, qui voudroit bien que l'esprit lui apparût une seconde fois : nous
l'y avons laissé tout seul. Comment, dît
Madame de Mulionne, il veut revoir
l'esprit ? N'avois-je pas entendu dire
qu'il s'en étoit évanoui de frayeur ? Ce
ne fut pas de frayeur, Madame, répondit le petit Lusigni, ce fut de joye & d'a-
mour ; car vous sçaurez que cet esprit
étoit celui de sa défunte maitresse. Mais
vraiment, Madame, interrompit à ces
mots Mademoiselle Velzers ; Vaux est
un lieu merveilleux pour les aventures ;
& je pense que la terre de son parc a une
secrete vertu qui les y fait naître. On
continua la conversation quelque temps
sur la même matiere, puis on se mit à
parler d'autre chose ; & voyant venir de
loin Mademoiselle de Barbesieux qui
avoit achevé d'écrire sa lettre ; on retourna au devant d'elle. Il n'y eut que Mademoiselle Velzers que Mademoiselle de
Kermas obligea de tourner du côté où
l'on avoit laissé le Marquis de Kimperbel ; afin, disoit-elle, de le surprendre &
de lui faire peur. Quoi ! lui répondit la
Hollandoise, tu peux enfin te resoudre à
valoir quelque chose, toi qui entens des
histoires entieres sans dire mot ? Et que
veux-tu que je die, lui repartit cette belle
Bretonne ? N'est-ce pas assez que je vous
écoute tous, & que ces histoires ne m'en
divertissent pas moins ? Là-dessus, elle

la preſſa encore d'aller juſques où étoit
ce Marquis. C'eſt que je le connois auſſi-
bien que toi, ajouta-t-elle, & que nous
aurions du plaiſir ſi nous pouvions l'engager à nous conter l'hiſtoire de cette défunte maitreſſe qu'il a vue. Je le veux
bien, dît Mademoiſelle Velzers ; mais ſi
elle alloit revenir tandis que nous ſerons
avec lui ? Que tu es folle ! reprit Kermas ; as-tu la foibleſſe d'ajouter foi à ces
ſotiſes ? Hé quoi ! s'écria Mademoiſelle
Velzers, tu és auſſi de nos eſprits forts ?
ah vraiment, pourſuivit-elle, je ne m'é-
tonne plus ſi on dit que les prudes ſont les
plus dangereuſes, pour ne rien valoir ! Il
faut que tu ſois une bonne ame, puiſque
tu ne crains pas les eſprits. Elles ne laiſſerent pas de s'avancer toujours vers le
Marquis de Kimperbel. Cette belle Bretonne étoit maſquée, & pour n'en être
point du tout reconnue, elle pria ſon amie
de ne la point nommer, & encore plus
de ne la point faire parler. Sa raiſon étoit
qu'elles auroient plus de plaiſir du Marquis, s'il pouvoit ignorer qui elle étoit.
Il faut, reprit Mademoiſelle Velzers, qu'il
y ait un grand myſtere là-deſſous ; mais
n'importe, allons. Elles aborderent enſuite le pauvre amant, que leur preſence
retira d'une profonde rêverie.

Il étoit aſſis ſur un petit banc le long
d'une paliſſade, attendant toujours le retour de cette chere ombre d'une perſonne qu'il avoit adorée vivante. Nous venons troubler votre ſolitude, lui cria de

loin Mademoiselle Velzers : nous interrompons le doux entretien que vous avez peut-être ici avec vos pensées ; mais il faut que vous pardonniez cette indiscretion à la curiosité qu'on a de voir des raretez. C'est une chose si extraordinaire à notre avis, qu'un amant qui aime encore une femme après qu'elle est morte, que nous n'avons pu nous empêcher de venir vous admirer. Il se leva pour saluer Mademoiselle Velzers, ne voulant connoître l'autre, qu'autant qu'il jugeroit qu'elle le souhaiteroit, puisqu'elle n'avoit pas levé son masque ; & répondant à l'aimable Hollandoise, avec un souris forcé : Je merite bien, lui dît-il, que les belles me raillent de mon extravagance ; mais, ajouta-t-il, Mademoiselle, il faut que cette fantaisie se passe. Il n'y a personne qui en sa vie n'ait été une fois amoureux. Croire que nous vous raillons de ce que vous êtes honnête-homme, repartit Mademoiselle Velzers, c'est mal expliquer ce qui nous amene. Cependant, continua-t-elle, n'est-ce point pour nous faire peur que vous avez fait courir le bruit de cette apparition, sçachant que nous étions ici ? car enfin nous ne la croyons pas vraye. Ah ! lui dît-il, je suis prêt à vous faire tous les sermens imaginables, qu'il n'y a rien de plus vrai. J'étois en ce même endroit Jeudi dernier ; j'y attendois mon valet de chambre que j'avois envoyé à un quart de lieue d'ici pour apprendre si un de mes amis y étoit, avant que d'y aller moi-même. Comme je jettai les yeux sans y songer dans ce petit cabinet que vous voyez là-bas, j'y vis le fantôme sortir de la terre, se lever sur ses pieds, puis disparoître. J'en fus si troublé, que mon valet de chambre à son retour, me trouva presque sans sentiment. Il fut contraint de chercher du secours dans le château.

Nous avons un Gentil-homme avec nous, dît Mademoiselle Velzers, & il n'est pas que vous ne le connoissiez ; c'est le Chevalier de Montal. Je voudrois bien qu'il vous eût oui assurer ainsi ce que vous avez vu ; car on ne peut lui mettre dans la tête que cela soit possible. Au reste, ajouta-t-elle, nous venons pour vous tirer de cet endroit qui doit être pour vous trop mélancolique. Je suis aussi un peu trop peureuse pour oser y demeurer plus long-temps. Il faut que vous veniez ailleurs, & que vous nous contiez l'histoire de ces belles amours, que la mort n'a pu refroidir. Ah ! Mademoiselle, s'écria-t-il avec un pareil souris que le premier ; à quoi m'engageriez-vous-là ? Nous ne vous quittons pas que cela ne soit fait, reprit-elle, & c'est peine perdue que de vouloir vous en défendre. Voila un tour, poursuivit-il, que me jouent Mirestain & Lusigni : ce sont eux qui vous ont envoyé vous railler de moi de la sorte. Pourquoi vous railler ? repliqua-t-elle. On ne raille point pour prier les gens de conter leurs histoires.

M iiij

Ils s'éloignerent à ces mots du cabinet, & tout en marchant il dît à Mademoiselle Velzers :

Histoire du Marquis de Kimperbel.

Quoique vous soyez de mes amies, vous ne m'épargnerez pas plus que les autres : & dire à une indifferente comme vous, qu'on a été extrêmement amoureux, c'est lui donner de belles occasions de se bien divertir. N'importe, ajouta-t-il, je l'ai été avant que d'épouser Madame de Kimperbel : & quoique je sois marié ; quoique j'aye pour ma femme toute l'estime & toute la complaisance qu'elle sçaurois desirer ; j'aime encore ce que j'aimois avant que d'être à elle ; je conserve dans le cœur un éternel regret de sa mort ; & ma passion est telle enfin, que j'aimerois mieux voir souvent l'esprit qu'on vous a dit qui m'est apparu, que toutes les plus belles choses du monde. Les larmes en cet endroit surprirent, malgré lui, un petit coin de ses yeux où elles parurent ; & la Hollandoise lui dît en riant : Je n'en vois rien, Monsieur, pleurez hardiment. Ah ! railleuse, lui répondit-il, vous voila déja au comble de votre joye ; puis il continua. Cette pauvre fille s'appelloit Mademoiselle de Kermas, d'une des plus illustres familles de Bretagne ; mais ruinée par le temps & par la fortune. Je la connus par le moyen de ses freres avec qui j'avois lié quelque espece d'amitié dans une academie où nous avions appris nos exercices. J'en devins presque tout d'un coup aussi pas- sionné, que je le fus toujours dans la suite : aussi étoit-elle fort aimable. C'é- toit une brune de belle taille : elle avoit des yeux remplis d'une langueur extrê- mement douce ; tous les traits beaux, une gorge divine, & autant d'esprit que per- sonne en ait jamais eu : il penchoit nean- moins un peu plus vers le serieux, que du côté de l'enjoument.

Mademoiselle Velzers se retourna à ces mots du côté de la belle Bretonne, qu'elle avoit déja poussée plusieurs fois du coude à chaque parole de Monsieur de Kimperbel. Quelle étrange aventure est-ce donc ici ! lui dît-elle à l'oreille. Voila ton nom, & ton portrait ; & il semble que ce soit de toi qu'il veuille parler ; mais pourtant tu n'és pas morte. Kermas ne lui répondit qu'en la repous- sant aussi de son coude, pour lui faire si- gne de ne pas interrompre le Marquis de Kimperbel. Ces petites façons, Mesda- mes, leur dît-il, me font croire que vous avez quelque dessein en me faisant con- ter mon histoire : peut-être je connois cette Dame masquée ; mais je veux bien achever de vous divertir.

J'aimai donc extrêmement dês le pre- mier jour ; & j'apportai tous les soins imaginables pour le faire connoître. Je fus même assez heureux pour persuader, pour n'être point haï, & pour faire con-

M v

sentir après un mois de combat que l'on m'épousât secrétement. Les mesures prises, nous nous mariâmes en la présence de ses deux freres, & de trois ou quatre autres confidens. Nous vêcumes pendant trois mois les plus heureux du monde. Point de traverses, point de soupçons. Je me dérobois toutes les nuits de la maison par la porte du jardin ; les freres de Mademoiselle de Kermas m'y attendoient, m'escortoient jusques chez leur sœur, & me ramenoient avant le jour : difficultez aimables, qui ne nuisoient point à nos plaisirs. Mais enfin notre secret fut découvert. Comme j'étois le fils du Gouverneur de la ville, & que nous nous cachons mal-aisément dans un lieu où tout le monde nous connoît, sans que nous connoissions tout le monde ; quelqu'un me vit sans doute malgré mes précautions. On commença de se dire à l'oreille que j'étois amoureux, & que j'allois toutes les nuits en bonne fortune. Le bruit en alla jusqu'à mon pere qui me fit épier : plus toutefois au commencement, pour connoître la maitresse de son fils, que pour autre chose. Il n'étoit pas incommode comme plusieurs peres, & il m'eût bien volontiers permis une galanterie. J'y donnai pourtant si bon ordre, que je trompai tous ses espions. Il ne comprit rien à mon intrigue, sinon que j'étois capable d'être marié puisque j'avois une amourette, & il y travailla peu de jours après. Il m'avoit destiné dês mon

enfance à Mademoiselle de Kimarez, &
je devois m'attendre il y avoit long-
temps à cette tempête. Je ne pus toutefois la voir si proche, sans une frayeur
mortelle. Je fremis à la seule proposition
que mon pere me fit d'épouser cette Demoiselle. Monsieur, lui répondis-je, que
voulez-vous que je fasse d'un enfant ?
Celle que vous voulez me donner pour
femme n'a encore que dix ans : je n'en
ai moi-même que quinze ou seize ; se-
rons-nous capables de nous aimer ? Vous
en serez capable, me repliqua-t-il, puisque vous l'êtes bien de raisonner là-dessus : & d'ailleurs la petite de Kimarez
que je vous destine, outre qu'elle est des
plus riches du pays, sera dans un ou deux
ans l'une des plus grandes beautez de
France. Il est vrai, Monsieur, lui repartis-je, mais malgré tout cela je ne sçais
si je la pourrai aimer autant que vous le
voudrez. Et pourquoi non ? me répondit-il : vous avez été élevez ensemble dês
le berceau, & vous vous êtes assez aimez jusqu'à cette heure. Oui, repris-je
aussi-tôt ; mais l'amour que je puis avoir
pour elle a passé en habitude d'amitié
fraternelle. On ne regarde en cet état l'a-
mour conjugal que comme une espece
d'inceste ; & les passages de l'un à l'autre
sont presqu'impossibles à la nature, quoiqu'ils s'accordent avec les lois.

Vous riez, dît-il en s'interrompant, à
cause que je vous rapporte jusqu'aux entretiens que j'avois avec mon pere. Au

M vj

contraire, lui répondit-elle, c'est ce que j'aime : il est vrai que vous étiez déja bien sçavant, pour n'avoir pas plus de quinze ans. Je m'emporte insensiblement, reprit-il, & m'étends sur un récit que je voulois trancher court ; mais c'est que le passé est toujours present à ma memoire, & qu'il me plaît toujours. Vous croirez cependant, que c'est le moi d'apresent qui est sçavant, ou que c'étoit le moi d'alors ; cela ne nuit pas fort au fond de l'histoire, & m'est indifferent. Mon pere, qui du moins n'attendoit pas d'un homme de mon âge ce que je lui pus dire, vit bien que j'avois quelque conseil, & craignit que mes amours secretes ne fussent dangereuses. Il se resolut de m'observer plus que jamais. Il feignit de ne me pas vouloir contraindre à épouser Mademoiselle de Kimarez, afin que perdant mes défiances je fusse plus facile à surprendre dans mon intrigue. Mais il y eût perdu son temps sans une fiévre violente dont je fus attaqué quelques jours aprês. Je m'étois échauffé à la chasse, & cette fiévre me jetta dans la rêverie. Je nommai souvent ma chere Kermas dans mes accês ; & il n'en falut pas davantage pour tout découvrir à mon pere. Il étoit fort ambitieux ; & comme il n'avoit de fils que moi seul, il fut au desespoir quand il sçut mon mariage. Sa colere produisit les plus cruels effets du monde. Je les passe sous silence, parce que l'histoire en feroit trop longue. Monsieur, il n'importe, lui dît Mademoiselle Velzers, contez-nous tout par le menu, je vous en prie; car je vous assure que je prens tant de part à tout ce que je viens d'entendre, que cela m'attendrit : & il produit peut-être encore de meilleurs sentimens pour vous dans le cœur de la Demoiselle masquée que vous voyez à côté de moi. Kermas tiroit sa compagne par la robbe de de toute sa force, tandis qu'elle disoit cela au Marquis de Kimperbel, de peur qu'elle ne la découvrît. Je lui en suis bien obligé, répondit-il, qui qu'elle puisse être; mais je n'aurois pas assez de temps pour faire ce que vous voulez, & d'ailleurs, la memoire m'en seroit trop sensible. Il suffit de vous dire qu'après que la resistance de cette pauvre femme eut lassé la patience de mon pere, qui vouloit qu'elle consentît à la dissolution de son mariage, il la fit enlever secretement & conduire dans un château tout entouré de la mer, dont un de ses amis étoit Gouverneur. Peu s'en falut qu'il ne perdît aussi ses deux freres, Messieurs de Kermas; & pour moi je pensai mourir de chagrin de tout ce desordre. J'eus besoin pourtant de dissimuler l'excês de mon déplaisir, de peur que, si mon pere eût desesperé de me voir oublier Mademoiselle de Kermas, il ne s'en fût défait par quelque voye funeste, car il n'y avoit pas d'homme plus violent, & l'autorité qu'il avoit dans la province le rendoit capable d'entreprendre tout sans scrupule. Que vous dirai-je enfin ? Je lui persuadai qu'on ne m'avoit pas fort affligé de m'en débarrasser. Il m'envoya faire un petit voyage pour achever de me guerir. Je revins secrétement dans le pays lorsqu'on m'en croyoit bien éloigné. Je trouvai l'invention de revoir ma chere Kermas malgré la cruauté de mon pere & la vigilance du Gouverneur du château. J'y entrai sous un habit déguisé : trop heureux de posseder encore celle que j'aimois, toute prisonniere qu'elle étoit, si cela eût pu durer : mais le malheur qui me persecutoit alla presqu'en même temps inspirer la vengeance aux freres de Kermas. Ils dresserent des embûches à mon pere comme il étoit à la chasse ; ils ne furent point les plus forts ; tous deux perirent miserablement. L'un d'eux ayant été fouillé après sa mort, on trouva sur lui la moitié d'un billet écrit de la main de sa sœur. Ces paroles y étoient. *Je vous en ai écrit plusieurs fois, mon frere, prevenez le pere de Monsieur de Kimperbel, ou nous perirons infailliblement.* C'étoit un morceau d'une lettre par laquelle elle conseilloit à ses freres de l'instruire eux-mêmes de notre mariage avant qu'il le sçût d'ailleurs. Elle esperoit que la consideration de la maison ancienne des Kermas, jointe aux prieres de quelques amis puissans qui se mêleroient de l'accommodement, le feroit consentir à leur alliance. Mais le billet ne fut pas interprêté de la sorte : mon pere crut qu'elle sollicitoit plutôt ses freres de se défaire de lui. L'action qu'ils venoient de commettre ne donnoit pas lieu à croire autre chose. Il vint plein de furie au château de son ami, résolu pendant qu'on ignoroit encore que ce fût lui qui l'eût enlevée, de l'envoyer tenir compagnie à ses deux freres. La pauvre prisonniere en eut avis avant qu'il arrivât. Les mauvaises nouvelles surpassent la vitesse des couriers mêmes; & celle-là avoit devancé celui qu'il avoit envoyé au château pour empêcher qu'elle ne sçût rien de ce qui s'étoit passé, avant qu'il y fût. Frappée comme d'un coup de foudre au recit de la mort de ses freres, elle tomba par terre évanouie : elle étoit prête d'accoucher. Cette chute avança le temps de son accouchement, & elle mourut dans le travail. Depuis ce temps-là, j'ai couru, j'ai voyagé, j'ai fui toujours, autant que j'ai pu la rencontre de mon pere, qui étoit cause de tous les maux que je souffrois. Mais enfin, le temps, des sentimens d'honneur, l'importunité de mes amis, & le desir d'un grand Prince, me firent resoudre à épouser Mademoiselle de Kimarez. Mais ni le temps, ni l'honneur, ni l'importunité, ni le Prince, ajouta-t-il en soupirant, n'ont pu ôter l'infortunée Kermas de mon souvenir. Je n'ai jamais eu, depuis, aucune veritable joye : & je crois, d'eussai-je passer pour un ridicule & un chimerique, qu'elle ne m'est apparue ici il y a deux jours, que pour m'avertir qu'elle m'aime encore en l'autre monde.

Madame de Mulionne & Mademoifelle de Barbefieux, qui s'étoient entre-
tenues ailleurs avec le Chevalier de Montal, le Marquis de Mireftain, & le petit
Lufigni, parurent au bout de l'allée comme le Marquis de Kimperbel achevoit
fon hiftoire ; & pour ne point effuyer
tout ce que lui auroit pu dire une compagnie fi enjouée, il prit congé de la Hollandoife & de la Bretonne, quelque in-
ftance que fît la premiere pour le retenir : & au grand regret de la derniere,
il fe déroba du jardin pour s'en retourner
à Fontaine-bleau tout feul. Voila qui eft
fort honnête ! cria de loin le Chevalier
de Montal aux deux amies ; on vous loue,
Mefdemoifelles, d'avoir été trouver fans
nous un homme qui fait courir aprês lui
jufqu'aux belles de l'autre monde. La
Hollandoife eût voulu n'être pas obligée de répondre à cela, par le defir qu'elle
avoit d'interroger fa Kermas fur toutes
les chofes qu'elle venoit d'apprendre :
mais il falut remettre à la nuit à contenter fa curiofité ; lorfque cette belle Bretonne & elle feroient couchées enfemble
à leur ordinaire. Elle répondit au Chevalier : Il eft vrai, Monfieur, notre entretien même n'a été que d'amour ; mais
vous voyez combien il fait le cruel, &
comme il quitte brufquement les gens
de ce monde-ci. J'en devine la caufe, dît
Lufigni ; c'eft qu'il voit bien qu'il auroit
à répondre à des perfonnes qui ne croyent
pas volontiers aux efprits. Mais, Mefde-

moiselles, vous a-t-il conté l'histoire de cette Dame dont l'ombre lui est apparue ? il n'y en a pas dans les romans de mieux intriguée que celle-là, sur ma parole. Oui, répondit Mademoiselle Vélzers, nous sçavons tout ; &, s'il plaît à Dieu, nous en sçaurons bien-tôt encore davantage. Elle n'acheva point ce qu'elle vouloit ajouter à cela, parce que Mademoiselle de Kermas lui fit toujours signe de n'en point parler. Mais Montal qui étoit curieux ; Que sçaurez-vous donc davantage, lui dit-il, puisque vous en sçavez toute l'histoire ? Nous en sçaurons peut-être quelqu'autre, répondit-elle, de Monsieur de Lusigni ou de Monsieur le Marquis de Mirestain ; car il n'est pas qu'il ne leur soit arrivé quelques aventures. Vous ne voulez rien moins dire que cela, reprit le Chevalier ; mais il fut interrompu, & Mademoiselle de Barbesieux dît ; Qui nommez-vous ici Monsieur de Lusigni ? Mademoiselle, c'est le petit homme que voila, répondit le Marquis de Mirestain en le montrant. Pardon, Monsieur, lui dît-elle, si je ne vous ai pas fait de compliment ; je n'avois l'honneur de vous connoître que de reputation. Comment, Mesdames, vous ne sçavez pas que ce Gentil-homme-là est l'homme de France qui vous peut le mieux faire l'histoire de ma bigotte ? elle a été amoureuse de lui. Lusigni fut extrêmement surpris d'entendre parler de lui en ces termes. Vous vous dispenserez

mal-aisément de satisfaire à la curiosité
de ces Dames , lui dît le Chevalier de
Montal ; personne ne participe à l'honneur de leur entretien , qu'il ne lui en
coute une histoire , & j'ai conté la mienne. Mais, Mesdames , répondit Lusigni
en raillant , je ne suis point encore las de
pretendre à être favorisé des belles ; & si
je revelois leurs secrets , il m'y faudroit
renoncer. Si vous ne dites pas celle que
nous voulons que vous nous disiez , reprit Mademoiselle de Barbesieux , je la
dirai moi-même : je sçais jusqu'aux moin-
dres particularitez de vos affaires ; & je
vous avertis de plus , que je ne flaterai
personne si je m'en mêle ; je nommerai
les gens par leur nom. Ma foi, Mademoiselle , repartit Lusigni , vous ferez ce
qu'il vous plaira ; mais je ne publirai
point les faveurs qu'on m'a faites. Bon,
bon, dit Madame de Mulionne , voici
une nouvelle sorte de discretion : il ne
veut point dire ses affaires ; mais il souffrira avec plaisir que les autres les disent,
& soufcrira en un besoin à tout ce qu'on
voudra. Si je croyois , répondit-il , qu'on
pût parler d'une veritable intrigue , peut-
être que je prierois bien fort cette belle
Demoiselle d'épargner les interessez. Mais
ce m'est quelque chose de si nouveau
d'apprendre qu'on a été amoureux de
moi , que je voudrois qu'on m'eût dit
vîtement le nom & le surnom de celle
qui a eu tant de charité, & toutes les circonstances d'une si bonne fortune. L'ex-

cuſe n'eſt pas mauvaiſe, dît Madame de Mulionne ; mais Mademoiſelle de Barbeſieux ne va point laiſſer de parler. Sans doute, ajouta cette Demoiſelle ; & voici ce que j'en ſçais.

Hiſtoire de Monſieur de Luſigni, & de Mademoiſelle de Revenois.

Cet honnête Monſieur-là, petit comme il eſt, n'a pas laiſſé étant en Gaſcogne de rendre une grande fille trés-amoureuſe de lui. Et pour faire mon hiſtoire dans les regles qui ſont à la mode, je vais commencer par le portrait de cette belle. Elle étoit rouſſe & ſourde.....Ce début fit rougir Luſigni. Vous me faites, dît-il, beaucoup d'honneur, de me donner une ſi aimable maitreſſe. Patience, reprit-elle, je dirai ce qu'elle a de beau ; mais je veux être fidelle hiſtorienne. Elle étoit donc ſourde & rouſſe : on pourroit dire même qu'elle étoit preſque muette, tant elle étoit bégue ; il lui faloit une heure pour dire un mot. En récompenſe, elle avoit le plus beau teint du monde, & ſa blancheur éblouiſſoit. C'étoit une beauté achevée ; les yeux, le nez, la bouche, la taille, le haut & le bas du viſage, le col & la gorge, étoient des choſes dont elle eût fait grand argent, ſi elle eût voulu en laiſſer prendre la copie aux Peintres. Voila du moins qui me conſole, reprit-il en riant ; & les belles parties ſont en plus grand nombre que les laides. Elle avoit encore beaucoup d'esprit, continua Mademoiselle de Barbesieux ; sa plume reparoit agreablement le defaut de sa langue. Elle tournoit les choses délicatement, aisément, méchamment ; enfin comme elle le vouloit, & selon qu'elle en avoit besoin. C'étoit aussi une abondance quasi sans pareille : faire dix billets par jour à son cher Monsieur de Lusigni, n'étoit qu'un jeu pour elle. Hé ! mon Dieu, interrompit Madame de Mulionne, n'en verrons nous pas un ? Non, reprit Mademoiselle de Barbesieux, tout est brulé. Cet amoureux Monsieur-là a été assez bon pour en faire un sacrifice ; & peut-être qu'il n'est pas à s'en repentir. Mais Mademoiselle, dît Lusigni, il sembleroit à vous entendre, que tout ce que vous dites fût veritable : qui vous en a donc tant appris ? La Marquise de Vierson, lui répondit-elle. Etes-vous content ? & croirez-vous que je parle maintenant sans sçavoir bien ce que je dis ? Ah ! Mademoiselle, repliqua-t-il, je me rends après cela ; mais la Marquise de Vierson est une infidelle, d'avoir publié des choses de cette nature. Mais vous encore plus, lui dît Madame de Mulionne, d'en avoir fait confidence à cette Marquise. Non, Madame, reprit Mademoiselle de Barbesieux, c'est qu'elle avoit été témoin de leur rupture. Voila donc le portrait de la belle de Revenois, ajouta-t-elle ; car il ne faut pas oublier de la nommer. Leur premiere connoissance

vint des bains de Bourbon, où ils s'étoient
vus ; & de s'être depuis rencontrez ensemble à Bordeaux. M. de Lusigni a voulu faire croire qu'il avoit eu bien de la
peine à résoudre la Demoiselle à aimer ;
mais c'est un conte : elle se declara la
premiere. Il lui parloit des filles qui
avoient la foiblesse de souffrir que des
hommes les revissent aprês une infide-
lité ; & lorsqu'il se croyoit fort éloigné
d'être aimé, & je croi encore plus d'être
amoureux : *Pou-pou-poul moi*, lui dît - elle
*en béguayant, ze-ze ne su-suis pas de-de-de
ces filles - là ; & papar exemple, si- si-si, vous
men aaviez faifaifait une, vous ne-ne me me
reregagneriez za-zamais.* O que vous êtes
méchante Mademoiselle ! lui dît Lusigni
à ces mots ; & quel coup de pinceau vous
donnez à cette pauvre fille ! il s'en faut
la moitié qu'elle ne soit aussi bégue que
vous la representez. Il n'importe, reprit-
elle, il est toujours vrai qu'elle vous a
dit cela. Depuis ce moment, l'amour
s'augmenta tous les jours. Je ne m'amuserai pas à vous particulariser tout ce qui
se passa entre-eux, avant que de parvenir
aux bonnes affaires ; la nuit s'approche,
& je puis dire quelque chose de meilleur.
Il faut sçavoir seulement qu'avec l'amour,
cette belle sentit naître en son ame un desir violent d'apprendre à faire des vers.
Monsieur que voila, qui s'en démele ga-
lamment, prit ce pretexte pour la voir
assez souvent chez elle. Le commerce
dura jusques à ce que la mere ne le trouva

plus bon. Vous êtes devote, ma fille, lui dît-elle; vous êtes ennemie de l'amour, vous voulez qu'on le croye; accordez pourtant un peu tout cela avec le reste, dît Mademoiselle de Barbesieux: vous voulez enfin, ajouta cette bonne mere, que toutes vos compagnes ne regardent pas un homme; & vous en souffrez un tout seul avec vous dans votre chambre? cela n'est pas bien. Comme à cette remontrance on joignit la défense; elle donna rendez-vous ailleurs. Une Lingere, l'exemple de tout le quartier pour sa devotion, & qui avoit accoutumé de faire des mouchoirs à Mademoiselle de Revenois, lui prêta sa maison pour y prendre des leçons de poësie. On fit faire deux clefs d'une même chambre, le premier venu y entroit & attendoit l'autre. Je n'ose vous dire l'artifice dont la belle se servoit pour s'y rendre commodément, & sans que ses gens s'en apperçussent. Il suffit que son carrosse l'attendoit à la porte d'un convent, & qu'il sembloit toujours qu'elle en sortît quand elle revenoit d'ailleurs. Ce vertueux exercice dura deux ans & plus; pendant lesquels on dit même qu'elle eût mis de belles productions en lumiere si elle eût voulu. Elle avoit fait un ouvrage fort naturel & & fort galant; mais quelques considerations lui firent envisager cela comme une chose qui ne seroit pas bien seante à une fille qui se piquoit de haïr la galanterie. Elle étouffa en même temps & l'ouvrage & l'envie de le rendre public.

Par ma foi, Mademoiselle, interrompit encore le heros de cette histoire, vous êtes une ennemie bien dangereuse ; & il ne fait guere bon vous déplaire. Comment l'entendez-vous ? reprit-elle : est-ce être ennemie d'une personne, que de dire ce qu'elle a fait de louable ? Je vous assure qu'il y a bien des auteurs qui n'auroient pas la force de supprimer leurs ouvrages comme elle, quand ils sçauroient qu'il ne leur en devroit pas revenir grand honneur : mais laissez moy achever.

Ils se trouverent donc assez soigneusement chez la Lingere deux ans durant. Monsieur de Lusigni étoit content d'elle ; tout autre qui eût voulu montrer à la belle, eût été fort mal reçu. Tout ce qu'elle écrivoit s'adressoit à lui seul ; mais il lui prit envie après cela d'éprouver la science des autres. Un homme de la premiere qualité passant là pour aller à son Gouvernement, lui parut bon poëte, à sa mine. Elle s'imagina que son rang devoit lui fournir des pensées plus relevées que celles de Monsieur de Lusigni. Je croi pourtant qu'elle pouvoit se tromper. Mais enfin elle fit tout ce qu'elle put pour attirer cet homme de qualité. Les billets coururent. Quoi qu'il la méprisât, il ne laissoit pas d'y répondre. Il s'en faisoit une de ces bonnes fortunes ; qui, si elles ne touchent point le cœur, servent au moins de matiere d'entretien plaisant à un homme, lorsqu'il est avec ses amis.

Monsieur de Lusigni, qui s'en apperçut
aussi-tôt, en eut une cruelle jalousie; car
on dit qu'il aimoit son écoliere de tout
son petit cœur. Il lui en parla, lui fit de
grandes plaintes; & avec le temps il se
porta même à un peu plus de furie qu'il
n'est permis à un galant homme d'en
avoir contre une femme : il la traita comme un de nos Ducs traita ces jours passez la belle Comtesse de Monsalve, c'est à
dire qu'ils se firent l'amour à bons grands
coups de poins. Dites-vous, Mademoiselle, repartit Montal; que la Comtesse
de Monsalve a eu des coups de poins?
Hé ! de quel pays suis-je donc, pour ne
le point sçavoir ? Mais parbleu ! ajouta-
t-il ; je demande pardon à Monsieur de
Lusigni, si je vous interromps ; appre-
nez-moi cette histoire avant que d'achever la sienne.

Monsieur le Duc de... reprit-elle ; il
n'est pas necessaire de le nommer ; est le
bon ami de Madame de Monsalvé. C'est
un homme d'esprit. Elle en a beaucoup
aussi, & c'est la seule cause de leur amitié à ce qu'elle dit. Cependant un autre
Duc ayant pris plaisir à la conversation
de la Dame, & l'ayant souvent visitée ;
le bon ami en devint jaloux. Il la pria de
ne plus recevoir cet autre Duc. Elle lui
dît qu'il étoit mal-aisé,& même fâcheux,
de se faire celer à un homme de cette
qualité. Madame, lui dît le premier Duc,
cela est mal-aisé quand on l'aime ; mais
tant pis pour vous si vous en êtes coiffée ;
c'est

c'eſt un ſacrifice qu'il faut que vous me faſſiez. Dites-vous qu'il faut ? lui répondit-elle ; c'eſt bien me parler en maître. Je ne ſuis que ſerviteur, lui repliqua-t-il ; mais Madame, ſi vous voulez que je vous parle franchement, il ſuffit que vous m'avez permis de l'être, pour empêcher qu'un autre ne le ſoit auſſi. La Dame s'échauffe là-deſſus ; fait un grand mépris de ſon galant. Il lui répond par d'autres mépris. Elle y fut plus ſenſible que lui : elle lui donna un coup de poing ; il lui en rend un autre ; & ils ſe gourmerent de la bonne maniere.

Cela vous apprend, Meſdemoiſelles, dit Madame de Mulionne, à ne donner aux hommes aucun avantage ſur vous. Mais plutôt à vous, Madame, reprit Mademoiſelle de Barbeſieux, car ce n'eſt point une fille qui a été gourmée.

Le rival, pourſuivit-elle, arriva ſur ces entrefaites. Le premier Duc apprenant qu'il étoit déja ſur l'eſcalier, & qu'en l'état même où l'on étoit, on permettoit d'être vue ; ſortit comme un enragé ſon chapeau enfoncé ſur ſa tête, & jurant de faire encore pis qu'il n'avoit fait. L'autre Duc voyant la Dame épleurée, & qu'elle s'étoit jettée ſur ſon lit, Madame, lui dit-il, qu'avez-vous, & qui vous a miſe en cet état ? Une colique bilieuſe, Monſieur, lui répondit-elle ; mais elle me vient de quitter. Il ſe douta qu'elle étoit bilieuſe en éfet ; il avoit entrevu cette colique qui s'en alloit par un autre

N

efcalier. Plût à Dieu ! Madame, lui repliqua-t-il en fouriant, que mon épée
pût quelque chofe pour vous venger de
cette colique, je vous l'offrirois de grand
cœur. La Comteffe eut le déplaifir de juger par cette réponfe, qu'on ne croyoit
pas trop qu'elle fût malade. Je ne pre-
tens pas vous rapporter ici tout leur entretien. Le fecond Duc qu'elle n'avoit
pas voulu facrifier au premier, la facrifia
à tout le monde. Il en fit le conte, & elle
n'en eut pas peu de confufion. Voila l'hiftoire de la Comteffe de Monfalve.

Vous voulez bien que j'ajoute quelque
chofe à cela ? dît Mademoifelle Velzers.
Tout ce qu'il vous plaira, répondit Mademoifelle de Barbefieux. Je vous dirai
donc, reprit la Hollandoife, que ce fecond Duc eft un fort méchant homme
d'avoir publié cette aventure, & qu'elle
n'eft jamais arrivée que dans fon imagination. C'eft qu'il étoit jaloux du premier ; & qu'enragé de le trouver toûjours
avec la Comteffe, qui étoit trop fage à
fon gré, il s'eft vangé d'elle par cette im-
pofture. Il eft vrai, dit le Marquis de
Mireftain, que fi l'on devoit croire toutes les fotifes qui fe difent des femmes,
il n'y en auroit guere d'honnêtes, car on
n'épargne pas la plus vertueufe. Cependant il y a bien plus de galanterie en
France, que de débauche ; & tel homme
fe vante d'avoir eu toutes les faveurs d'u-
ne Dame, qui n'a peut-être jamais eu
l'affurance de la regarder, ou ne l'a même

jamais vue. Vraiment, Monsieur le Marquis, lui repartit Madame de Mulionne, nous vous sommes bien obligées de prendre ainsi notre parti ; & après tout, vous avez raison ; car moi qui suis femme, je vous avoue de bonne foi que nous sommes un peu coquettes : nous aimons qu'on nous serve, qu'on languisse, qu'on se plaigne, & qu'on fasse enfin toutes les façons qu'il faut faire pour parvenir chez nous à sa bonne fortune : nous souffrons nous-mêmes quelquefois, nous languissons, nous soupirons ; mais ce n'est que vanité, & en conscience le solide n'en est pas. Voila qui va bien pour les femmes, dit Montal ; mais pour les filles ? Je n'en dis rien, ajouta Madame de Mulionne, que chacun réponde de ses pareils. Nous en répondrons assurément, dirent les filles presque toutes à la fois ; mais ce n'est pas d'elles que l'on parle le plus. Ah ! que dites-vous-là ? s'écria le Chevalier. Il n'y en a pas une qui n'ait son intrigue, si l'on en veut croire la chronique scandaleuse. L'une saute les murs du cloître où elle est en pension, pour aller passer la nuit avec son galant, qui l'attend tous les soirs à certaine heure monté sur un grand cheval. Il met les deux pieds sur la selle pour la descendre du mur, & l'y remonte avant qu'il soit jour. Deux autres obtiennent congé de l'Abbesse pour solliciter un procès : on leur donne une vieille Demoiselle pour les accompagner : elles demandent à cette vieille fille si le fils de leur Président lui est connu : croyant qu'elle ne le connoît pas, elles lui font accroire qu'il leur doit donner à dîner chez une marchande, & que c'est pour leur rendre compte des sollicitations qu'il a faites pour elles : le dîné s'y prepare ; le fils du Président arrive : Bon jour, lui dit-on, Monsieur le Marquis de Chanleux ; mais par malheur c'est le Marquis de Luzau, qu'elles érigeoient en fils de Président ; & la vieille le connoissoit mieux qu'elles.

Un grand Prince, continue le Chevalier, donne à souper & le bal à une autre, qui s'est aussi échapée d'un cloître. Elle ne lui donne temps que jusqu'à dix heures du soir, parce qu'elle attend un ami ; mais ce Prince passe l'heure. Cet ami peste, & meurt de froid dans la court des Feuillans, attendant que le Prince soit dehors. La Demoiselle ne pouvant s'en défaire, & craignant que l'autre n'eût de la peine à entrer dans le logis si l'heure étoit passée, & qu'on fermât une certaine porte à la clef après la sortie du Roi du bal ; lui envoye le juste-au-corps bleu de ce Prince même, qu'il avoit quitté pour mieux danser. Le juste-au-corps évanoui interrompt un peu la danse ; il étoit de grand prix. La belle prend occasion de ne vouloir point recommencer le bal. Le Prince sort ; on ferme après lui la porte que j'ai dit. L'autre vient un demi quart d'heure après avec le juste-au-corps, qui est un passe-port pour lui ; on le prend

pour le Prince. Il avoit oublié de dire
quelque chose à la Demoiselle ; elle étoit
déja couchée ; il lui parle dans son lit, &
la femme de chambre de la Dame du logis ouvre les rideaux du pied mal à propos.

J'ai enfin une liste, continua le Chevalier, de mille bons tours qui n'ont été
faits que par des filles, & la plus sucrée
y est couchée pour quelque chose ; après
cela croyez qu'elles ne font point parler
d'elles. On en parle sans doute, dit Lusigni, mais elles vous répondront comme les femmes, que le solide n'est pas de
leurs intrigues. Il y a bien de la difference, reprit Montal ; & les femmes ont
lieu de s'en soucier bien moins qu'elles.
Il nous va dire des folies, interrompit
Mademoiselle de Barbesieux, si nous ne
quittons cette matiére. Ma foi, Mademoiselle, reprit-il, je n'en dis pas tant
que vous ; & voyant la guerre que vous
me faisiez l'autre jour, je croyois que
vous étiez bien plus scrupuleuse que vous
ne l'êtes : mais Dieu merci & graces aux
histoires que vous avez contées ; à celle
de Monsieur de Lusigni même ; j'ai reconnu que l'expression un peu gaye ne
vous déplaît pas. A propos, dit Madame
de Mulionne, est-ce que nous n'enten-
drons pas la fin de cette histoire de Monsieur de Lusigni ? Pardonnez-moi, répondit Mademoiselle de Barbesieux, & je
m'en vais l'achever.

Monsieur de Lusigni & elle se gour-

merent donc. La Demoiselle outragée
trouva par dépit le rival encore mieux
fait. Ils se reconcilierent pourtant : mais
elle se servit depuis de beaucoup de leçons de subtilité, que son amant lui avoit
apprises outre celles de poësie, pour le
tromper comme d'autres. Quand le petit
homme le reconnut, sa furie devint bien
plus grande qu'auparavant. Il ne garda
plus de mesures avec elle. Il dît ce qu'il
en sçavoit à tout le monde : il commença
par son rival même à qui il fit voir de ses
lettres : il fit l'affront à la belle de lui reprocher le commerce qu'ils avoient eu
ensemble, devant une compagnie qui la
croyoit une sainte : il querella ciel & terre : il obligea son rival de mettre l'epée
à la main ; enfin il fit le petit demon. Ah !
Mademoiselle, interrompit Lusigni, quelles horribles impressions donnez-vous
ici de moi ! Sans doute, Monsieur, lui
dît Madame de Mulionne, vous êtes un
dangereux galant, si vous avez été capable de vous vanger si cruellement d'une
fille que vous aviez aimée. Non, non,
Madame, reprit-il, il faut que je repare
mon honneur en achevant moi-même
mon histoire. Je ne suis pas si indiscret
que cette Demoiselle le veut persuader.
J'ai caché près de trois ans l'innocent
commerce que j'avois avec Mademoiselle de Revenois ; & ce n'est pas ma faute,
mais la sienne, si on en a sçu quelque
chose.

Quand j'appris toutes ses infidelitez,

& qu'elle me jouoit ; le dépit & la jalousie s'emparerent veritablement de mon
esprit. Je crus être en droit de la prier de
ne plus voir mon rival : j'accompagnai la
priere que je lui en fis de quelque aigreur : elle me répondit qu'elle ne ver-
roit ni l'un ni l'autre ; elle tint pourtant
mal sa parole, car elle vit toujours son
nouvel amant, & je fus le seul qu'elle ne
voulut plus voir. Ce procedé me mit en
colere. Un de mes amis à qui je fis pitié,
se chargea de lui rendre un billet de ma
part ; elle le refusa avec raillerie, comme
si c'eût été une grande nouveauté que je
me fusse mêlé de lui écrire ; & j'en fus
outré. Je tâchai pourtant de croire que
mon messager, à qui elle ne vouloit point
avouer notre commerce, avoit plutôt été
la cause de ce refus, que le mépris qu'elle
avoit pour moi. Mais mon rival me vint
voir l'apresdîné, & me dît qu'il en sçavoit quelque chose ; il vouloit peut-être
se divertir de mon désordre pour en rire
par après avec elle. Je jugeai par là de
leur intelligence. Cette derniere preuve
de mon malheur acheva de m'ôter la raison. Le lendemain je me retrouvai avec
lui à une promenade, il prit à tâche de
me parler encore de ce billet refusé. Dequoi aussi t'avises-tu, me dît-il, d'être
amoureux de Mademoiselle de Revenois, & de lui envoyer des poulets ? tu
sçais que c'est la plus indifferente fille
du monde, & la plus railleuse ; il me rail-
loit lui-même froidement en disant cela.

N iiij

Je compte pourtant, lui répondis-je,
qu'elle ne refusera pas toujours ce que je
lui écris, d'eussai-je le lui faire presenter
par quelqu'un qui ne lui déplait pas. Et
qui voudrois-tu employer ? me repliqua-
t-il. Vous-même, repartis-je, si vous
voulez en prendre la peine. Moi ! s'é-
cria-t-il, non : j'aurois trop peur que,
comme les jaloux sont emportez, tu n'y
eusse mis quelques grosses paroles, &
qu'elles ne me fissent jetter par les fenêtres ; je voudrois voir du moins auparavant ce que porte le billet. Ah ! très-vo-
lontiers, lui dis-je. Là-dessus, je le tirai
de ma poche, & je lui en fis la lecture.
Mon homme rougissoit & pâlissoit à chaque mot ; & c'étoit pour moi un petit
commencement de vengeance. Il semble
à t'ouir, me dît-il, qu'elle ait eu un commerce bien particulier avec toi. Que
voulez-vous ? répondis-je : on ne sçait ce
qu'on écrit quand on est amoureux ; &
un jaloux peut s'imaginer des choses qui
n'ont jamais été. Nous nous separâmes
quelque temps aprês ; & ne doutant point
qu'il n'allât trouver mon infidelle dans la
rue du chapeau rouge, où elle devoit être
toute l'aprésdînée chez deux de ses cousines ; je le suivis d'un peu loin, & j'y entrai aprês lui. Il y avoit belle compagnie.
Les bons amis se suivent, dît quelqu'un
qui sçavoit à demi nos affaires ; d'où
viennent-ils tous deux ensemble ? Il répondit que nous ne venions pas d'ensemble ; & pour commencer à entretenir les

Dames de quelque chose, il feignit d'a-
voir eu de petites aventures dans sa promenade. Pour le faire enrager, j'en fei-
gnis aussi. Je suis plus heureux que Monsieur, dis-je à la compagnie, j'ai trouvé
sous mes pas un billet qui vaut dix aventures comme les siennes ; il est assurément
d'un amant jaloux, ajoutai-je, & les termes en sont à mon gré si plaisans, que
vous aurez du plaisir à l'entendre lire.
J'eus le contentement, à ces mots, de
voir augmenter le trouble de mon rival,
& de me vanger à longs traits de ma perfide, en la contraignant par cet artifice
d'apprendre ce qui étoit dans mon billet.
Elle n'eut toutefois pas la force de l'é-
couter tout entier. Une indisposition, veritable ou feinte, lui donna un pretexte
pour sortir de la chambre avant qu'il fût
achevé. Voila ce que je fis, Mesdames ;
mais ce n'est point là publier le commerce qu'on a eu avec une maitresse :
car, excepté mon rival que j'en voulois
bien instruire, aucun de la compagnie ne
pouvoit deviner que cela s'adressoit à
elle, si les choses en fussent là demeurées.
Pardonnez-moi, dit Mademoiselle de
Barbesieux ; vous montrâtes à Madame
la Marquise de Vierson les lettres que
vous en aviez reçues. Il est vrai, répondit-il ; mais si ce que je fis pour lors n'est
point d'un honnête homme, il n'y en a
point au monde, tout autre que moi auroit fait la même chose. J'apprens qu'au
lieu de me vouloir ménager, on fait cent

N v

railleries de mon amour : je rends visite à cette Marquise, elle se moque de ma jalousie ; une perfide lui a fait accroire que bien loin d'avoir eu de l'estime pour moi, elle ne me connoît presque pas. J'entens de mes propres oreilles que l'on dit : *Helas ! le pauvre petit homme ? Quoi, Monsieur de Lusigni est amoureux de moi ! que je suis fâchée de ne l'avoir pas sçu plutôt !* J'entens encore pis, & j'ai deux cens lettres dans ma cassette qui ne sont pas seulement fort tendres, mais pleines d'emportemens & d'amoureuses friponneries ? Quel amant aurois-je été, bon Dieu ! si pour montrer que je n'étois pas digne de tant de mépris, je n'eusse fait voir ces lettres ? Mais je ne les montrai pas pour en triompher. Je voulus seulement que la Marquise ne crût pas que je fusse fou sans avoir raison de l'être. Je retournai chez moi ; je pris tous ces témoins irreprochables de l'imprudence de ma cruelle, & les apportai à cette Dame : Tenez, lui dis-je, en les lui donnant à lire, voilà comme on ne me connoît pas ; si l'infidelle traite si bien ceux qu'elle n'estime point, comment en use-t-elle avec ceux qu'elle aime ?

Lusigni s'échauffoit au souvenir de ses amours, & il sembloit qu'il fût encore aux prises. Ah ! mon bon petit Monsieur ! lui dît Mademoiselle de Barbesieux, vous n'êtes pas bien gueri du passé ; & à l'heure qu'il est, vous êtes encore en colere contre cette détestable maitresse.

Non, répondit-il, je vous assure qu'elle m'est indifférente ; ou du moins, si j'y songe quelquefois, c'est pour la haïr de tout mon cœur. Je m'en doute bien, reprit en riant Mademoiselle de Barbesieux ; il est beaucoup de ces gens-là. Ils aiment mieux songer sans cesse à leurs infidelles pour les haïr, que de n'avoir pas le plaisir de penser à elles. A vous dire la verité, repliqua-t-il, on a peine à revenir d'une forte passion, & je ne voudrois pas jurer que je pusse revoir cette Demoiselle sans être puissamment ému ; elle est à Paris, depuis deux mois. Je parlois ces jours passez de mes affaires à un President au Mortier ; il me faisoit l'honneur d'avoir assez d'application à ce que je disois : Elle vint à passer dans la galerie du Palais où nous étions ; la parole me mourut dans la bouche au plus important endroit de mon discours. Le President qui me vit rougir & blêmir, me demanda où étoit mon esprit : je fus contraint, pour sauver mon honneur, d'avouer franchement qu'il étoit allé avec cette belle jusqu'à la boutique d'un marchand. Mais, interrompit Madame de Mulionne, peut-on avoir tant d'amour pour une maitresse sourde, bégue, & rousse ? Madame, lui répondit-il, il ne faut pas s'en rapporter au portrait que vous en a fait Mademoiselle de Barbesieux ; maintenant que j'ai l'honneur de la connoître, je puis vous dire, avec sa permission, qu'elle a sujet de vouloir

N vj

beaucoup de mal à la pauvre Mademoifelle de Revenois ; cette fourde, bègue,
& roufle, a pensé lui enlever un adorateur. Ho, ho ! dît-on à Mademoifelle de
Barbefieux , vous ne nous aviez point
parlé de cela ? Pardonnez-moi, répondit-elle ; ne vous ai-je pas dit qu'il n'y
avoit pas de pieces qu'une bigotte n'eût
entrepris de me faire ? mais la Démoi-
felle de Revenois fe feroit bien plutôt fervie de mon adorateur qu'elle ne me l'eût
enlevé ; & je pardonne à Monfieur de
Lufigni qui eft encore amoureux, la comparaifon qu'il fait de moi avec elle. Ah !
reprit-il , c'eft fans comparaifon fi celle-
là vous offenfe. Continuez votre hiftoire , lui repliqua-t-elle , & vous appren-
drez enfuite par la mienne , que les fujets
que j'ai de me plaindre de votre belle ne
font pas ce que vous penfez.

La Marquife de Vierfon, continua-t-il,
leut toutes les lettres avec étonnement,
& s'écria que Mademoifelle de Revenois
àvoit grand tort de poufler ma patience
fi loin , fçachant que j'avois de telles armes contre elle. O que les filles font aujourd'hui bien trompeufes ! ajouta-t-elle :
A qui fe fiera-t-on , fi celle-là a été capable de ce que je vois ? Comme elle étoit
de fes amies , elle me pria pourtant de ne
point divulguer ces écrits. Il faut, me
dît-elle, que vous confideriez ceux à qui
elle appartient , fi vous ne la jugez pas
digne d'être confiderée elle-même ; &
fonger que c'eft une fille de qualité à qui

vous feriez un tort irreparable si cela étoit
sçu. Madame, lui répondis-je, pour montrer à cette ingrate que je ne meritai jamais le traitement que j'en reçois ; je
vous prie de lui rendre vous-même toutes ces lettres, la premiere fois que vous
la verrez : je ne lui demande autre chose
en reconnoissance, que de me laisser en
paix & de ne me pas contraindre à la perdre en me perdant moi-même, si elle n'a
soin de ne me point mettre au desespoir.
La Marquise lui remit ce paquet de lettres entre les mains, & n'oublia rien de
ce qu'il y avoit à lui dire pour son salut:
mais au lieu que ma perfide devoit avoir
quelque regret d'avoir mal-traité un
homme qui, ce me semble, en usoit assez
genereusement ; elle perdit toute retenue
quand elle me vit desarmé de ces billets
par où je pouvois lui nuire. Du mépris
de mon amour, elle passa à celui de ma
personne. Elle incita mon rival à la vanger des plus grandes marques que je lui
eusse jamais données de mon amour, qui
étoient mes plaintes modestes. Au refus
de ce Marquis ; car malgré ce desordre
il m'a toujours honoré de quelque estime ; elle employa des gens de moindre
qualité. Je fus attaqué un soir, & separé.
On revint sur moi en traître : je me retournai heureusement ; je me vangai de
mon ennemi, & le blessai. Je sortis de
Bordeaux en même temps, & m'en revins à Paris être amoureux de deux grands
yeux noirs avec qui je logeois. Cette se-

conde paſſion me défit de la premiere; mais je n'en fus gueré plus en repos. La place étoit priſe, & je ne ſervois que de pis aller. On avoit outre cela plus de ſa-geſſe que je n'en demandois, & la ſa-geſſe me tue. Je penſai m'empoiſonner & me battre encore pour cette maitreſſe: je ne trouvai point d'autre ſecret de l'ou-blier, qu'en m'embarraſſant d'une troi-ſiéme amour; qui encore qu'elle ſoit plus douce, ſera neanmoins plus fâcheuſe que les autres. Dieu me faſſe miſericorde, Meſdames, je vous ai dit tous les crimes de ma vie.

Après qu'il eut achevé, Madame de Mulionne prit la parole & lui dît : Vous n'êtes pas fort coupable, Monſieur, ſi les choſes vont de cette maniere ; & la De-moiſelle de Revenois meritoit bien ſa diſ-grace. Qui entendit jamais parler d'une imprudence pareille à la ſienne ; de ſça-voir qu'on avoit tant de quoi ſe vanger, & de ne pas ménager les gens plus que cela ? Quand une fille n'auroit point de commerce avec un homme, elle ne doit jamais témoigner le mépris qu'elle fait de lui, & cela ne peut manquer de tour-ner à ſa confuſion. Il ne faut du moins jamais mépriſer les petits hommes, dît en riant le Marquis de Mireſtain ; car ils regorgent de courage. O que ſi j'avois été à la place de Monſieur de Luſigni, s'écria Mademoiſelle de Barbeſieux, je me ſe-rois bien vangée de la bigotte autrement qu'il n'a fait ! Mais, Meſdames, répondit

Luſigni, je crois ne vous avoir rien dit
qui puiſſe m'accuſer de m'être vangé ; il
me ſemble au contraire que j'ai eu aſſez
de patience, & même bien plus que Mademoiſelle de Barbeſieux, quoi qu'elle
en eût reçu beaucoup moins d'outrage.
Vous ne ſçavez pas les pieces qu'elle m'a
faites, lui repartit cette Demoiſelle. Eſt-
ce vous faire un ſi grand tort, lui dît froidement le Chevalier, que de vous em-
prunter un amant ? Elle vous l'a rendu ;
& nous ne pouvons nous plaindre, lorſqu'on nous rend ce qu'on nous emprunte.
Vous allez juger tout à l'heure, reprit-
elle, ſi la haine que je lui porte eſt juſte
ou injuſte. A ces mots elle alloit commencer une autre hiſtoire : mais on ſçut
que le Marquis de Riberville étoit de retour ; & la curioſité qu'elle eut, comme
les autres, d'aller apprendre quelles nouvelles il avoit eues de Clélie, la lui fit remettre à une autre fois.

Le Marquis avoit été chez la tante de
cette belle enlevée, & n'avoit rencontré
que le fils de cette Dame, fort chagrin
de la perte de ſa couſine. Il l'avoit trouvé
au lit pour quelque legere indiſpoſition ;
& tout ce qu'il en avoit pu tirer, étoit
que l'on ſoupçonnoit à peu prês les auteurs de l'enlevement, & que Madame
ſa mere étoit toujours à Fontaine-bleau,
pour s'en mieux éclaircir. Mais en reve-
nant à Vaux, il en avoit bien découvert
davantage. Il avoit vu la malheureuſe
Clélie dans le même carroſſe drappé qui

apparemment avoit servi à l'enlever. Il avoit vu le Gentil-homme blond dont on lui avoit parlé, qui lui baisoit la main à tous momens comme malgré elle ; cette belle étoit dans le fond du carrosse, & lui à la portiere. Deux Dames qu'il ne connoissoit point, ou qu'il ne put reconnoître, étoient sur le devant de ce carrosse ouvert de tous les côtez. Il avoit tâché de passer une petite riviere qui étoit entre lui & ce carrosse, afin de le pouvoir joindre plus vîte ; mais il lui avoit été impossible, il avoit falu prendre un trop grand tour pour trouver le gué. Cependant le carrosse s'étoit fort éloigné, & rouloit avec une extrême vitesse. Tout ce qu'avoit pu faire le Marquis, avoit été de ne le point perdre de vue, & de piquer toujours aprés ; encore toute sa diligence avoit-elle été inutile : & croyant enfin l'avoir atteint, il l'avoit trouvé au milieu de la Seine, dans un bac qui le passoit à l'autre côté de la riviere. Le Battelier n'avoit pas voulu revenir pour passer aussi le Marquis ; & il avoit eu ce cruel déplaisir, d'avoir perdu une si belle occasion de rendre un service considerable à sa pauvre malade. Il raconta cette infortune à la compagnie qui étoit venue au devant de lui jusques au milieu du grand parterre ; & on raisonna longtemps sur la nouveauté de ces incidens, qu'on trouva tout à fait dignes d'une personne qui s'imaginoit être Clélie. Cependant le Marquis en écrivit au parent

de cette belle fille, & commanda à son
valet de chambre de porter sa lettre en
diligence, afin qu'on en donnât avis à la
tante, & qu'elle fît interroger le maître
du bac qu'il soupçonnoit avoir été gagné par le ravisseur. La nuit vint tout
d'un coup peu de temps aprês. On con-
via le Marquis de Mirestain & Lusigni à
souper, & à demeurer cette nuit-là dans
le château pour être de la partie de divertissement qu'on pourroit faire le lendemain. Le Marquis de Mirestain, qui
avoit affaire au petit coucher du Roi,
fut obligé de s'en retourner à Fontaine-
bleau. Il promit seulement de revenir le
jour suivant, & leur laissa le petit Lusigni
pour gage de sa parole. Aprês cela on fit
encore un tour de promenade en attendant que le souper fût servi, puis on sou-
pa. On but à la santé de Clélie, & on ne
donna point le temps au Marquis de Riberville de s'affliger de l'absence de cette
belle. On recommença la conversation
aprês souper, & on la fit rouler sur quelques médisances ; puis on s'alla coucher,
au grand contentement de la belle Hollandoise, qui avoit beaucoup d'impatience de tenir son amie Kermas en particulier.

LIVRE SIXIE'ME.

QUand la Hollandoise & la belle Bretonne furent au lit ; He bien, dit la premiere à sa compagne, te résoudras-tu à m'éclaircir sur ce que le Marquis de Kimperbel nous a raconté ? Nous sommes seules, & tu peux me découvrir ce grand mystere en toute assurance. Est-ce de toi qu'il a voulu parler ? Est-ce de l'une de tes sœurs, ou de quelqu'autre personne de même nom ? C'est de moi-même, répondit Mademoiselle de Kermas ; il me croit enterrée il y a plus de quatre ans. Mais, repliqua Velzers, il dit que tu es morte en accouchant : Est-ce que tu aurois fait un enfant, toi ? Pourquoi non ? reprit la Bretonne, cela ne doit pas te surprendre, aprês avoir entendu dire que j'étois mariée. On nomme les aventures des autres des histoires romanesques, reprit la Hollandoise, mais celle-ci en est une, si jamais il en fut. Quoi ! tu as été mariée, grosse, morte, enterrée, & te voila encore qui passes pour une jolie pucelle ! Les filles, à qui certains malheurs arrivent, ne se doivent point desesperer, puisqu'il y paroît si peu. Acheve promptement de me dire par quel miracle tout cela est arrivé, ajouta-t-elle. A ces mots

Mademoiselle de Kermas satisfit de cette sorte à la curiosité de son amie.

Suite de l'histoire de Mademoiselle de Kermas & du Marquis de Kimperbel.

M. de Kimperbel nous a conté son histoire en si peu de mots, & a passé sous silence tant de belles circonstances, dît Mademoiselle de Kermas, que j'aurois bon besoin de la recommencer, pour t'en donner le plaisir tout entier. Les galanteries qu'il fit pour me plaire avant notre mariage ; les artifices dont il se servit pour entrer dans le château où j'étois prisonniere, après que son pere m'eut fait enlever ; ses déguisemens, & plusieurs autres ruses qu'il pratiqua pour tromper les sentinelles & se faire connoître à moi quand je paroissois à la fenêtre de ma prison ; tout cela, ma chere Velzers, est proprement ce qui pourroit s'appeller des aventures de roman, si pour mon malheur ce n'étoient pas autant de veritez. L'ambition de mes freres fut cause que je consentis au mariage secret dont tu as oui parler. J'y resistai long-temps, quoi que j'aimasse avec passion le Marquis de Kimperbel ; & il sembloit que mon cœur m'en prédît les fâcheuses suites. J'écrivis encore cette malheureuse lettre, dont le funeste morceau, trouvé sur un de mes freres, fut interprêté si mal & produisit des efets si terribles. Je n'oubliai rien enfin, pour détourner le cruel orage que je voyois prêt à fondre sur nous ; mais ma deſtinée l'emporta ſur mon peu de prudence. Le pere de M. de Kimperbel apprit le mariage de ſon fils par la bouche de nos ennemis, plutôt que par celles de perſonnes qui euſſent pu pacifier les choſes. Tu as ſçu le reſte. Lorſque je penſois aller chercher un azile à Rennes, & y trouver mes freres, à qui j'avois déja envoyé ma procuration pour ſoutenir la validité de mon mariage, je fus enlevée, & enfermée dans un château : & pour colorer mon abſence, on fit courir le bruit que je m'étois miſe dans un cloître ; que j'abandonnois ma défenſe ; que je conſentois à être démariée, pour pouvoir me faire religieuſe : on me força même, le poignard à la gorge, de l'écrire ainſi à mes deux freres ; de leur envoyer ce conſentement ſigné de ma main ; de les prier de ne pas s'informer du lieu de ma retraite, & enfin de faire tout ce qu'il faloit pour donner la victoire au pere de mon mari. Ces pauvres malheureux penſerent eux - mêmes être entierement perdus. Ce cruel les voyant obſtinez à ſoutenir mon mariage malgré moi, remua une vieille affaire d'un duel qu'ils avoient fait il y avoit plus de quinze ans. S'ils n'euſſent pris la fuite, ils auroient ſervi d'exemple public: le crédit de leur ennemi les fit condamner à avoir la tête tranchée. Pour le pauvre Marquis de Kimperbel, Dieu ſçait quelle étoit ſa douleur ; car il m'aimoit tendrement. Il diſſimula neanmoins, comme il te la dit.

Il consentit à faire un petit voyage, &
revint secretement dans le pays ; après
avoir laissé plusieurs lettres à un de ses
amis qui les envoyoit à Monsieur de
Kimperbel le pere, datées des villes qu'il
devoit trouver sur sa route. Craignant
d'être reconnu, il se déguisa ; & ne sçachant comment me voir ni me parler, il
ne trouva point d'autre expedient que de
se louer à un pêcheur de Morlaix, qui
alloit ordinairement à la pêche aux environs de ma prison. Peut-on porter l'a-
mitié plus loin que cela ? On m'avoit lo-
gée dans une tour, où il y avoit une espece de balcon qui avançoit un peu sur
la mer ; & je n'avois point d'autre divertissement que de m'y promener quelquefois avec une jeune paysane assez fine &
assez jolie, qu'on m'avoit donnée plutôt
pour m'épier que pour me servir. Le
Marquis de Kimperbel avoit bien remarqué cet endroit, & c'étoit ce qui lui avoit
inspiré le dessein de se louer au pêcheur :
il esperoit que je pourrois jetter la vue
sur lui, & le reconnoître parmi les autres lorsque je viendrois voir la pêche,
qui étoit comme je t'ai dit mon unique
plaisir. Il y vint pourtant plusieurs fois
sans que je parusse à ce balcon ; j'étois ac-
cablée de mélancolie, & n'étant plus sensible à aucun plaisir, j'avois negligé plusieurs jours d'y aller prendre ma recrea-
tion ordinaire.   Il falut qu'il imaginât
quelque artifice pour m'y attirer ; & voici celui dont il se servit. Dans le temps

de notre bonheur, qui fut de peu de du-
rée, il avoit accoutumé de chanter certains vers à cause que l'air m'en plaisoit
fort : c'étoit un des airs du grand balet
de *l'Hercule Amoureux* : il t'en doit souvenir à toi qui aimes la musique ; c'est celui
où il y a,

> Dieux des Enfers,
> Helas ! voyez mes peines,
> Celle que je sers,
> Languit dans vos chaînes.
> Ah ! forcez du trépas
> Les loix cruelles,
> Et ne separez pas
> Deux cœurs fidelles :
> Ou rompez ses liens,
> Ou brisez les miens.

Il se mit à chanter ce même air dans sa
barque, mais non pas avec la même dé-
licatesse qui se remarquoit d'ordinaire
dans le ton de sa voix ; au contraire, il le
rendoit le plus breton & le plus rustique
qu'il lui étoit possible, de peur de se rendre suspect. Mais ce ne laissoit pas d'être
une assez grande nouveauté en ce pays-là,
d'entendre un pêcheur chanter des chansons Françoises ; & il donna une grande
curiosité à la fille qui me servoit d'aller
au balcon. Cette servante prit tant de
plaisir à le voir aussi bien qu'à l'entendre
chanter ; car tu peux croire que malgré
son déguisement il ne pouvoit manquer
de rester toujours quelque chose d'agreable en la personne d'un homme comme

lui ; enfin elle en parut si charmée, qu'elle n'eut point de repos jusqu'à ce qu'elle m'eût fait aller moi-même sur le balcon pour entendre ce beau pêcheur. Je ne fis d'abord aucune reflexion à ce que j'avois devant mes yeux : mais lorsque je le vis nous saluer ; qu'à travers de toute la feinte l'amour m'eut dit que c'étoit quelqu'un qui me devoit être bien cher ; qu'enfin j'eus rappellé le souvenir de l'air & des paroles de la chanson ; je me sentis tellement émue que j'en pensai perdre l'usage de tous mes sens. Je considerai plus attentivement ce malheureux, & reconnus que c'étoit mon pauvre Marquis ; & son pitoyable équipage fut pour moi un objet mille fois plus tendre que toute la pompe par laquelle il s'efforçoit auparavant de me plaire. Il s'apperçut bien aussi que je l'avois reconnu ; & nous nous fussions parlé volontiers s'il eût osé m'aborder. La sentinelle ne l'eût peut-être point souffert, quoi qu'elle fût accoutumée à ces pêcheurs, qui ne venoient là qu'avec la permission du Gouverneur du château ; & de mon côté je ne voulois pas me fier à la fille qui me servoit. Neanmoins dans la pensée que le Marquis ne s'étoit pas déguisé de la sorte sans avoir quelque grand dessein, je fis mes éforts pour gagner cette fille & pour la mettre dans mes interêts : j'y trouvai même des dispositions favorables. Mon amoureux pêcheur avoit pris à tâche de la cajoller en travaillant, pour faire accroire qu'il n'en vouloit qu'à elle, qui comme j'ai dit étoit assez jolie : & elle avoit pris de l'amour pour lui. Je lui dis qu'il falloit faire en sorte qu'il devint son mari. Je lui promis un diamant de trois ou quatre cens écus que j'avois au doit, s'il ne tenoit qu'à cela pour la rendre heureuse. Cette fille communiqua l'affaire au Lieutenant du château qui étoit son amant; mais non pas un amant romanesque; à mes yeux même, il se passoit tous les jours des choses entre elle & lui, qui me donnoient lieu de croire qu'on ne s'épargnoit pas lorsqu'on étoit plus loin de moi. Ce Lieutenant qui avoit ses raisons pour craindre qu'elle n'eût bien-tôt besoin d'un chapeau pour se couvrir, trouva l'occasion assez belle, & l'embrassa. Il fit apporter souvent du poisson au château par le pêcheur, & lui en fit aussi porter à ma chambre, pour lui donner le moyen de prendre de l'amour pour cette servante en la lui faisant voir de plus près. Le Marquis de Kimperbel joua si bien son rôle, & moi le mien, qu'ayant trouvé le temps de nous parler, il me dît le dessein qu'il avoit de me sauver. Il seroit inutile de te dire les mesures qu'il avoit prises pour cela, & qui ne lui servirent de rien comme tu l'as sçu. Il venoit enfin tous les jours au château; & ce fut en ce temps-là que mes freres firent leur malheureuse entreprise; que Monsieur de Kimperbel vint pour me faire mourir, aussi-bien qu'eux; que je

tombai

tombai évanouie à cette nouvelle ; que j'accouchai ; & qu'on me crut morte.

J'entretenois mon pauvre Marquis en particulier, sous pretexte de lui parler pour la paysane, lorsque le Lieutenant du château me vint annoncer la mort de mes freres, & que le bruit couroit que j'étois complice de leur attentat. A cette nouvelle, comme si j'eusse été frapée d'un coup de tonnerre, je tombai aussi-tôt entre les bras du pêcheur ; qui n'étant pas moins affligé que moi, ni moins troublé de cette funeste nouvelle, n'eut pas la force de me retenir ; il me laissa aller rudement sur le plancher. On me crut morte de cette chute ; & comme j'étois toute prête d'accoucher, j'accouchai d'un enfant qui ne vêcut que quelques momens. Je te laisse à deviner ce que devint le Marquis de Kimperbel, à la vue d'un si grand desordre. On dit que le pauvre homme étoit desesperé. Il se fit bien-tôt connoître pour ce qu'il étoit, au grand étonnement de ceux qui furent les témoins de ses actions. On ne le pouvoit separer de mon corps qu'il embrassoit de la maniere du monde la plus tendre & la plus pitoyable, faisant des plaintes qui eussent été capables de toucher l'ame la plus barbare. Il détesta cent fois la cruauté de son pere, dont il n'évita la presence que parce que son desespoir le portoit à se vanger sur lui de ma perte : enfin il me donna à ce qu'on dit des marques d'amour si extraordinaires en ce funesle moment, que je ne suis pas surprise que la passion qu'il a eue pour moi dure encore. Son pere, qui apprit à son arrivée le déguisement & les artifices dont il s'étoit servi pour me voir , sentit un redoublement à sa colere, que la seule nouvelle de ma mort fut capable de moderer. Il se fit montrer mon corps pour voir si on ne le trompoit pas ; cet accident lui paroissant d'autant plus incroyable qu'il l'avoit moins esperé , & qu'il lui épargnoit peut-être un grand crime. Il donna ordre ensuite qu'on m'enterrât promptement , sans avoir égard aux raisons d'un Medecin qui vouloit qu'on me gardât au moins quarante heures ; parce qu'il est assez ordinaire aux femmes accouchées de tomber dans une espece de lethargie qui a toutes les apparences de la mort, mais dont elles ne meurent pas. On m'ensevelit avec mon enfant dans le même cercueil ; & on me porta dans une cave de la chapelle du château , où l'on avoit enterré quelques Gouverneurs.

En verité, interrompit la Hollandoise, tu me dis là des choses bien étranges ! mais comment le cercueil & la cave n'acheverent-ils pas de te tuer ? Tu le vas sçavoir , répondit Kermas.

Aprês qu'on m'eut enterrée , M. de Kimperbel le pere s'en retourna, & commanda tout d'un temps qu'on lui amenât son fils : mais son desespoir l'avoit déja fait partir pour entreprendre les voyages qu'il t'a dit qu'il a faits : ce cruel pere ne

put jamais adoucir le déplaisir qu'il lui
avoit causé. Il fut deux ans sans le revoir ;
& le pauvre Marquis ne retourna & ne
se resolut à épouser Mademoiselle de Kimarez , que par les raisons que tu sçais
déja. Pour moi, je fus enterrée jusqu'à
minuit, qu'il prit fantaisie à la paysane
qui me servoit, & au chapelain du château, de venir lever la pierre de la cave
pour voir si le Medecin avoit dit vrai. Ils
avoient conçu l'esperance d'une meilleure fortune, s'ils pouvoient me sauver &
me rendre à un homme dont ils voyoient
que j'étois si fortement aimée. Ils vinrent
donc à minuit lever secrétement cette
pierre ; on n'avoit mis mon cercueil que
sur les premiers degrez de l'entrée de
cette cave ; ils me secoururent enfin si à
propos, que m'ayant trouvé des signes
de vie, ils me tirerent de là, & me separerent de mon enfant qui étoit veritablement mort, & me porterent dans la maison de ce chapelain. Je n'y fus pas de-
mie heure que j'ouvris les yeux, & que
je donnai esperance de me guerir. Le lendemain ce bon prêtre trouva l'invention
de me faire emporter hors du château
sans qu'on me vît, & de me conduire
jusques à quelques cabannes de pêcheurs
qui étoient sur le rivage de la mer. Là il
prit de moi tous les soins imaginables,
aussi-bien que cette pauvre paysane. Au
bout de six semaines ils me remirent sur
pied. L'un & l'autre me prêterent le peu
d'argent qu'ils avoient, pour m'embar-

quer à Brest & passer à la Rochelle où
l'on m'avoit dit qu'étoit le Marquis de
Kimperbel. La paysane me voulut suivre,
& nous montâmes toutes deux sur mer
avec des esperances assez douces. Mais
une tempête furieuse qui surprit notre
vaisseau, & qui dura deux jours & deux
nuits, nous jetta enfin sur des côtes in-
connues. Je ne t'amuserai point du recit
particulier de cette aventure, qui te pa-
roîtroit incroyable. Notre navire se brisa
contre les rochers d'une isle. Il se sauva
peu de personnes avec nous, que les va-
gues avoient jettées sur le sable par un
bon-heur extraordinaire. Nous fumes
encore plus heureuses de trouver quelques Hollandois qui nous assisterent jusques à ce qu'il plût à la fortune d'envoyer
là un autre vaisseau pour nous repasser
en France; car les habitans de cette isle
n'en avoient pas, & n'y avoient été jet-
tez aussi bien que nous que par un naufrage. Juge un peu quelle fut ma douleur, lorsque j'appris qu'il y avoit plus
de trente ans qu'il n'y étoit abordé de
vaisseaux que le notre, quoi que ce ne
fût que pour y perir; & que j'eus tout
sujet de craindre qu'il ne m'y fallût passer le reste de ma vie avec ces miserables.
Je n'y demeurai cependant que trois ans;
après lesquels je trouvai occasion d'en
sortir, & de m'en revenir en Bretagne:
mais j'appris à mon retour, que le Marquis de Kimperbel avoit épousé une autre femme. J'en eus plus de déplaisir que

de toutes mes autres traverses : j'en fus
même malade près de six mois au beau
milieu de Rennes même, où l'on ne son-
geoit guere que je puffe être encore en
vie. De là, je m'en vins à Paris après
m'être fait reconnoître de Madame la
Duchesse d'Alimberg, à la consideration
de qui tu m'as bien voulu loger avec toi,
& qui est cause de notre amitié. Mon dessein étoit de m'enfermer dans un cloître
pour le reste de mes jours, sans découvrir
à personne qui j'étois, ni mes aventures ;
& j'eusse executé cette resolution à notre
retour à Paris : mais la rencontre que j'ai
faite ce soir, de celui dont j'avois évité
la rencontre en Bretagne, m'a jettée dans
le plus grand desordre du monde ; & je
ne sçais s'il ne me seroit pas plus avantageux qu'on m'eût laissée ensevelie.

Elle finit son recit à ces mots : & Mademoiselle Velzers s'étant apperçue qu'elle
pleuroit ; Dormons, lui dît-elle, au lieu
de nous affliger, & demain je te dirai ma
pensée sur ce que tu pourrois faire. Ah !
reprit Mademoiselle de Kermas, je n'ai
qu'à me jetter dans un convent, comme
je te l'ai dit, & n'ai rien autre chose à
pretendre. Leur conversation se termina
bien-tôt après, ou du moins je suis obligé
de la leur faire finir en cet endroit ; parce qu'il faut conclure, & que j'ai mes
raisons pour cela.

Si l'on a de l'impatience de sçavoir ce
que Clélie deviendra : à peine on fut
éveillé le lendemain qu'on apprit que

son ravisseur étoit son cher Aronce, le jeune Marquis de Vingster. Il étoit venu ici d'Angleterre pour y faire quelques complimens de condoleance : la gouvernante de Clélie avoit sçu par un laquais de la tante même, qui étoit complice de tout, qu'il étoit à Fontaine-bleau ; qu'il l'avoit observée, suivie, & s'étoit trouvé à propos vers le canal pour la retirer de l'eau. C'étoit pour aller chez la Comtesse de Pardelles, qu'ils avoient passé le bac tous ensemble ; tout cela neanmoins à l'insçu du cousin de cette fille, pour des raisons que j'expliquerai, pour peu que l'on me presse de donner un troisiéme tome. Il est arrivé depuis bien d'autres aventures à Clélie. Outre que l'eau qu'elle avoit bue dans le Tibre avoit un peu rafraîchi la bile qui nourrissoit sa mélancolie ; la joye de revoir son cher Aronce acheva de la guerir, & ils s'epouserent. Mesdemoiselles de Kermas, de Barbesieux, & Velzers, furent aussi assez contentes par la suite des temps ; & les cavaliers même eurent la consolation de voir enfin tourner à leur avantage le dénouement de leurs aventures.

FIN.